献给 2015 国际评估年

教育质量的保障与评估

袁益民 著

EDUCATION QUALITY ASSURANCE AND EVALUATION

江苏大学出版社
JIANGSU UNIVERSITY PRESS
镇江

图书在版编目(CIP)数据

教育质量的保障与评估 / 袁益民著. —镇江：江苏大学出版社，2015.12
ISBN 978-7-5684-0142-5

Ⅰ.① 教… Ⅱ.① 袁… Ⅲ.① 高等教育—教育质量—文集 Ⅳ.①G642.0-53

中国版本图书馆 CIP 数据核字(2015)第 306658 号

教育质量的保障与评估

Jiaoyu Zhiliang de Baozhang yu Pinggu

著　　者/袁益民
责任编辑/韦雅琪　米小鸽
出版发行/江苏大学出版社
地　　址/江苏省镇江市梦溪园巷 30 号(邮编：212003)
电　　话/0511-84446464(传真)
网　　址/http://press.ujs.edu.cn
排　　版/镇江文苑制版印刷有限责任公司
印　　刷/句容市排印厂
经　　销/江苏省新华书店
开　　本/718 mm×1 000 mm　1/16
印　　张/19.75
字　　数/360 千字
版　　次/2015 年 12 月第 1 版　2015 年 12 月第 1 次印刷
书　　号/ISBN 978-7-5684-0142-5
定　　价/45.00 元

如有印装质量问题请与本社营销部联系(电话：0511-84440882)

昂仁县日吾其中心小学质量监测点

昂仁县达若小学质量监测点

今天,开完县巡视员培训会,去了位于崇山峻岭中、藏语名称意为“大山”的一所小学,一路翻山越岭,盘旋在崎岖不平、坑坑洼洼的悬崖峭壁之上,寸尺之外即为万丈深渊,十分险峻。四次翻越海拔四千七百多米的山口,感触良多。中途突然下起了雪,回程时雪已积满了山头,回到县城仍忐忑不安。但想起亲身参与的质量监测的触角已伸至如此大山深处,不禁有种成就感和自豪感。

袁益民

2011 年 9 月 26 日,于西藏日喀则昂仁县我很高兴地邀请您成为联合国教科文组织国际扫盲奖国际评审团成员，您作为院校质素评审、专业认证和学校系统评估专家的专长与知识将使该评审团的工作及审议极大地受益。

联合国教科文组织总干事　伊琳娜·博科娃

2015 年 5 月 4 日

南美的质量监测人员为了获取一个孩子的数据可以跋山涉水、穿越丛林，我们有一位国家视导员同样可以深入到西藏的崇山峻岭之中去采集数据。

教育部基础教育质量监测中心常务副主任　胡平平

2012 年 3 月 29 日

该项目在波澜不惊中开局良好，其顺利圆满实施标志着评估院在新开发项目上的成熟和我省教育评估开始走向了成熟……创造了评估工作的一个典范，获得了普遍的好评。

江苏省教育厅副厅长、江苏省教育科学研究院院长　丁晓昌

2011 年 5 月 24 日，2013 年 4 月 12 日

若干年后，人们会在江苏看到这样一批曾被称为独立学院的高校，他们的专业建设很有特色，他们都有一个非常清晰的教学质量环路和完善的内部质量保障体系结构，这是许多其他高校还没有的。

常州大学党委书记　史国栋

2015 年 10 月 22 日

预访制在我国教育评估史上具有开先河意义……从“以评促建”到“以评助建”，虽只有一字之差，但折射出来的是理念上的重大进步，意义深远，值得学习，值得推广。

苏州大学原副校长　殷爱荪

2011 年 9 月 13 日，2013 年 9 月 16 日

你是具有评估研究执念的学者，字里行间我看到了你的社会责任感以及你“忧教忧评”的学术焦虑。你的评估研究远离工具特征，道路且阻且长，但却在你既熟悉国际评估准则又熟悉国内评估文化的视野下，逼近着评估活动的真义，这是我们意欲借助评估撬动教育改革所需要的。

中国教育科学研究院高教研究中心主任　张男星

2015 年 12 月 5 日

独立学院专业抽检工作在其理念、过程、组织、方式和结果方面探索创新，形成了鲜明特色，如质量检测常规性、组织形态互动性、抽检结果的协商性、建设水平的合格性等，得到大家的积极评价和充分肯定。

江苏省委高校巡视组正处职巡视员　王兵

2015 年 11 月 16 日

每次的预访期间总是围绕年度主题与学校交流，真诚地帮助学校，热心地服务学校，我们看到的是一种宗教式的虔诚和牧师般的关怀。

南京大学教务处处长　邵进

2014 年 9 月 25 日

专业的指导给独立学院带来了实实在在的变化，使我这样的对评估曾经有些抵触和反感的人也被你们“策反”成了抽检的宣讲员和吹鼓手。

南京信息工程大学滨江学院副院长　耿焕同

2015 年 10 月 9 日

风尘仆仆地奔忙于大江南北的各所学校，像个布道者一样，不辞辛苦地介绍专业建设与抽检评估理念，启迪了我们的智慧，拓宽了我们的视野。

苏州大学应用技术学院副院长　朱跃

2015 年 10 月 12 日

你们内涵丰富的培训、严谨而又可敬的评风、求真高效的工作作风及被评学校和专家之间既严肃认真又和谐愉快的交流，对我来说是一次心灵的洗涤。

南京化工行业专家　梁成

2011 年 11 月 19 日

常似孤独的思想者，偶为激进的辩护士，总是热情的拓荒人。

浙江省教育评估院院长　施建祥

2015 年 12 月 5 日

他坐在一个圆桌边吃饭，一声不响。身上的那种学者风度，温文尔雅，却让你不得不对他刮目相看。只要他一开口，你就会感觉到他的学养。就是这样一个书生，他可以登上海拔 4200 米处的西藏高原，在那里参加教育质量监测，并且很有自己的心得。

上海市虹口区人民政府教育督导室常务副主任　郑万瑜

2012 年 4 月 2 日

雨洗冬阳照方山，蓝天白云叶斑斓。瑟瑟寒风衣衫薄，评事重重不思难。

夜半键盘声声急，海样信息细细量。诤言真情心意暖，放眼锦绣宾主欢。

南京师范大学原副校长　笪佐领

2011 年 11 月 21 日

榴花绿艳曲桥连，柳拂鸟鸣接九天。弘道德高涵百代，敏行身正养千年。

转型升格亲业界，审核参评映彩笺。献计昆承观胜迹，多科并举愿执鞭。

南通大学原副校长　周建忠

2015 年 5 月 29 日

横看成岭侧成峰，英语专业初展鹏。教师发展知行省，学子实践炼真功。

上下合一评建改，两双两力特色凝。成熟为人专业精，待君把脉奔新程。

南京航空航天大学金城学院英语系主任　王孝存

2013 年 10 月 11 日

庶出名门少年郎，未及弱冠勇担当。五载抽检得楠木，独立门庭紫金梁。

江苏省教育评估院综合室项目主任　李峻峰

2015 年 10 月 23 日

序

尽管英国早在19世纪就已开始采用一些非正式的方法评估教育与社会机构,美国也出现了对于学校系统的比较研究,但是一般认为,现代意义上的教育评估萌芽于20世纪初美国对测量与评价不作严格区分的教育考试及评价运动,正式起源于20世纪30年代美国的拉尔夫·泰勒(Ralph Tyler)的相关研究及地区教育认证机构的建立。我国的教育评估自1977年高考制度恢复及此后教育督导制度建立,才开始进入制度化的良性发展轨道。在国家相关政策引导下,我国第一个全国性教育评估专业机构(高等学校与科研院所学位与研究生教育评估所)于1994年成立;第一个高等教育评估专业机构(上海高等教育评估事务所)于1996年成立;第一个综合性教育评估专业机构(江苏省教育评估院)于1997年成立;第一个全国性高等教育评估专业机构(教育部高等教育教学评估中心)于2004年成立;第一个全国性基础教育评估专业机构(教育部基础教育质量监测中心)于2007年成立。

如果说教育考试机构的工作对象主要是针对学生个体,关注的是已经实施的教育效果如何,而教育科研机构的工作对象是教育系统,更多关注的是未来如何更好地发展,那么教育评估机构的工作对象则主要是学校,关注的是正在进行中的教育究竟办得怎么样。它的两项基本功能是服务教育决策和支持学校发展。江苏省教育评估院从成立那天起,就开始围绕这两大功能积极开展工作,在江苏的教育改革发展中起到越来越重要的独特作用。特别是近年来,该院在国家推进“管办评分离”改革的大背景下,积极探索以学校为主体、以质量为核心、以服务为导向的教育评估改革,大力加强评估专业化建设,适度调整管评关系,努力调适办评关系,在提高评估服务能力及水平方面取得了较大的成绩。该院近年来组织开展的独立学院专业建设抽检等项目和省属高校内涵建设绩效评估等研究都取得了积极的成果,新近启动的教育现代化监测研究、“管办评分离”改革研究和普通高校本科教学工作审核评估等项目也已经有了良好的开局。所有这些都得益于其科研的支撑以及专业化的提升。

如,在独立学院专业建设抽检中,积极吸收国外教育评估的成功做法,结合中国的实际,为我所用,率先引入材料复核与反馈、预访等程序,取得了良好的实际效果。又如,在我省审核评估方案中,增加了评后提交进展报告的要求和进行改进回访的程序,并参照国际通行的做法适当改进了评估结论的表述和呈现方式,为我省审核评估工作顺利试点和平稳开展奠定了基础。该院还在教育评估技术方法层面,进行了探索。如,将本尼特的七个层次的证据层次理论转化成适合我们国情的“认识、行动、做法、结果、影响”等五个层次的教育质量证据层次模型及评审细则。又如,按照发展适应度、计划符合度、条件保障度、安排有效度、活动整合度、管理成熟度、组织完善度、目标达成度、用户满意度和学业风险度等十个维度及各维度的五个达标程度,提出了院校内部质量保障的综合评价卡评估模型。

当然,就总体而言,教育评估工作仍然是我们当前教育治理中的薄弱环节。一方面其独立性还不够强,另一方面其专业性更是有待进一步提高,教育评估院还远未成为独立、专业的权威部门。教育评估机构往往忙于日常事务性的评估活动较多,而开展真正意义上的专业评估则还比较少;通过评估活动生成一般性的教育数据比较多,而做出深入的专业分析和提出有价值的意见还比较少;围着行政部门的指挥棒转比较多,而做出自己的独立而又权威的判断则比较少。教育评估还不能为教育主管部门提供足够的、基于证据的咨询意见和决策建议,也还没有对面广量大的参评单位真正起到保障质量和赋权增能的比较明显的作用。在教育评估的这样一个总体的状况下,我们需要在各项教育评估活动中积极倡导先进的评估理念,务实地推动教育评估工作的理论创新、方法创新和技术创新,不断提高教育评估的专业化服务水平,更好地服务于教育的改革与发展和院校质量的保障及改进。

教育形势已经和正在发生深刻的变化,我们必须加快推进教育治理体系和治理能力的现代化,形成政府宏观管理、学校自主办学、社会广泛参与的格局,更好地激发每个学校的活力,更好地发挥政府和社会的作用。在政府简政放权的大背景下,学校的章程、规划和内部质量保障机制等方面的建设就显得尤为重要和非常迫切,而评估作为外部质量保障措施如何更好地服务政府决策、服务学校发展、服务社会参与,将成为未来改革成败的关键之一。今后,我们应该更多地关注、研究和推动教育评估的改革,进一步强化其独立性和专业性,为教育治理体系及治理能力的现代化提供更加强有力的支撑。

首先,在教育发展重心从外延扩张向内涵建设质量提升转变的背景下,要进一步明确教育评估的专业服务定位。评估的专业性是与该项工作的服务定位和专业原则密切相关的。以往我们从政府快速推进学校各项建设的角度提出“以评促建”的方针,是非常必要的,但这是政府对评估工作的总体要求,并非评估专业服务工作本身的专业准则。政府通过评估来促进建设,这是无可非议的，但是专业性的评估工作本身则应将重点放在“以评助建”，以强化评估作为专业服务的职能定位，减少不必要的评估压力和干扰，努力做好政府决策咨询的助手、院校质量保障的帮手和社会了解教育的援手，在政府、学校和社会之间搭建一座新的桥梁。

十八大提出了推进治理体系和治理能力现代化的目标，在此大目标下，在推进教育现代化的过程中，要抓紧落实“管办评分离”的改革，真正把推进教育管办评分离作为转变政府职能、深化教育综合改革、推进依法治教的重要任务和有效抓手，为教育改革闯过深水区创造重要的条件。同时，要通过资质认证、行业准入、业务指导、监督管理和绩效考核等，切实保证教育评价服务的质量和效益。

在强调教育特色发展、错位发展、多元发展、创新发展和可持续发展的今天，我们的院校评估要体现分类管理的思想。但是，针对分类管理的要求，究竟应该建立一个什么样的教育评估体系？是采取国家的统一基准与院校的不同目标定位相结合的办法，对通过合格评估准入门槛的各种层次和类型的院校均使用兼容性高的通用指标进行评估，还是针对不同层次和类型的院校制订各不相同的标准与方案进行评估？这是个需要我们认真思考和深入研究的问题。作为我国成立最早的教育评估专业机构之一，江苏省教育评估院责无旁贷地要继续担当教育评估改革先遣队的重任，为我省加快教育现代化进展、努力办好人民满意的教育做出新贡献。

袁益民在江苏省教育评估院从事教育评估工作已经十多年了，在评估实践中善于总结、勤于思考、勇于探索、乐于研究，取得了较多的理论与实践成果。在其新作《教育质量的保障与评估》即将付梓之际，我以此文表达对他一直以来执着于教育评估理论研究和实践探索的肯定和支持，是为序。

江苏省教育厅厅长

沈健

2015 年 12 月 22 日

目 录

三、评估实践篇

四、评论评价篇

一、质量保障篇

Education

Quality

Assurance

and

Evaluation

教育"质量":是质性特征,还是量化程度?

【摘　要】质量概念的核心是质,而不是量;质是特性,而非程度。针对现实中对教育质量的人为简化和过度量化,我们需要转变观念,抓住教育质量的丰富的质的特征,以加强教育的质量内涵建设。

【关键词】质量;教育质量;质量建设

质量概念的核心是质,而不是量;质是特性,而非程度。但是,在我们的教育现实中,教育质量被人为简化和过度量化。在质量内涵建设已成为教育改革和发展主题的时期,我们在追求有"质"的教育的过程中,特别需要重新认识质的本质属性及其丰富的内涵。

一、质量概念中质的规定性

质和量本就是矛盾的两方面,它们既有联系,也有区别。但是,在约定俗成的语言习惯中,我们一般用质量来代表质,而用数量来代表量。笔者没有考证过汉语中"质量"一词的来历,也不清楚当初第一个翻译英文"quality"一词的人为什么不将其翻译成"质"或者香港所使用的"质素"或"品质",但是可以肯定,它实质上指的就是质而不是量。数量才是量,质量只是质。

我们对于质量的误解也许太深了,到了模糊质量与数量的界限,甚至是"无量不成质"的程度。国内外学者,甚至是 ISO 这样的国际组织一般均把质量看作是产品的固有特征满足顾客需要的程度。连英汉词典中也说,没有数量就没有质量。但是,我们分明知道,除了多和寡外,还有优和劣,我们也分明知道,尽管有时好坏可以勉强用数量来模糊表达,但更多的时候是对错不分程度。

数是有量的,也是可以度量、丈量和测量的,而质本不必是有量的(尽管有时它涉及一定的数量关系),一般也不能够直接被度量、丈量和测量(尽管仍可以被评估、评价和评审)。我们今天使用"质量"一词所要表达的是与"数量"相对的一个概念,尽管两个词里都有"量"字,但"质量"的实质是质性特征，它代表的是物质及社会存在物的特性，而非可量化程度。

物质存在有三种根本属性：数、质和关系，所有的存在物都有一定的数和质，都处于一定的关系之中①，如图1所示。从这个意义上来说，量的状态和程度只是可以帮助说明数、质和关系这三大属性的更为下位的概念，而质作为物质存在的根本属性，从本质上反映出的是一种特性。这一点不仅适用于物质世界，也适用于作为关系存在物的人的世界和作为人类社会活动的教育。②

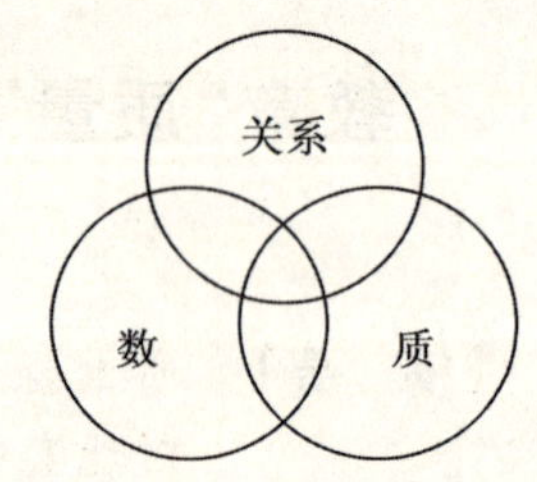

图1　物质存在的三大属性

二、教育质量已被过度量化

重新认识"质"的性质，把它定义为所有存在物均具有的根本属性，具体表现为产品的某种或某些特性本身，而非传统中被认为的产品的固有特征满足顾客需要的程度，这一认识的转变不仅具有深刻的理论意义，而且具有重大的现实意义。因为我们的教育已经被过度地量化了，不仅是评估标准被简单地量化了，建设标准也被过度地量化了。可是，教育本身是很难被量化的。

数字在描述复杂现象时往往是力不从心的，而数量在评价教育这样的繁杂系统时更是难以胜任。因为繁杂的系统存在着子系统间的松散性、因果关系的非线性、背景的依赖性、事件的突发性、活动的动态性、方向的不可控性、技术的不确定性、认知的不一致性和结果的不可预测性等特点。但在教育现实中，知识储存、分数堆积、教育 GDP 主义却已大行其道。

教育质量被人为简化和过度量化的实例普遍存在。在中小学里，按分数公开或半公开排名的现象仍较普遍，100 分的卷子考了 98 分，学生却因为没有考进前 10 名还得受批评。在大学里，论文的数量比高层次的研究和分内的教学任务还要重要。对学生、学校、学区的评价及教师和校长的评价更是唯升学率为重，而全面发展、特色发展、错位发展、创新发展也没有便于量化的硬件条件（指标）重要。

教育质量被过度量化的直接后果是学校的同质化、行政化和"麦当劳"

① John Stuart Mill. Philosophy of Scientific Method. New York：Hafner Publishing Co. , Inc. , 1974：49－52.

② 袁益民：《也谈教育质量及其保障》，《上海教育评估研究》，2012 年第 2 期。

化。划一的、可量化的行为标准和考核标准也使学生、学校和教师及校长的主体性、自主性和主动性被扼杀了,本应体现在教育服务产品的终极用户学生身上的教育质量被异化了。如图 2 所示,学生的发展重心智而轻身体,心智方面的发展则重学业而轻非学业,学业方面的发展又重知识而轻能力,知识方面的发展却又重考查性知识而轻非考查性知识。简单地说,就是只看重卷面分数。

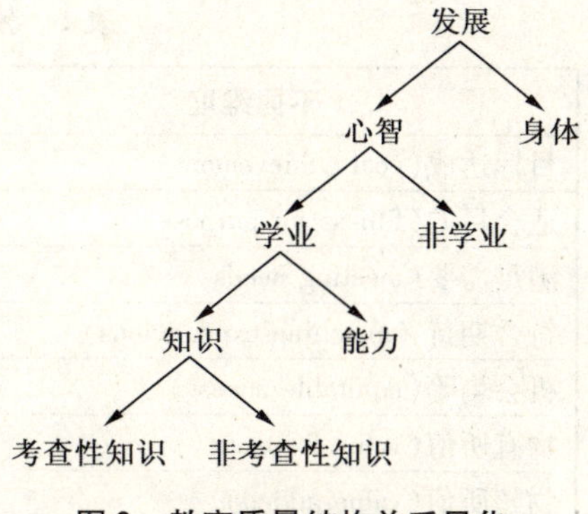

图 2　教育质量结构关系异化

在公共教育的八大目标中,对核心科目的基本学业技能比较重视,而对批判思维、解决问题能力、社会交往能力、工作伦理、公民素养、身体健康、情感健康、艺术和文学及职业教育则相对比较忽视。在学习者应获取的"三本护照"(学业能力、职业能力、创业能力)中,大部分学生只持有第一本"护照",而未真正拿到另外两本"护照"。

正如罗伯特·肯尼迪 1968 年在批评 GNP 主义时所说:"它不考虑我们家庭的健康及其教育的品质,或者他们玩耍时的愉悦。它对工厂是否正派和街道是否安全毫不关心。它不包括我们的诗歌之美或婚姻的力量,不包括我们公共辩论的智慧或公务官员的正直与诚实。它既不测量我们的机智也不测量我们的勇气;既不测量我们的智慧也不测量我们的学习;既不测量我们的同情心也不测量我们对国家的忠诚。简而言之,它测量一切,就不测量那些使我们活得有价值的东西。"

三、教育的质的内涵的丰富性

面对教育现实中人为简化和过度量化教育质量的应试教育、应评教育和教育 GDP 主义,我们必须指出,教育的质的内涵其实是十分丰富的。在评估教育质量之前,我们既要认识到质的评估所涉及的对象物是极其丰富的,也要认识到质的评估的对象物本身的质性特征所涉及的领域、维度和要素也是十分丰富的,如表 1 所示。

表1　教育的质的内涵①

不同维度	不同要素
目标达成(goal achievement)	优点(merit) 所值(worth) 意义(significance) 适切性(relevance) 公平(equity) 有效性(effectiveness) 效率(efficiency) 成本效益(cost-effectiveness/cost-benefit) 生产力(productivity) 成功(success) 成就(achievement) 成绩(attainment) 卓越程度(excellence) 绩效表现(performance) 产出(output) 成果(outcome) 效果(effects) 供应及时(timely delivery) 舒适性(convenience) 可靠性(reliability) 包容性(inclusive) 适应性(responsiveness) 能力(competence) 礼仪(courtesy) 沟通(communication) 可信度(credibility) 安全性(security) 理解(understanding) 确定性(tangibles)
适合目的(fitness for purpose)	
满足需要(meeting needs)	
符合期待(matching expectations)	
机会均等(equitable access)	
物有所值(value for money)	
物超所值(value-added)	
改良过的(modified)	
符合标准(conformance to standards)	
优异出众(distinction)	
特别高标准(exceptionally high standards)	
零瑕疵的(zero defects)	
初次正确(doing it right the first time)	
一直正确(doing it right all the time)	
动态数量(dynamic quantity)	
顾客满意(customer satisfaction)	
声望等级(grade of fame)	
占有更多资源(disproportionally more resources)	
卓越程度(degree of excellence)	
持续成就(sustained achievement)	
潜能实现(fulfillment of potentials)	
适应可能(adaptability to possibilities)	
绩效水平(level of performance)	
最佳实践(best practice)	
适应背景(contextually responsive)	
顺应发展(development relevant)	
资源有效(resource-efficient)	
排除风险(free from danger and risks)	

① 袁益民:《教育质量标准与评估指标》,《联合国教科文组织教育质量标准综述》,中国联合国教科文组织全国委员会,2010 年。

在认识和评估质量时，一般可以分成个体、机构、项目和系统四个层面的不同的对象物（如人、财、物、事、技术和组织等），同时又会具体涉及工程、计划、方案、政策、进展、过程和产品，以及资源、活动、参与、学习、行动和影响等评估领域或方面。① 而针对这些层面的对象物所涉及的领域和方面，我们又需要从不同的质量维度去认识和把握它们的不同的要素，从而全面、准确地理解这些领域或方面的实际状况，如表 2 所示。

表 2　认识质量的对象物的不同层面、领域和方面

<table>
<tr><th>不同层面</th><th>不同领域</th><th>不同方面</th></tr>
<tr><td rowspan="3">个体（Individual）</td><td rowspan="15">人、财、物、事、技术、组织等</td><td>计划（Programme）</td></tr>
<tr><td>方案（Plan）</td></tr>
<tr><td>工程（Project）</td></tr>
<tr><td rowspan="3">机构（Institutional）</td><td>政策（Policy）</td></tr>
<tr><td>进展（Progress）</td></tr>
<tr><td>过程（Process）</td></tr>
<tr><td rowspan="3">项目（Program）</td><td>产品（Product）</td></tr>
<tr><td>资源（Resource）</td></tr>
<tr><td>活动（Activity）</td></tr>
<tr><td rowspan="6">系统或区域
（System or district）</td><td>参与（Participation）</td></tr>
<tr><td>反应（Reaction）</td></tr>
<tr><td>学习（Learning）</td></tr>
<tr><td>行动（Action）</td></tr>
<tr><td>影响（Impact）</td></tr>
</table>

最近，教育部袁贵仁部长提出，要从以外延式发展为主向以内涵式发展为主转变；要从关注硬指标的显性增长向致力于软实力的内涵提升转变；要从适应数量扩张向提高质量的工作思路模式转变；要从粗放式管理向精细化管理转变。为实现四大转变，他要求：转变思想观念要从时间精力上来解决，要从政策措施上来解决，要从体制机制上来解决，要从方式方法上来解

① Bennett C. Up the Hierarchy. Journal of Extension. 1975, 13 (2). http://www.joe.org/joe/1975march/1975-2-a1.pdf.

决。为了实现这些大的方面的转变，笔者认为，在未来的教育质量内涵建设上，还要重点关注六个问题，实现六个转变：(1) 关注主体性，实现从外生性增长到内生性发展的转变；(2) 关注科学性，实现从行政管理导向到按教育基本规律办事的转变；(3) 关注人文性，实现从物到人的转变；(4) 关注协调性，实现从量到质、从快到好、从多到精、从点到面的转变；(5) 关注多样性，实现从简单划一的大一统管理到多元发展、错位发展和创新发展的转变；(6) 关注可持续性，实现从关注当前到关注长远的转变。

(《高教发展与评估》2012 年第 5 期、《新华文摘(篇目辑览)》2013 年第 1 期)

也谈教育质量及其保障

【摘　要】　关注质量已成为教育改革的重点。教育质量应定义为由多要素、多维度构成的教育服务的一种特性。对于教育质量的框架,国际上已有大量的理论成果。建立在目标主体建构、过程多元参与、结果共同协商基础上的发展性评估更有利于教育质量的保障。

【关键词】　教育质量;质量保障;发展性评估

当前我国教育已进入以内涵发展为主线的新阶段,教育发展的重心和范式已由数量扩张向质量提升转变,基于公平权利的教育质量占据了教育管理的中心位置,建立教育质量建设与管理标准及质量监测与评估指标,强化基于标准的管理和基于证据的决策,保障和提高教育质量,已经成为新时期的重要任务。因此,对质量观、质量概念、质量保障问题的再认识也就显得尤为迫切。

一、当务之急:确立新的教育质量观

在我国教育进入内涵发展的新阶段之际,质量这个主题的重要性就显得更为突出。在教育普及化、现代化、均衡化、国际化、多元化和民主化的背景下,现有的教育质量状况正面临巨大的挑战。数量增加和规模扩大给质量带来的压力越来越大;人才培养不适应经济社会发展要求的矛盾越来越突出;随着政府、社会和家庭对教育投入的增加所带来的教育期望值的提高,教育绩效问责的压力同步上升;现代公共管理思潮的影响,加之金融危机等经济问题带来的财务紧缩,提高了对资源使用效率和产出质量的关注度;管理体制非集中化与办学体制多元化增加了转变质量管理方式的压力;优质教育资源相对不足,使基于平等权利的质量问题逐渐成为焦点;教育开放对教育质量和教育服务贸易水平的冲击日益显现;长期制约教育质量的素质教育老大难问题僵而不化;质量评价问题已成为阻碍新课程改革推进的瓶颈;质量和内涵建设已成为教育实现现代化的主要制约因素。

中国的教育质量问题既是涉及素质教育的老问题,又是如何在新形势下提供真正有质量的教育的新问题。从根本上来说,两者都是教育质量观方面的问题。一方面,素质教育看似是历史遗留下来的实际困难所造成的客观问题,但本质上还是理念滞后、认识不足及人为努力还不够所导致的主观问题。只有更新观念、提高认识,才能找到实施素质教育的根本途径。另一方面,教育质量本身主要就是个观念问题,它本来就是个内容不太清晰的概念和一个充满争议的命题。经过人们长期的讨论,教育质量不再是人们原来印象中的固定的、一成不变的概念,已成为一个更加宽泛意义上的动态概念。这种多元性、宽泛性、灵活性和动态性,一方面反映了这一概念固有的复杂性,另一方面也给人们在实践中正确把握与质量相关的问题带来了不确定性和难以达成共识的问题,制约了质量管理、质量保障和质量改进工作的顺利开展。由于教育质量的对象的广泛性、背景的依赖性、要素的多重性、层次的多维性、特性的交叉性、形态的复杂性、标准的多样性和时间的相对性等特点,在新形势下,教育质量正成为一个继素质教育问题后将进一步长期困扰我们的突出问题,而且会是一个更加长久的话题。

质量问题十分突出,也十分复杂,所以迫切需要在正确质量观的引领下建立相应的质量标准。要对教育质量的状况进行监测,从基于主观判断进行决策的管理转向基于证据进行决策的管理。首先要有质量标准,包括质量建设与管理标准和质量监测与评估指标。而建立质量标准必须有正确的质量观来指导,在错误的质量观的指导下只会制定出错误的质量标准。而且,向错误的方向越努力,离正确的质量标准就越远,返回的成本就越高。要确立正确的质量观,就必须慎重地选择诸如以下的质量要素和维度的重点:(1) 是侧重于学业成就、全面而有个性化的开发,还是多元养成?(2) 是注重认知目标、健康、创造性、生活技能,还是态度价值观、情感(EQ)、公民素养(文商 CQ)?(3) 是身体第一,还是学习第一?(4) 是关注组织效能、资源配置的效率,还是师生的满意度?(5) 是始终信赖和依靠教师,还是看重测试技术内容,或等待观念更新?(6) 是相信系统变革、按部就班的改革,还是重点突破?(7) 是侧重个体、项目、机构,还是系统的质量视角?(8) 是更多地尊重个体需要、社会要求,还是学校的条件和可能……如果不能很好地整合这些要素和维度的重点,起码也要在体现核心价值追求的基础上,确定阶段性主题或未来发展的优先领域。否则,就难免重蹈素质教育老大难问题的覆辙,使质量成为什么都往里装的一个大篮子中的一堆乱麻,而最终并不知道真正该从何入手。

二、质量概念:要素、层面和维度

说到质量,就其内容而言是个极其丰富的概念。首先表现在质量这个概念需要要素(Element)。例如考察某种食品的质量时,它的要素有重量、体积、成分、各种成分的比例、上述要素允许的误差、生产日期、保质期等。又如说到办学质量,它的要素可以有以下几方面:硬件方面的藏书量、实验室、生均图书量、计算机台数、近3年购置计算机的比例数,局域网、与因特网连接的带宽,开设教学实验个数、生均实验占有量、生均计算机数,教育场地面积、生均教学用地面积等;软件方面的制度建设情况、教学资源在各班级的配置情况、课程建设情况、学术水平等;人力资源方面的教师结构、干部结构;等等。质量要素的内容极其丰富,是质量中最核心和最活跃的组成部分。

考虑质量概念的第二个方面是层面(Level)。一个对象在不同层面上出现时,表现出的特征是不同的,因此需要用不同的要素去描述。例如考察一个学区或一个学校的教育质量时,所采用的要素是不同的。考察学区会用到生均经费、学区的学校个数、毛入学率等要素,这些要素对于学校就没有意义了。有时即使是同一个要素,在"学区"和"学校"中也会有不同的含义。例如均衡化,当考察学区时可以采用"各学校高级教师的均衡程度"要素,但要考察一个学校,就不宜采用"各个年级的高级教师均衡程度"要素。显然,就一所学校而言,不同年级配置的教学力量是不一样的。

考虑质量概念的第三个方面称为维度(Dimension)。维度是用来体现同一个对象的不同侧面的。以一个学校的教学质量为例,教学质量体现在不同的方面。例如硬件配置是一个维度,教师结构是另一个维度,高考一本率又是一个维度。不同的维度自然要用到不同的要素。

从要素、层面和维度来讲,教育质量应该包含:教育满足经济社会需求(正当性);学习结果满足人们的期待(满意度);教育目标的实现(有效性);教育资源的有效利用(效率);课程适应社会现实和人们的生活期待(适切性);教育计划给人们的未来生活带来正面影响(价值);对教育机会、过程与结果平等保持关注和敏感(公平);师生全面、自觉、主动、有效参与(民主);等等。教育质量既有涉及师生个体层面的要素和维度,又有涉及学校机构层面、课程等项目层面和整个学校系统层面的要素和维度。

由此可见,教育质量既包含了不同的要素,又涉及不同的层面,还存在不同的维度。它既是依赖一定过程存在的教育服务的一种状态的刻画,又是反映特定背景条件要求的某种程度的界定，更是对于某一状态和某一程度所标识的教育服务过程及产品的固有的和（或）外赋的特性的描述。我们不能只从一些要素、层面和维度来归纳和定义教育质量，也不能从背景、目标、过程、结果和影响等某一个片面来认识和理解质量，更不能把质量本身固有的相关要素（状态、程度、特性）割裂开来。

因此，大致来说，作为一个功能性概念，教育质量可以用来描述教育服务过程状态或产品终极形态所反映的、在一定条件下和一定程度上实现自身功能、达成预期目标和（或）带来其他合理影响的固有的和（或）外赋的某种或某些特性。

在这里，把质量描述的核心确定为处于一定状态和程度的某一对象物（这里指教育服务）的特性，而不是状态或程度，这与目前国内外的质量定义是不同的。物质存在有三种根本属性（Attributes）：数量、质量和关系，所有的存在物都有一定的数量和质量，都处于一定的关系之中。从这个意义上说，状态和程度只是可以帮助说明数量、质量和关系这三大属性的更为下位的概念，而质量作为物质存在的属性，从根本上反映出的是一种特性。这一点不仅适用于物质世界，也适用于作为关系存在物的人的世界和作为人类社会活动的教育。

三、理论成果：质量问题的国际借鉴

国际组织及一些外国教育机构对于教育质量的研究成果是十分丰富的：有学校系统指标的、有高效能（最佳绩效表现）学校的研究，有学的质量和教的策略的研究，有教育质量框架的研究，有质量标准和评估指标的研究，等等。如：欧洲学校教育质量的16条指标、欧洲高等教育内部和外部质量保障标准与准则、欧盟的《质量保障共同框架》、墨西哥的100条左右的教育系统基础指标、国际学生评估项目的研究主题及变量、相关学者（如Purkey和Smith、Levine和Lezotte、Scheerens、Cotton、Sammons、Hillman和Mortimore等）对高效能学校的研究成果、美国教育类卓越绩效准则、美国“21世纪学习合作伙伴”提出的21世纪学习框架、国际学校理事会不断更新的学校评估认证标准、英国教育质量标准局的学校教学评估标准、印度国家评估与认证理事会的7项评估认证标准、加拿大的“综合学习指数”、联合国儿童基金会的孩子友好型学校要素、经济合作与发展组织的教育关键指标、世界银行的教育系统结果基准项目开发的综合性教育系统诊断工具、欧洲的核心能力指标、国际教育分类标准和联合国教科文组织的全民教育18条核心

指标等。其中,联合国教科文组织在研究、总结和定义教育质量方面是最系统的。[①] 联合国教科文组织在2004 提出了教育质量框架和支持有质量教育的10 个关键方面的标准(Pigozzi,2004)。

联合国教科文组织《2005 年全民教育全球监测报告》依据国际教育质量评估调查研究结果对11 国的经验进行了介绍,并就决定教育质量的因素问题进行了分析。[②] 监测报告提出了改进教与学的质量的政策框架,包括教育过程的主要影响因素及其不同的层次:处于最核心地位的是学习者,其次是教与学,然后是相关的环境,最外围的是教育部门的政策,另外与知识相关的基本建设、学校管理与管辖、人力与物质资源三个方面是横跨相关的环境和教育部门的政策。

教育质量正越来越变成一个系统的概念,它不仅涉及教师与学生的个体层面,而且涉及学校机构层面和整个教育系统层面。每个孩子的成功是学校成功的最高标准,而合格教师的不断改进的教学过程是通往孩子成功之路的唯一途径。教育系统的质量不会超过其教师的质量(OECD,2007)。但是,一般的学者都更多地把学校的组织效率狭义地理解为学业成就。其实,除了学生的学业成就,学校总体的组织效率和教职员工的工作水平及满意度等也是体现学校教育质量的重要指标。

联合国教科文组织普通教育质量分析监测框架(Marope,2010)的课题方案中也提出了一个“有质量教育”的操作性定义。有质量的教育被宽泛地定义为这样一个概念:它针对目的来说是有效的,对于发展是具有适切性或应答性的,是公平的,是资源方面有效率的,并意味着有实际的入学机会的。

近年来,联合国教科文组织系统越来越强调把入学机会与教育公平及创设儿童友好型学校和学习环境等作为教育质量指标,其中包括全纳(或称“包容”,inclusive)式教育,对性别敏感、健康及保护性的学习环境,基于人权主动寻找被排斥的孩子并欢迎孩子入学的学校,以及以孩子为中心、维护他们的利益、全面发展他们的潜能甚至关心他们入学前和离校后的情况的优质环境等。

联合国教科文组织2003 年高质量教育的部长级圆桌会议指出:“质量已经成为一个必须与不同的社会正在经历着深刻的经济与社会转型这样一

---

① 袁益民,等:《教育质量标准与评估指标》,《联合国教科文组织教育质量标准综述》,中国联合国教科文组织全国委员会,2010 年,第1 -3 页。

② 全民教育全球监测报告小组:《全民教育:质量作为当务之急》,巴黎:联合国教科文组织,2004 年,第25 页。

个世界不断地相适应的动态概念。鼓励以未来为导向的思维和预想正在变得更为重要。关于质量的原有观念已有不足……尽管背景不同,但是在追求将使所有人(包括女人和男人)能够成为充分参与其所在社区的成员及世界公民的高质量的教育方面有许多共同的原理。”

可见,作为一个系统的、动态的概念,教育质量应该支持完整的、人本的教育质量观,其完整性包括全面性和终生性,其人本性包括适切性和平等性。离开了对这样一个系统的、动态的概念的完整认识和正确把握,真正保障教育质量将是无法实现的。

四、回归本原:质量保障的核心价值

要使建立在完整的、人本的质量观基础上的教育质量能真正得到保障,还必须确保质量保障本身是有效的。在现代学校制度下,质量保障必须体现三大核心价值才能确保它是有效的,这三大核心价值是:主体性、参与性和协商性。考虑到评估活动在质量保障中的关键作用,我们也可以把这三大价值看作现代学校制度的三大评估支柱或者说是三大原则。从角色及功能定位来说,要注重主体建构;从评估过程与方法来说,要落实多元参与;从价值追求和引领来说,要重视结果共商。

首先是评估目标的主体建构。学校作为办学主体应该在学校教育质量方面拥有最大的发言权,教育质量的拥有权和主体责任必须首先回归学校。政府和社会可以参与建立学校教育的基准或质量标准框架,但是学校教育质量建设的日常责任和对建设成效进行评估的主要责任应该在于学校本身。评估主要是帮助学校这一发展主体与自己的过去比发展,而不是与别人的现在比高低。作比较的逻辑起点也是自己的办学目标、规划和行动方案,外部的标准最多只是一把刻度比较模糊的尺子,甚至是没有任何刻度的一面镜子。所以,想从评估中得到些什么和最后怎么使用评估结果,这些都主要是学校自己的事,尽管面向自己的服务对象和社会公众适当地公开相关信息是它的一项义务。要发挥自我评估的关键作用和外部评估的服务功能,落实评估目标的主体建构是重要前提。

其次是评估过程的多元参与。教育本来就是多方利害相关者参与其中的一项社会活动,对教育的评估也应该是多方共同参与的。缺少参与容易导致暗箱操作、信心缺失,容易出现形式主义、走过场现象,容易诱发弄虚作假,容易造成高压低效。参与能使评估者成为合作伙伴,而非外部控制者;参与能使师生、家长、管理者和社会的各种利益、需要和价值得到充分的尊重和考虑;参与使评估更加透明,更加真实可信;参与使评估结果更容易被接受和更多地被实际使用;参与降低评估成本,提高评估效益;社会的参与还可以增强学校和社会的联系,提高人才培养的质量和水平。总体而言,参与能使被评者在评估者离开后变得更强,更自信,更知道如何改进和发展。在共同参与评估活动的过程中,外部评估者作为合作伙伴,起到的是一种对话者、咨询者、服务者的作用。

最后是评估结果的共同协商。被动的参与或者形式上的参与并不能真正降低评估风险、提高评估效益。只有实质性地参与了,特别是对评估结果有发言权了,对评估的后果没有太多顾虑了,对评估结论不再那么敏感了,被评者的参与才是具有实际意义的。传统的评估往往侧重于甄别、选择和淘汰,所以凡事没商量,最终的效果是造成了被评者对失败的恐惧,而不是激发出被评者对学习的渴望。我们从帕顿(Michael Quinn Patton)的发展性评估与传统性评估的区分(见表1)中能很清楚地看到这一点。

表1　传统性评估与发展性评估的比较

传统性评估	发展性评估
测试成败的确切判断	提供反馈,生成知识,支持定向或维护实时变向
对照预定目标测量成功	随目标形成和演进,开发新的测量与监测机制
强调评估者的外部性、独立性、客观性	强调评估者作为团队成员、协助者和学习教练,把评估思考搬上桌面,为组织目标提供支撑
评估者基于自身对何为重要的看法决定设计方案,并控制评估	评估者与变革努力的参与者协作,设计出指导思想及组织方式上均相匹配的评估过程
基于线性因果逻辑模式设计评估	设计抓住系统动态、相互依存性和突发的交互关联的评估
旨在产出跨越时空的概括性发现	旨在产生具有背景针对性的、咨询持续变革的理解
聚焦(指向)外部当局(资助者)的问责	关注革新者深层次基本价值、担当责任和学习的问责
控制和确定失败责备对象的问责	学会应对控制缺乏,与演进保持接触,从而做出战略性回应
常常作为组织中贯彻服从的功能	作为一项测试现实、关注结果、学习导向的领导力功能
造成对失败的恐惧	支持对学习的渴望

学校教育作为一个繁杂的系统,技术上的不确定性和取得社会共识的难度均比较大。对于这样的一个非线性关系多于线性关系、质性成分多于量化成分、长远影响多于短期效果的系统,评估时应该清醒地看到评估工作的边界和局限性。提出现代学校制度的三大评估支柱的目的正是明确这样的边界。坚持评估目标主体构建的价值或者说评估工作的主体性原则,就是不仅要关注标准参照和常模参照,还要特别重视被评对象的目标参照和背景参照。坚持评估过程多元参与的价值或者说评估工作的参与性原则,就是不仅要摸清已然、告知应然,更要重视排除偶然、追求必然,共同探讨教育的规律。坚持评估结果共同协商的价值或者说评估工作的协商性原则,就是不仅要注意了解办学现状的水深水浅、教育真相的水落石出,更要知道教育质量建设过程所需要的水到渠成和质量评估本来的目的就是被评对象都能水涨船高。

(《上海教育评估研究》2012 年第 2 期)

论突破当前教育改革发展瓶颈的三大动力来源

【摘 要】 面对素质教育老大难问题和教育改革“穿新鞋走老路”问题,我们需要从作为教育改革和发展主体的学校、学生和教师身上寻找新的动力和获取新的能量。一是通过现代教育分工,落实现代学校的教育质量的主体责任;二是通过体现教育公平的“学好上”的政策措施,落实“上好学”的学生的质量主体目标;三是把办师生满意的学校作为提高教育质量和促进教育公平的有效工作策略,落实人民满意的教育。

【关键词】 教育改革;质量主体;教育公平;师生满意

胡锦涛在十八大报告中使用频率很高的两个词是“改革”和“发展”,其中“改革”和“创新”共出现140多次,“发展”出现近300次。在教育方面,十八大报告也提出“全面实施素质教育,深化教育领域综合改革,着力提高教育质量,培养学生创新精神”。① 同时,在谈到社会矛盾明显增多这一问题时,十八大报告首先提及的是教育问题。当前,人才培养和争夺面临的现实困境及“钱学森之问”再次提示我们素质教育的老大难问题,使我们清醒地认识到教育改革之门才刚刚开启,它需要新思维,而教育发展之路还相当漫长,它需要新动力。②

改革的成败和发展的好坏总是与相关主体的责任的落实、目标的明确和积极性的调动密切相关。没有改革发展的责任主体的落实,改革将难以发动和开启;没有改革发展目标的提出和确立,发展将没有或失去方向;没有变革者的积极参与,改革发展终将难以持续或走向失败。改革发展的动因和动力归根结底总是来源于发展主体的自觉。

所以就教育而言,在纷繁复杂的发展主题和改革背景下,应该到哪里去

① 胡锦涛:《坚定不移沿着中国特色社会主义道路前进,为全面建成小康社会而奋斗》,《人民日报》,2012年11月8日。

② 薛忠祥:《作为人的存在方式的创新:“钱学森问题”的哲学解读》,《高教发展与评估》,2011年第1期。

寻找进一步改革的动力和可持续发展的动能？笔者认为，要从学校的办学主体责任、学生的质量主体目标和广大师生的教育主体地位等出发，对教育进行根本性的重新反思和基础性的重新构建。学校、学生和教师的主体性是教育发展的三大原动力，也是改革的三大支柱。

一、以现代教育分工，落实现代学校制度

完善现代学校制度，需要政府跳出自己原有的角色定位，落实学校的质量主体责任。

除了优质教育资源相对不足的客观原因、考试评价制度改革滞后的技术原因和百姓望子成龙的文化心理原因等因素外，从本质上来讲，造成素质教育老大难问题和教育改革“穿新鞋走老路”问题的第一大原因是教育质量的主体责任还没有很好地落实到位。作为教育服务产品生产者，学校是教育质量的直接的、日常的、终极的责任主体。然而，缺乏专业性的、过多的行政化的质量建设计划和工程及缺乏参与性的、过多的“麦当劳化”的质量评估和评审活动，使得学校忙于应对和应付外在的质量要求，而其内生性质量的主体地位被架空了。其实，要建设有质量的教育，必须首先根据现代教育分工，真正建立起政府、学校和社会分工明晰的现代学校制度，让教育质量的主体责任回归学校，把教育公平的政府责任落实到位，将质量评估和公平监测的专业责任交给社会。

实现现代化的前提是现代管理和现代制度的保障，没有现代学校制度的建立和完善就没有真正意义上的教育现代化。而建立现代学校制度的前提是明确政府、学校和社会的“铁三角”关系，只有明确了政府管公平、学校管质量、社会管保障，现代学校制度才能得以真正建立，有质量的教育才能真正落到实处。政府要在教育公平方面更多地有所为，而在学校教育质量的日常改进方面做到有所不为，这对于学校更加责无旁贷、全面投入和一心一意地抓质量更为有利。至于政府作为社会各种利益关系的平衡器和调节者，是否确实履行了其天然责任和使命、提供了平等的入学机会与确保了基准面上的教育公平，至于学校作为教育质量建设的主体是否确实已提供了有质量的教育服务产品，则需要政府和学校以外的第三方力量来确认。社会专门机构的活动（包括立法监督、专业服务和社会舆论监督等）既可以为政府提供关于教育公平的决策咨询服务，又可以为学校提供质量建设的专

业支持,同时也促使教育质量和教育公平得到社会的认可。①

二、以“学好上”,落实“上好学”

要解决改革的大量难题,真正实现从“有学上”到“上好学”的转变,实现学生的质量主体目标,政府需要首先使“学好上”。只要“学好上”了,“上好学”就有希望了。②

造成素质教育老大难问题和教育改革“穿新鞋走老路”问题的第二大原因是教育公平的政策措施还不够有效。教育公平不公平及学校之间、区域之间和城乡之间教育条件和质量差距有多大,从技术上讲是不难掌握的,关键是知道这些情况以后怎么做和能不能做得更好。“有学上”后要聚焦“上好学”,但是就像从社会主义初级阶段不可能一步跳到共产主义社会一样,“有学上”以后不可能一步跳到“上好学”,而需要有漫长的通过努力使“学”变得“好上”的过程来过渡。政府应该从政策层面通过保证基准面的公平来提供平等的发展和竞争环境,通过制度环境和政策条件的保证来构建学生友好型的学习与学校环境,通过体制和机制的变革来持续地保障学习者平等地接受有质量的教育。

所以,我们不仅要洞悉百姓“上好学”的现实期盼,更要着力提供“学好上”的政策环境,搞好相关制度的顶层设计,不仅让好学校不再那么难进,更要让进入所有学校的孩子都能够学有所成、学有所精、学有所用,使上学对于孩子及其家长来说不再那么艰辛、那么无奈。而“学好上”的核心就是把教育公平的各项政策措施真正落实到位。

三、以师生满意的学校,落实人民满意的教育

为了回应人民群众对教育的呼声,政府需要采取切实有效的工作策略,关键是调动广大师生在教育改革中的积极性。广大师生对教育满意了,人民群众的满意也就指日可待了。③

造成素质教育老大难问题和教育改革“穿新鞋走老路”问题的第三大原因是提高教育质量和促进教育公平的工作策略还不够明确。我们知道,把教育真正办好并不是常把办人民满意的教育挂在嘴边就能解决的,而是要

① 袁益民:《迅速行动:推进全民教育的新愿景》,《江苏省中长期教育改革和发展规划纲要2011年监测报告》,2012年。

② 同①。

③ 同①。

有更加明确、更加具体、更具可操作性的工作策略来推动。但是现实中,我们还没有找到落实学校的质量主体责任和政府的促进公平的天然使命的最有效的工作策略。我们要么就是政府跳到前台来介入质量建设的过程,要么就是通过行政化了的督导、考试和评估等活动来督促质量建设的进程,要么就是用社会满意度调查来认定人民对教育是否满意。其实,这些措施把政府通过教育系统层面的相关制度建设从根本上保证教育公平和通过学校机构层面的相关制度建设来提高教育质量的首要的、本职的现实责任给虚化了,对于提高教育质量和促进教育公平的实际作用是非常有限的。政府真正的责任和有效的策略是通过办好师生满意的学校来具体落实人民满意的教育。

学校是教育的主要载体,学校教育是整个教育的主体构成部分。提出"办人民满意的教育"只是体现了社会对教育的一个总体要求,要具体落实"办人民满意的教育"仍必须聚焦学校教育层面。办出"人民满意的学校教育",其关键则是"办师生满意的学校"。要"办人民满意的教育",就要旗帜鲜明地提出"办师生满意的学校"。其实,"办师生满意的学校"本就是"办人民满意的教育"的出发点、切入点和归结点。

人民不满意师生满意的学校所提供的教育,就像师生不满意人民满意的教育一样,都是不可思议的。学校是在政府与教育对象间起承上启下作用,在社会与教育系统间连接内外的教育场所,作为其主要成员及利害相关者的教师和学生真正满意了,也就直接代表了作为与教育利害度最高的人民群众(即作为师生的社会成员)满意了,同时也折射出作为师生的社会成员在一定程度上所能间接代表的家庭、社会等教育服务的终极用户的基本满意。学生真正满意而家长不满意或者教师十分满意而雇主不满意的教育,在现实中同样是难以想象的。社会及雇主的需要和社区及家长的期待,必然会以某种形式实际地反映到教师的专业追求和学生的学业成果中去,最终以教师对其职业环境和学生对其就读体验的满意度作为表证。

从评估实践中也可以清楚地看到,师生满意度调查结果与学校教育的实际状况呈高度正相关关系,师生对其所期待的教育服务的满意程度可以大致地对应于学校的建设水平和学校教育的发展阶段。教育是否有效、是否公平、是否有质量、是否有特色,都可以从广大师生对学校教育的满意度中来观察和衡量。

"办师生满意的学校"的提法也是从目前广大师生在学校的实际生存状态出发、体现素质教育核心理念的一个很有号召力的口号,它与教育改革的目标高度一致，容易得到社会的广泛共鸣。目前师生中仍然存在的满意度不够理想的方面是应试教育等造成的教育的过程性反映，也是素质教育实际上还未全面落实的终极性表现。要办好“人民满意的教育”，必须“办好每一所学校、教好每一个学生、发展好每一位教师”，从根本上来说就是办好“师生满意的学校”。

（《常州大学学报（社会科学版）》2013年第1期）

基于《达喀尔宣言》：我们离全民教育目标还有多远？[①]

袁益民

【摘 要】2000年世界全民教育论坛通过的《达喀尔宣言》明确了到2015年要实现的全民教育六大目标。以全民教育的核心理念——质量和公平来衡量，我国的全民教育虽然解决了“有学上”的教育机会均等问题，但“上好学”的质性目标尚难以实现。为此，必须先从根本上解决“学好上”的问题。建议明确政府、学校和社会三方的责任，整合多方力量，共同提高教育质量，促进教育公平。

【关键词】《达喀尔宣言》；《教育规划纲要》；全民教育目标；教育质量和公平；“学好上”；教育铁三角

2000年，达喀尔世界全民教育论坛通过《达喀尔全民教育行动方案：实现我们的集体承诺》（以下简称《达喀尔宣言》），确立了2005年与2015年要达到的全民教育六大目标。到2015年，实现全民教育六大目标的最后期限就要到了，国际社会将对各国全民教育的实施情况进行终期评估。

全民教育的核心理念是质量和公平，这也是我国《国家中长期教育改革和发展规划纲要（2010—2020年）》（以下简称《教育规划纲要》）的核心理念。《教育规划纲要》提出的“以提高教育质量为核心，以促进教育公平为重点”，不仅是教育工作的指导思想和工作方针，也是具体工作目标和发展愿景。要实现这样的目标和愿景，就要真正确立以质量和公平为核心价值的全民教育的新理念，明确政府、学校和社会三方的责任，在解决“有学上”问题以后、解决“上好学”问题之前，首先要从根本上解决“学好上”的问题。

① 本文为联合国教科文组织与中国联合国教科文组织全国委员会合作课题“省级实施教育改革和发展规划纲要监测实验计划项目”成果之一。

一、落实全民教育六大目标的核心理念:质量与公平

首先,要重新认识全民教育的核心理念,并找到我们目前仍然存在的差距。

(一)全民教育的核心理念即质量与公平

我们从《达喀尔宣言》确立的全民教育六大目标(详见表1)中,不仅能够找到明确而具体的发展指标和要求完成的任务标准,而且能够看到全民教育所追求的教育的理想发展状态、观察教育的崭新视角和一系列全新的理念。一是教育的全民性和平等性,要求教育要采取基于人权的全纳式的方式,面向全体有需求的学习者,特别要关注那些尚难以顾及和容易被忽视的人群,强调机会、过程与结果的公平。二是教育的全面性和基础性,要求在相关学习领域全面满足学习者所有基本的学习需求,强调基准面的教育机会与公平。三是教育的终生性和适切性,教育要对不同的年龄人群和不同的需求保持敏感,为所有人包括成年人提供适合他们的教育服务。四是教育的完整性和可测性,强调不仅要给予学习机会,而且要保证学习者完成学习任务,实现预期的、可测量的目标。

表1 2000年《达喀尔宣言》确立的全民教育六大目标

序号	目标
1	扩大和改进全面的幼儿保育与教育工作,特别是对于最易受伤害和处境不利的儿童
2	确保到2015年,所有的儿童,尤其是女童、处境不利的儿童和少数民族的儿童,都能接受并完成免费的、优质的初等义务教育
3	确保通过平等地接受适当的学习和生活技能课程,满足所有年轻人和成年人的学习需求
4	到2015年,使成人(尤其是妇女)的脱盲水平提高50%,并实现所有成人都有平等接受基础教育和继续教育的机会
5	到2005年,消除初等教育与中等教育中的性别不均等现象;到2015年,实现教育的性别平等,重点是保证女童全面且平等接受优质的基础教育并全面且平等地取得成就
6	改进教育质量的所有方面并保证所有人取得优异成绩,以使所有人达到公认的可测量的学习成果,特别是在识字、识数和基本生活技能方面

我们可以看到,全民教育已经从主要强调入学机会的传统视角,转变为

同时强调教育质量与基准面上的教育平等的新视角，从而形成了以满足基本学习需求为目标、以保证教育质量与教育平等为核心内容的全新的全民教育的理念系统。比较20世纪90年代宗滴恩大会上提出的全民教育目标和2000年的达喀尔全民教育目标，我们可以清楚地看出，2000年的目标明确地将性别平等和教育质量单独列出，将其作为独立的政策目标。在总共只有六条的目标中，不仅每一条中都涉及教育平等与教育质量，而且专门列出两条，这是异乎寻常的。

首先，要保证为所有相关学习者提供的教育必须是有质量的。质量处于全民教育的核心位置，它不仅是全面实施全民教育的重要条件，而且其本身也是《达喀尔宣言》提出的全民教育的六大目标之一。它既是一项独立的目标，同时也渗入到其他五大目标之中。每一项全民教育目标都涉及质量因素。

同时，要满足所有学习者的基本学习需求。无论这些学习者的年龄有多大、社会处境如何，政府都要保证他们能接受并完成相关的学习。在这里，基于教育作为基本人权的思想，教育平等已经成为一个重要的质量指标。教育平等问题是解决入学机会和教育质量问题的一个有效的切入点，因为造成入学机会不均等问题的主要根源是各种形式的教育排斥，而现在的教育质量问题也主要表现为发展的不全面、不均衡、不协调和不和谐，其实质是教育中存在着不平等。

（二）全民教育的目标远未全面实现

全民教育就是平等的、有质量的教育。对照全民教育的目标和理想，我们还有相对落后地区的幼儿保育与教育的规模和质量等问题、留守儿童及流动人口子女等处境不利人群的教育质量的有效保障问题、满足所有适当人群终生学习和生活技能提高的需要的问题、性别均等（Parity）以后的性别平等（Equality）问题、保证所有人取得优异成绩和达到公认的可测量的学习成果的问题等。

以全民教育第五大目标为例，我们基础教育阶段的性别均等早已实现，平等则差之甚远，和谐目前还难以顾及。入学者中的性别比已大致相当，但是，教育中的性别不平等问题还普遍存在。例如，在教师及学校管理者的性别比例、教科书里的性别角色描述和插图中女性科学家比例、对于不同性别学业成就和行为表现的期待、对不同性别学科专长和生涯选择的刻板印象、课堂教学中的性别敏感性及学校设施的性别考虑等方面，仍然存在许多性别不平等现象。现实中，女性仍然在付出更大的努力和牺牲后，获取相对较少的发展机会，处于较不利的生存状态，这与就读期间性别平等实质上的缺少和性别和谐基本上的缺失是密切相关的。

我们往往容易简单化地用入学率来衡量教育发展水平并用升学率来衡量教育质量。但是,我们在深入解读了全民教育的目标和理念后,就会觉得这是远远不够的。入学率只是反映了教育的起点和未来的可能,升学率也只是反映了一部分人的一部分学业成就和暂时的成功。它们其实不可能反映教育质量和公平的许多重要的相关要素。

因此,以全民教育理念衡量我们现有的教育,量化目标现在已经实现,质性目标的实现仍有差距,公平目标的实现任重而道远。

二、中国兑现全民教育目标的现实困境:“上好学”还是“学好上”

孩子的入学机会增多了,普遍都能跨入校门了,我国基本解决了“有学上”的教育机会均等问题。但是,他们能够学多久、学到什么程度,则完全是另一回事。这既要看孩子们上的是什么学校,即接受优质教育机会是否均等;还要看他们在学校里学得怎么样,即不只看教育过程中的教学质量和学生的就读体验,也要看学生的学习成果和未来发展。如果孩子们光是“有学上”,但是上不了理想的学校,那么要实现“上好学”的愿望就更难一些。如果孩子们上到了理想学校,但孩子及其家庭为此付出了许多努力甚至太多牺牲而收获有限,那么这种“上好学”的代价便显得太大了。家长的高期待、择校的高利害、收费的高标准、学习的高强度、高考的高风险、就业的低水平,这一切叠加起来,使“上好学”成为教育的一种难以承受之重,而政府本应承诺的“学好上”也难以兑现。

就现实而言,现在的“学”还不好上。一方面,“好学校”有限,择校的压力太大,不仅要拼学生学力,还要拼家庭实力。家长的选择还比较有限,选择的相对成本还比较高,上好学校的路对许多人来说还比较远。另一方面,即便上了理想中的好学校,学生的学习环境和就读体验也并不那么理想。好学校进得了并不代表好环境给得了、好教学供得了、好学生出得了。例如:升学的压力有时使人喘不过气来,教学方式并非理想中的因材施教、循循善诱,学生的身心健康时常令人担忧;教师与家长的沟通、学校与外部社区的交流,就如同师生间的教学互动关系那样,还称不上令人愉快或可以接受;家长、社区、学生参与学校事务的管理尚比较困难;学校还远不能及时提供反映全球市场趋势和适应国家人才培养及经济社会发展需要的课程,学生的学业、职业、创业和自主就业能力等还远没有得到充分的培养。

所以,解决“上好学”问题前,首先要解决“学好上”的问题。“上好学”

和“学好上”的目标都是追求有质量的教育。“上好学”更多的是从扩大优质教育资源总量方面考虑的；而“学好上”是从盘活现有教育资源存量的角度，要求有更加平等的入学机会、更加友好的学校环境、更少排斥的教育氛围、更有意义的就读经验、更加健康的学习风气、更加有效的学习成果。所以，我们不仅要洞悉百姓“上好学”的现实期盼，更要着力提供“学好上”的政策环境，搞好相关制度的顶层设计，不仅让好学校不再那么难进，更要让进入所有学校的孩子都能够学有所成、学有所精、学有所用，使上学对于学生及其家长来说不再那么艰辛、那么无奈。

三、实现全民教育目标的必由之路：落实政府、学校、社会三方的责任

波士顿大学的傅士卓（Joseph Fewsmith）认为，划出国家和社会的界限对于建设一个现代社会至关重要。在教育改革与发展过程中，在提高教育质量和促进教育公平的征程中，我们同样需要划出政府、学校和社会之间的责任边界。这样的边界也许是模糊的，也许仍然存在交叉，但是有没有这样一个边界比这样的边界是什么更加重要，因为它对于现代社会、现代管理、现代学校制度来说尤为重要。我们越是远离传统的大一统、集中化管理，我们越是要明晰这样的边界，哪怕只是为了理解这些责任本身是什么。

从教育质量保障的概念框架（见图1，袁益民，2007）中我们可以看出，与教育质量和公平直接有关的外部保障性社会活动主要有六个方面，内部质量保障则主要由学校在日常教育教学活动中承担。目前，它们在质量保障过程中的关系经常是扭曲的。

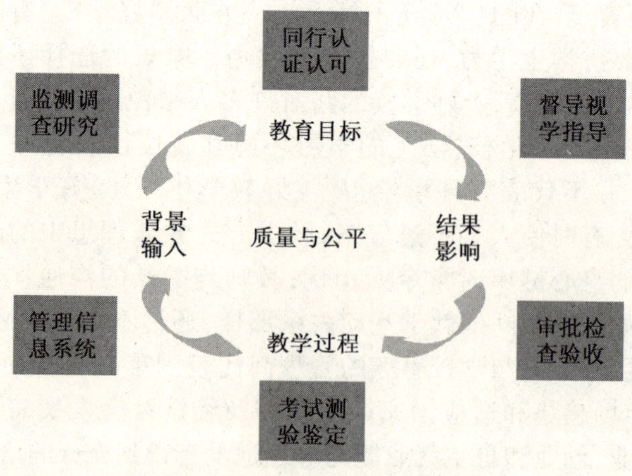

图1　教育质量保障的概念框架

这些活动中有一些是属于社会专业评估的活动,如认证、考试、监测等;有一些则应纳入政府行政活动范畴,如审批、检查、验收和管理信息系统。在这些内部和外部的专业性和行政性的质量保障活动中,我们无法具体厘清哪些是管质量的,哪些是管公平的,或者哪些管质量多一些,哪些管公平多一些,似乎它们都可以同时围绕质量和公平开展工作。但是,如果从政府应该主要管什么、学校主要负责什么和社会专业活动可以承担什么的角度来看,情况就完全不同了。

首先,从政府应该主要管什么的角度来看,作为社会各种利益关系的平衡器和调节者,政府推脱不了对于教育公平的责任。提供平等的入学机会与确保基准面上的教育公平,是政府的天然责任和使命。其次,从学校主要负责什么的角度来看,作为提供教育服务产品的机构,学校要对教育服务产品的质量负责,保障教育质量是学校的主要的、日常的和终极的责任。公平和质量都有人负责了,那么是否就可以万事大吉了呢?当然不是。政府是否确实提供了平等的入学机会与确保了基准面上的教育公平,学校是否确实已提供了有质量的教育服务产品,需要政府和学校以外的第三方力量来确认。社会专业机构的专业活动刚好可以承担这样的一种责任。它既可以为政府提供关于教育公平的决策咨询服务,又可以为学校提供质量建设的专业支持,同时也促使教育质量和教育公平得到社会的认可。

这样,相关责任关系就很清楚了:政府主要管公平,学校主要管质量,社会主要管保障,做到管、办、评分离。政府主要是通过审批、检查、验收、督导、视学指导和使用管理信息系统等行政手段,确保教育公平目标的实现。学校主要通过有效的教育教学活动,确保教育质量目标的实现。而社会专门机构及公众主要通过立法监督、专业服务和社会舆论监督,从外部保障教育质量和公平目标得以实现。

我国在教育质量和公平方面还有很多工作要做,特别是离城乡间均能提供平等的、有质量的教育的目标还有相当大的距离。各方力量需要积极承担起各自的职责,同心协力,聚焦差异,消除不均,为提高教育质量、促进教育公平做出更大的贡献。

参考文献:

[1] 国务院:《国家中长期教育改革和发展规划纲要(2010—2020 年)》,2010 年。

[2] 全民教育全球监测报告小组:《全民教育:质量作为当务之急》,巴黎:联

合国教科文组织,2004 年。
[3] 全民教育全球监测报告小组:《消除不平等:治理缘何重要》,联合国教科文组织,2008 年。
[4] 袁益民,等:《教育质量标准与评估指标》,《联合国教科文组织教育质量标准综述》,中国联合国教科文组织全国委员会,2010 年。
[5] 袁益民:《也谈教育质量及其保障》,《上海教育评估研究》,2012 年第 2 期。
[6] 袁益民,等:《教育规划纲要 2011 年监测报告》,中国联合国教科文组织全国委员会,2012 年。

(《中小学管理》2012 年第 12 期、国务院发展研究中心信息网收录)

学生参与教育质量保障的现状分析与政策建议

【摘　要】 在总体分析学生评教现状和系统构建学生参与教育质量保障新概念框架的基础上，提出针对未来制度性变革的政策建议：目标建构、过程参与和结果共商。

【关键词】 学生评教；质量保障；民主评估

一、学生参与教育质量保障的现实反思

组织学生参与评教早已成为我国学校教育中普遍采用的一种管理手段，特别是在高等学校中已经积累了许多经验。在实践中，学生评教的可信度、可靠性基本被认可，相关活动已普遍开展，且在各项评估中所占权重较高。人们对于学生评教意义的认识逐步深化，评教方式走向多元，有些学校对不同课目进行了分类评估。学生评教活动走向制度化，程序更加规范，时机更为合理，指标、工具和技术逐步改进。评估结果与奖罚、晋升、上岗和转岗挂钩的做法比较普遍。

总体而言，大部分学校对学生评教越来越重视，目标进一步明确，操作也更加顺畅。随着学生评教活动普遍深入地开展和国外相关理论与实践经验更多地被介绍进来，国内出现了大量的总结反思。不少学校在理念层面出现了一些可喜变化，开始认识到应关注民主和谐的师生关系、教学诊断重于教师管理、评价的可靠性取决于良好的设计、质性分析优于简单的量化方法、网络评估应与纸笔评估和其他非正式评估相互补充。学生评教开始被看作是质量保障的一个环节。

但是，学生评教的区分度、有效性及对于促进教学的实际意义仍然广泛地被质疑；指标体系的科学性不足和评估过程的人文性缺失普遍存在；对于学生评教的功能的局限性、形式的多样性、方法的有条件性和结果使用的有限性认识不足；还有一点，就是师生未能有效参与项目设计。虽然学校提出了要加强相关宣传、强调综合分类、完善指标体系、规范评估程序和善用评估结果等，然而现实的困境是：尽管学生评教被认为十分必要，可是它在整个教育质量保障中的地位和作用却相当不确定；尽管觉得要做到科学规范，

但对于何为科学规范还不是很清楚；尽管指标体系不断改进，但始终难以令人信服；尽管知道目标是促进教学，但作为教师管理工具的作用仍占主导；尽管学生民主参与的价值已经被认识到，学生的权益、视角和声音依然被忽视；尽管使用结果的种种偏差受到大量拷问，但到底应如何使用仍是众说纷纭。

从政策层面来看，教育部有关文件已经对学生参与教育评估提出了一些原则性的要求。学生参与评教主要是作为教师和教学评价的一个辅助性因素提出来的。除了教师及教学评价外，学生参与对整个学校工作评估的观点也有极个别文件简单提及。

在现有的院校评估、教师评估和一些地方的区域教育评估中，学生已经以参加座谈会、填写问题反馈表、参加相关测试等方式比较被动地参与了部分评估活动，特别是学校内部的学评教，其制度化程度已经较高。但总体来说，学生的参与是不够充分的、浅层次的，不少是无效或者低效的，有的甚至是应景式的、象征性的，学生参与的目标、范围与方式等均需进一步得到明确。

二、学生参与质量保障的概念框架

由于传统的集中化管理等方面的影响及对于学生评教可靠性与有效性的怀疑，学生甚至是被评的教师一直是具有从属性的参与者，而非独立评估主体，他们既不参与方案及指标设计，在外部评估中也只能作为被征询者和被调查者参与。学生全面、充分、主动、有效的参与是不存在的，更没有基于学生权利的、政策保障的制度化参与。学生作为质量主体的地位尚未被承认，全面参与学校民主管理的权益尚未被认可，师生之间真正平等和谐的伙伴关系尚未建立，理想地学习和自由地质询的组织文化尚未形成，学校内部和外部质量保障中的学生参与尚有待得到进一步的推动。

学生全面、充分、主动、有效地参与教育质量保障，需要把传统的“学生评价教师”或“学生评估教学”的概念提升为“学生参与质量保障”。要彻底改变目前自上而下、由外及内的质量保障观，代之以质量为内核、学校为基地、学生为中心的质量保障观。学生不再是学校管理的工具，而应成为学习的主体、教学的中心和质量保障的最主要的利害相关人。学生不仅作为相关调查中的个体学习者、特定领域的专业知情者参与评估，而且作为学生群体（但非学生团体组织）的代表人和质量评估的受益者参与；不仅通过展示自己的学习经验、学习状况和学习结果间接地参与教育评估①,而且通过履行自己的代表权、发言权和投票权直接参与内部和外部教育质量保障活动。

尽管对学生参与质量保障的研究不多,但我们并不需要从头开始。欧洲国家学生会(ESIB)致力于系统地推进学生参与质量保障的工作,并完成了一项促进学生参与质量保障的专门计划。2005 年的《卢森堡宣言》更是将高教界的目光吸引到了学生参与质量保障这一紧迫任务上来。"学生参与优质苏格兰组织"支持学生、学生协会和学校提高学生参与质量相关程序的有效性。"亚洲质量网络"(APQN)成立了一个专门的小组来研究学生参与质量保障的问题,并推动世界范围内相关经验的传播。印度国家评价与认证理事会(NAAC)、澳大利亚大学质量保障机构(AUQA)和挪威质量保障机构(NOKUT)等组织都在学生参与质量保障方面做出了努力。尽管这些努力只是初步的,但国外的相关经验为开拓这一领域提供了有益的参照。

以 NOKUT 为例②,在学生参与外部评估小组工作方面已经积累了一定的经验(见框注一)。该机构中的大多数专家委员会都有学生的参与。学生参与外部评估小组得到了相关各方的高度评价,学生在其中所做的贡献得到了充分的肯定。当然,关于学生专家应当如何产生、他们能否当组长、其在专家组的任务是否应该有所侧重、是否可以参与新课程认证、何时以何种身份参与专家组等问题,仍有不少争论。

框注一:NOKUT 组织学生参与外部评估小组的案例

> 基于挪威的高教传统和维护学生权益的考虑,学生专家参与 NOKUT 组织除新课程认证以外的所有评估。同时,在这些外部评估中也特别重视学生通过各种方式参与学校内部质量保障的情况,包括加入决策咨询机构、代表学生团体提出意见建议和评价教学、设计课程和加入学习环境委员会等。学生组织负责提名学生进入 NOKUT 的外部评估专家库,要求学生有校内决策机构或学生组织工作的经历(在有些评估中只要求有相同或相近专业背景),参加评估时由 NOKUT 董事会任命。在实际评估中,学生被作为平等的专家小组成员,能够较好地融入整个小组的工作,在有些评估中他们甚至负责领导专家小组。

---

① 周作宇,等:《大学生就读经验:评价高等教育质量的一个新视角》,《大学》,2007 年第 1 期。

② Froestad W. ,et al. Student participation in external evaluation panels. 27th Annual EAIR Forum. Riga,Latvia,2005.

在整个教育质量保障体系中，除了审批、指导、验证等行政行为一般没有学生参与之外，学生应以各种形式不同程度地参与教育督导检查、评估认证、统计调查、内部保障和考试鉴定等活动。在一部分活动中学生属于被动参与，但在各种内部保障和外部保障（评估认证）中，学生可以成为主要的评估主体，实质性地参与相关评估过程。学生参与外部评估小组工作被认为可以为外部评估追加许多价值（见框注二）。

框注二：NOKUT 学生为外部评估追加的价值

(1) 加入了学生的代表、视角和声音；
(2) 更宽的讨论带来更好的决定；
(3) 更鲜活的学习经验、对教与考及相关规定和课程等更新近的了解；
(4) 更了解有关学生的问题和真相；
(5) 对校方所提供材料的不同看法；
(6) 学生接受本身是学生的专家时面谈感觉更自在；
(7) 提高评估在学生中的正当性；
(8) 更多的民主成分。

而在内部质量保障中，学生事实上可以参与学校工作中与教育质量相关的任何活动。除了学评教、课程评价和考试等各类校内评价外，学生可以参与任何与各类同质量相关的决策及执行程序、课程规划与建设、教师专业发展计划、教育设施设备改进方案和促进学习环境的努力等。在以往，学生在校内除了学评教活动和考试外，很少参与其他评价及质量保障活动。一方面，学评教承担了太多的功能和压力，使评教师、评教学不能发挥其应有的作用。另一方面，学的视角和学的质量也被忽视了。

其实，学生参与教育质量保障，可以从六个主要方面切入，如图 1 所示。除了各种类型的学生评教以外，学生应当参与校内有关学校未来发展、教育质量、学生事务、学习环境和学生服务等方面的决策程序，也应当参与课程规划、设置及评价，参与学习成果的反馈及就读经验调查等。除了参与学校内部质量保障，学生还应当参与外部质量保

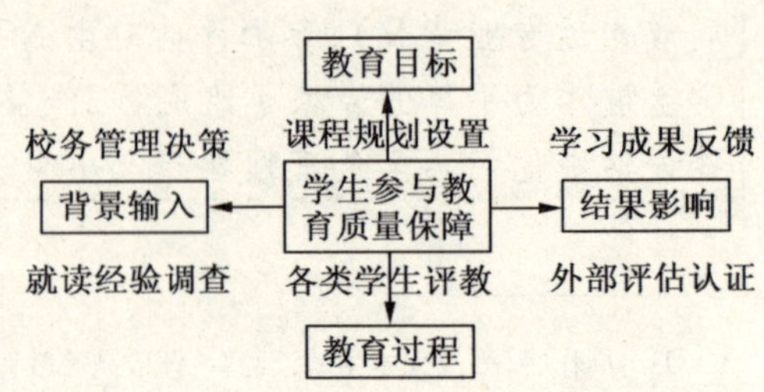

图 1　学生参与质量保障概念框架

障,可以直接参加外部评估小组的工作。

这样一来,学生参与就不再只是唱学生评教这一独角戏,而是融入了内部和外部质量保障的所有方面,使学生的经验、感受、需要和学生的声音、观点和选择不仅得到间接的关注,而且得到直接的表达。

三、学生参与质量保障的政策建议

根据学生参与质量保障的这种全新的愿景,我们可以从目标建构、过程参与和结果共商三个方面着手推进系统性的变革,如图2所示。它们是民主评估的三大支柱。目标建构是落实评估的发展性目标的首要前提,过程参与是提高评估的有效性的主要手段,而结果共商则是评估得以可持续发展的重要保证。离开了这三大支柱,民主评估将成为空中楼阁。

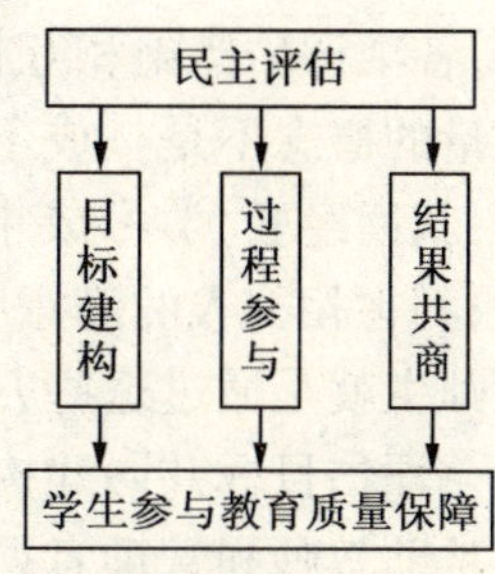

图2 民主评估三大支柱

(一)目标建构:承认有限性,超越局限性,增强互补性,落实发展性

全面而又正确地认识学生参与在整个质量保障的地位和作用,首先要认识学生评教的有限性。评价的有效性来源于其有限性。学生评教只是内部质量保障中的一种手段,不能替代其他手段。要跳出就评教论评教的框框,使各项手段所发挥的效应相互补充。就像教师评学生是为了弥补纸笔测试的不足,学生评教师本来也是为了突破其他评估手段的局限性,使通过各种手段掌握的教学动态信息更为全面、更为准确、更为可靠,以更好地服务教学,真正落实评估的发展性目标。

开展学生评教不会自动地带来对教师教学的促进,它的作用的发挥不仅是有局限性的,而且是有条件的。学生评教必须与师生的主观意愿相一致,必须与教学的客观实际相契合,必须与具体的发展需要相匹配,只有这样才能发挥其应有的作用。由于学生的特点不同、学习需求不同、发展状况不同,也由于教师的背景不同、教育方法不同、教学风格不同,教与学是一个师生之间在不同的领域和层面交互作用的复杂的系统和动态的过程。因此,学生评教的实际状况不可能通过某一种单一的评估项目来完整地描述,学生评教更不可能通过若干次的评估活动来实现其促进教学的目标。能够促进教学质量的评估活动,必然也是一个适应复杂教学系统的师生之间交互作用的动态过程,而这个动态过程中的评估目标应该是师生经共同建构出来的,而不是其中一方一厢情愿地规定的。

教育目标是通过师生之间的良性教学互动,包括他们之间对于评估目标的不断动态建构过程来完成的。教师围绕学生学习这个中心发挥教学主导作用,师生之间相互交流彼此的看法,平等协商教学的方法,合作建构评价的目标,共同确立师生在评价中的相互关系的意义,并一起获得各自的成长和发展。这样,教与学的过程密切结合,评估目标与教育目标也高度契合,各项评估措施相互补充,为教育质量的提高提供了最可靠的保证。教育质量的概念不是一成不变的,而是动态的。教育质量保障需要关注许多方面:就读经验、学习成果、学业成就、发展潜能、毕业生技能;教育目标达成度;利害相关人的满意度;生均资源;教育环境;管理水平和组织效率;等等。而师生就是通过这些方面的目标的不断建构来实现其教育质量的目标的。

评估目标共同建构的策略不仅能够更好地服务教育教学目标,而且可以帮助教师和管理者摆脱一成不变的管理目标和僵化的教学方法的束缚,并增强利害相关人的满意度和归属感,提高参评的积极性和评估的有效性。

(二) 过程参与:强调主体性,确立正当性,保证合理性,提高有效性

ESIB 的一项调查显示,在大部分国家,学生还不能充分地参与内部与外部的质量保障。《卢森堡宣言》指出:“作为高等教育的完整的合作伙伴,学生总是必须被纳入所有方面和所有层次的质量保障。”

过程参与是民主评估的核心特征。利害相关人是否参与、参与多少、如何参与是实现评估目标的关键要素。他们的有效参与使教育质量拥有权和主体责任得以回归,使评估更具正当性、适切性,从而避免目标扭曲和价值失真,促进质量主体自主发展、特色发展、创新发展及全面、协调和可持续发展。这解除了不必要的压力,缓解了评估者与被评者之间的紧张、矛盾和对立的关系,增强了被评者的认同感、主人翁意识、凝聚力,调动了评估者与被评者各自的积极性和工作热情,使行动更加协调一致、合作与沟通更加顺畅,也使大家更容易接受和支持评估方案与评估结果,也减少了弄虚作假,真正地变“要我评”为“我要评”。利害相关人的全程参与还有利于相关机构的组织性学习和相关成员的专业发展,有利于评估结果使用效益最大化和人力资源成本最小化。

在评估活动中,应了解学生的看法和考察学习的状况是否需要学生直接参与及学生应该参与什么、参与多少、如何参与,但这些问题还远远没有得到很好的回答。学生参与教育质量保障,本来应该是一个不言自明的道理,因为学的视角有利于教的改进。教育质量不能只看作是教师、学校、领导和专家的事,它首先是关于学生、为了学生的事,是通过学生、依靠学生才能落实的事。作为教育的终极受益者,学生是有质量的教育的受益者,也是

质量的建构者。学生的权益不应由别人来代表,学生的意见不应由别人来代言,学生的参与也不能由别人来代替。只有学生主体参与、全面参与、有效参与的课程、教学和学校工作评价等质量保障活动才具有正当性。在教育规模扩张后,更应关注质量主体的权益和构成社会需要的个体需要的满足,因此要更加强调学生的参与。

利害相关人的主体参与有利于增加评估活动的合理性。离开了他们的参与,评估目标、评估方案、评估指标和标准、评估方法将失去适切性,评估将变成游离于师生之外的异化了的活动。强调利害相关人参与的基本动因是:人们需要参与制订议程才能对项目具有一种责任感,才能负责任地参与项目。相比惩罚而言,人们对鼓励持更加积极的态度,而参与有利于避免惩罚;人们需要对自己的生活保持某种程度的控制。如果没有这种参与,与项目的目标、运作和结果有关的一些重要因素就不可能被充分地考虑,评估的结果由于没有了解利害相关人所关注的问题和价值,因而也可能会被忽略、批评甚至抵制。

利害相关人的参与直接决定着评估活动的有效性。最典型的例子是许多单位设立了意见簿、意见箱。其本意是要提供一个方便群众的正常反映意见的渠道,但结果是很少有人问津,也很少有人真正在意。原因是单从管理者角度考虑得多了一点,没有顾及管理服务对象的实际需要。当然,这并不是说意见簿、意见箱什么作用也发挥不了,如果管理者能够把它当作一种有限的补充手段加以合理使用,它还是能够发挥一定作用的。学生评教及整个质量保障的问题也是这样,如果管理者能全面而又正确地认识它的功能并合理使用,它就会发挥应有的作用,关键是让学生参与其中并表达自己的想法。只有是知情的并愿意去做的事情,才能将其真正做好。

目前的评估中出现的许多问题有不少也是可以通过学生的参与来较好地解决的。一项面向54所高校的问卷调查显示,学校认为高教评估成本过高、没有分类进行、行政色彩太浓和学校消极被动等问题比较突出。① 而社会上则对高教评估中的形式主义和弄虚作假等评估腐败现象反应强烈。有关方面试图通过强调评估纪律、简化评估程序(有的建议增加随机性访校)、控制接待规格、降低材料要求和强化整改环节等办法进行改进,但似乎收效甚微。为了回应分类评估的呼声,下一轮评估实现分类评估和强调办学特色提炼的可能性非常大,但是从“千校一面”到“百校一面”,以及带来“种瓜

---

① 章建石,等:《我国高等教育质量评估工作现状的反馈》,《大学》,2008年第4期。

得豆”结果的风险,使得学校进一步丧失自主发展空间的概率升高。社会在通过评估提高教学和人才培养水平方面一直多有期待,但总体而言,高教评估在实际促进教与学的质量方面的效果和影响不是十分明显。然而,这些都可以通过学生的参与而大大地改变。我们可以相信,如果学生全面参与质量保障(包括参与外部评估),我们一定能对教与学的状况有更多、更真切、更可靠的了解。我们也可以设想一下,如果专业专家当着这些青年一代的学生专家的面是否还能理所当然地容忍,甚至参与形式主义和弄虚作假等评估腐败呢?

学生的全面参与当然会增加工作的复杂性和管理难度,也会考验管理者的民主管理能力。管理者要增强群众意识、民主意识、服务意识,在设计相关方案时要变一厢情愿为几厢情愿。如果评估策划者总是一厢情愿,而不是你情我愿,许多评估及管理目标将无法实现。

(三)结果共商:重视科学性,关注人文性,强化参与性,确保可持续性

学生不仅参与评估目标的建构和整个过程及程序,也需要与教师一起协商评估的结果。过去我们在评估结果的处理上是有许多教训的,要么把评估看作是走形式,对结果采取轻描淡写,最多是点到为止的态度,要么把评估看作是可以决定一切的要素,对其结果采取重拳出击、重奖重罚的做法。特别是后一种情形在现实中比较普遍,使原本利害度已经比较高的评估这一敏感的社会活动负载了更多的压力,往往容易带来目标的扭曲和价值的失真。

为了更好地利用全面的、多样化的信息和通过协调的多元参与,实现有效的、各方满意的、可持续的优质评估,我们必须从科学的质量观、人文的绩效观和正确的群众观出发,重新认识评估是怎么做的和应该由谁来做这两个最根本的问题。第一个问题主要是解决事实和证据的客观层面的问题,即科学性问题。这个问题表面上看来是技术问题,不需要人际互动和协商。第二个问题则主要是要解决价值和判断的主观层面的问题,即人文性问题。这个问题似乎主要是关于人际互动和协商的。目前这两个问题都还没有得到很好的解决,不需要协商的部分不可靠、人们也信不过,需要协商的部分则还没有充分协商。

总体而言,我国教育评估活动的首要问题还是随意性比较大、规范性不够、科学性缺失。评估目标定位忽视科学诊断的重要作用,评估方案没有科学论证,评估过程缺少专业引领、数据支撑和技术支持,而结果的形成和利用则很少使用科学分析,因此可信度和说服力不够。而评估作为居高临下

和任意摆布被评者的工具，缺乏人文性的情况则十分普遍。

例如，对全体教师来说都会是一个结果（甚至不评就知道结果）的那些结果应该如何解读？那些指标一开始该不该放进去评？这些都不是理所当然的，都需要科学论证和人际协商。不同科目或评估领域的有些评价结果会有所不同是可以想象到的，并不能说明教学方法等方面的问题。譬如说，尽管面对不同的教师、在不同的年份，“教学态度”这一评估指标的得分可能会有一些波动，但是总体而言，一般都比较高，那是由于态度问题不好说，学生也总会给你一点面子，这里面可能很少有科学性的问题。而学生的“学习积极性”“学习兴趣”和“运用能力”这些评估指标的得分一般比较低，那是由于从中小学到大学，学生的这些方面早就在应试教育下学没了。体育课相关指标的得分就高一些，可能因为好玩；理论课相关指标的得分就低一些，大多由于其内容比较枯燥；至于实验课的“熟悉实验内容与仪器”“实践能力”，你就是干这个的，你让学生怎么评？① 所以，我们需要反问自己：让学生来评，到底是为了什么？最后能得到什么？

我们的评价可能需要多一些针对教学的、少一些针对教师的，多一些关于课程的、少一些关于表现的，多一些学生学习视角的、少一些教师管理视角的，多一些学生友好型的、少一些艰涩难懂的，多一些质性的、少一些量化的，多一些开放性的（问题）、少一些闭合性的（问题），多一些诊断性的、少一些甄别性的，多一些有具体针对性的、少一些笼统抽象和模糊的问题。但是，到底需要多一些什么、少一些什么，这些可能也不是理所当然的，也需要科学论证和人际协商。

评估工作如何在广泛参与的过程中和保障基本权利、保证基本面公平的基础上，为学校及师生留出自主发展、个性发展和创新发展的空间，不仅是事实如何的科学话题，而且是应当如何的对话主题，不仅是目前迫切需要解决的问题，而且是涉及质量保障工作未来可持续发展的重要课题。我们需要通过减负和激发教师的内在需要，邀请教师真心参与、真诚投入，使教育评估真正成为诊断与促进教学而非检视和管理教师的手段，使评估的过程真正成为师生之间平等沟通、共同建构、相互分享的交流过程。让教师按照自己改进教学和自身专业发展的需要，根据不同的主题来确定为自己量身定做的学生评教方案；也让学校通过师生的主体参与来明确未来的发展方向。

---

① 谭军华，等：《北京师范大学学生网上评教的实践与思考》，《中国高教评估分会2007年学术年会论文集》，2007年，第99－107页。

当前,在建设群众满意的和谐教育的过程中我们发现,“有增长,无发展”“有数量,无质量”“有提高,无满意”的状况令人困惑。教育事业的进展应该说已惠及百姓,但并未得到人们广泛的认可。笔者认为,这里面有一个重要的原因是群众的知情权、参与权、决策权没有得到很好的落实,从评估方面来说就是师生不知道评估的目的、不参与评估的设计和整体运作过程、不介入最终结果的协商。

要切实改变学生代人评教和被动参与评教的状况,使学生真正作为教育教学活动的中心、学习质量的主体和教师的教学伙伴参与评教过程,让学生的经验、感受、观点、需要、选择成为建设课程、规划教学、评价质量和确定评估结果的最基本的依据。要从学生的生存状态出发,推动学生友好型评估,融目标建构、过程参与和结果共商于一体,建立民主的评估关系,用科学加人文的理念指导师生之间的互评。同时,对教师要减少不必要的压力,增加支持性服务。

总而言之,学生参与质量保障应该以学生为中心,实现质量拥有权及主体责任的回归,以学习为依归,实现“哥白尼式”的评估中心转移,使学生从教学管理的对象转变为学校生活的主人,从教育活动中的受教育者转变为教育质量的共同建构者,在动态的师生互动过程中建构教育质量,也建构学习者的主体地位,同时使学生参与评估活动从一种外部分摊的义务转变成一种自身应有的权利,从一种被动配合管理的手段转变成一种自觉学习民主的课程,在师生共同讨论学与教的过程中,提高对优质教学的认识,实现真正意义上的有质量的教育。

(《高教发展与评估》2008 年第 6 期、《新华文摘(论点摘编)》2009 年第 7 期)

质量保障：重在保障，而非改进

——对本科教学工作水平评估的反思与制度建设构想

【摘　要】　片面强调评估的“改进”功能妨碍了“保障”这一最本质功能的发挥，它所产生的压力和评估焦虑使高等教育评估中出现的一些根本性问题长期得不到解决。学界热议中的“分类评估”方案仍无助于问题的解决。院校评估改革的当务之急是更好地发挥评估的保障功能，改“以评促建”为“以评助建”。

【关键词】　本科教学；以评助建；质量保障

对于首轮本科教学工作水平评估中的缺失，学者、学校和社会各方人士都进行了各种归因，大致包括评估指标体系单一、标准把握过宽、方法考虑不周、整改力度不大、迎评“动静”过大等，特别是表现为形式主义、功利主义甚至是弄虚作假的学校方面的偏差更是受到普遍的批评和指责。笔者认为，在评估中被反复发现的问题背后，最根本的原因是评估工作的定位存在问题。其实，方案有些疏漏、操作有些不足、效果有些欠缺只是一些终究可以得到完善的技术性问题，而评估工作的定位问题则是难以在实际评估过程中得到完善的体制性问题。我们一直强调“以评促建”（包括促改、促管、促发展），通过“以外促内”“以上促下”，促使学校改进工作始终是评估的核心定位。但是从根本上来看，评估实践中出现的许多问题恰恰可以归因于这一定位给学校带来的过多的压力。如果我们把外部评估的目标与功能主要定位在保障而非改进，将更加有利于高等院校在适度的压力和更多的服务支持下，自觉进行自我反思和自我调整，真正促进内部教育教学质量的改进，为构建完善的高教质量保障体系奠定基础。

院校评估作为外部质量保障措施，是内部质量改进的必要而非充分的外在条件。建立“以评助建”的和谐院校评估，通过科学的价值观、正确的质量观、人文的绩效观和有效的评价观，具体地体现科学发展观，将有利于作为变化之内因的院校内部质量保障机制的改进功能真正发挥作用。当前，教育发展过程中“有数量无质量,有增长无发展,有改进无满意”的问题还是比较突出的。而在此过程中,院校评估不仅没能很好地承担有效地保障质量、推动发展、促进和谐的重任,反而往往在一定程度上异化了教育质量、扭曲了发展目标、复制甚至强化了教育不公,引起了公众的不满。只有对院校评估的项目定位和整个方案进行根本性的重新反思和基础性的重新塑造,才能真正建立起服务于高教质量保障的、和谐的院校评估体系。

一、当前评估不够和谐

从首轮本科教学工作水平评估来看,评估对提高教学质量意识、规范教学管理和改善办学条件等方面的作用,几乎就如以往几次评估后的总结一样,得到了学界和社会主流的认可,但评估方法、评估规范、评估纪律等方面仍然受到广泛的质疑。一些偶发的评估事件和部分媒体的炒作也影响了教育系统内外及社会公众对评估的看法。评估带来的负面影响是否真的过多,评估产生的积极作用是否确实有限,这些似乎都难以进行定量分析,给人们留下了无限的思考空间。但有一点是肯定的,那就是没有人觉得现在的评估已经做得比较令人满意了,相反很多人认为这轮评估确实存在诸多的问题和不足,甚至不少人提出了尖锐的批评。这些反思行为体现了不同的评估理念与价值追求,同时也反映了对一些根本问题与根本出路的一种困惑和迷茫。

(一) 请君上轿,还是赶鸭上架?

我国当前院校评估的根本任务应该是帮助学校加强质量建设,落实质量主体责任,促进其内部质量保障与改进机制的完善,引导其“走上路”并“送上一程”。这本是政府和社会帮助学校的美事,却在现实中成了并不受欢迎的差事。评估者及被评者均感到吃力不讨好,同行认可度和社会满意度都不尽如人意。学校进行一次参评、多次迎评,不断动员和组织师生参与,牵扯了大量的人力、物力、时间和精力,但从实际效果来说,评估又没能给学校提供很多支持和服务,大部分校长心里其实对评估的实际效益并不认同。学校并不欢迎这种评估,但无权拒绝,只能如赶鸭子上架般无奈地接受。

(二) 软硬兼施,还是欺软怕硬?

指标体系中的硬件过硬、软件过软的问题是长期困扰各类评估的一个问题,首轮本科教学工作水平评估也没能解决好这一问题。量化指标和可转而量化的指标仍过多、过硬。而有些非量化指标的概念过于模糊,在具体操作中基本上未有实质性的测量，所以评估对这些方面的鉴定和促进作用缺乏说服力。一个突出的例子是对办学指导思想的评价，为了让绝大部分学校皆大欢喜而采取了“好人主义”态度，回避了实际存在的问题，使这项对目前中国大学特别重要的指标形同虚设。对软件“虚晃一枪”，对硬件“真刀实枪”，硬件不合格就坚决不给你通过，软件差一点也拿你没辙，一个内涵丰富的学校很可能由于一项硬件指标不合格而遭遇尴尬，而一所“绣花枕头型”的学校反倒容易得到现有评估的青睐。不仅指标体系有重硬轻软的不足，而且评估过程中也确实存在“欺软怕硬”的问题。光是在指标体系中兼顾软硬件的要求、强调内涵建设是不够的，还需要在具体的评估活动和最终的量权过程中真正重视软件的要求。

（三）因校制宜，还是越俎代庖？

在实际评估过程中，专家在坚持规定标准和实事求是地看待学校发展的矛盾选择中常常处于尴尬的境地，原因首先是指标体系本身的兼容性和通用性差，给学校自身的定位、目标、特色和创新等留下的空间太小。学校的办学指导思想、定位和规划目标并没有成为评估发现和评估决定的主要依据，学校的目标自我规划、行动自我定义、自由发展及创新发展受到了忽视。评估中出现鞭策后进而未激励先进的问题，除了指标体系本身的兼容性和通用性差的原因外，主要就是由于各个学校本身的目标和标准没有成为评估的逻辑起点和最后确立评估结论的主要参照依据，没有做到标准的以校为本和分校处理。

（四）教育改进，还是教育跃进？

在首轮本科教学工作水平评估中，时间比较集中的高密度的评估活动和高优秀率的评估结果也受到广泛的质疑。全国行动、全校动员、全员参与、“全线飘红”的评估活动，规模很大、动静更大，但对于改进教学质量、提高教学水平的作用，特别是对于在背后支撑质量和水平的更为重要的内部质量保障机制、质量观和质量文化建设等核心部分，到底触及多少、触动有多大，则很有必要进行重新反思。从历次评估的评价结果与实际效果形成反差的情况来看，习惯性地肯定主流并不总是具有说服力的。特别是要把评估成本、教育成本和社会成本及其对人才培养和教育发展的长远影响纳入长期效果分析时，其评测结果便更是值得怀疑。如果大部分学校的评估结果都是优秀，那就没有优秀了，大家多是优秀了，就变成作秀了。评估结果不是优良的学校也没有很好地落实整改，过度的压力过后是雷声大雨点小，大动干戈而来、悄无声息而去。这种劣质的快餐式评估文化对于业内认同和社会观感的影响十分消极。

(五) 教书育人,还是教唆愚人?

现有评估在评估方法、评估质量、有效性及可信度方面受到大量质疑的同时,评估纪律、诚信和作风问题也引起社会热议。首先,从具体评估程序、过程和方法来看,普遍存在形式主义、烦琐哲学和以材料为中心的倾向。在评估过程中并不重点关注学生的学习过程和就读经验,而是主要以核查材料为主,辅之以现场观察和学校汇报。因此,各校都特别重视材料的准备,学校准备的材料多至几百盒。有人调侃说:“搞一次评估,救活了一家造纸厂,毁掉了一处森林。”①准备材料的过程不仅增加了学校参评的工作量,而且由于评估人员在校时间有限,看材料的时间很短,难以通读所有材料,更无暇核实具体细节,所以造成时间、精力和资源的很大浪费。加之不少学校在准备材料时采取真实数据简单写、虚假数据认真写和长处优势重点写、短处弱项模糊写的策略,使评估人员难以在短时间内把握学校的真实情况。有的学校更是把做评估异化成了做材料,甚至是让师生参与做假材料。难怪有的基层老师担心,长此以往,教书育人的圣洁之地将变成教唆愚人的纳垢之所。

以“以评促建”为由或以评估凝聚人心为名,实际是为了追求短期的目标和利益,偏离了评估的教育属性和育人目标,容忍师生参与作假,并在事后片面强调评估的正面作用,这是极不正常的,应当引起深刻的反思。评估对于外部条件的改善是容易看到的,而其对于人的影响则较难看到,对人的消极影响更是不易被承认。但是,在人们对功利主义、形式主义和弄虚作假等问题的不断抱怨中,不仅评估伦理及评估者的信誉受损,而且伤及了教育的形象。尽管涉及面不一定有公众批评得那么广,程度也不一定有那么严重,但是其恶劣影响却是不可低估的。今后,我们在评价某项评估的利弊得失时,也应进行教育及社会成本效益分析,特别要把假材料、假现场、假动作的实际危害计算在内。

(六) 在意结论,还是在乎结果?

在评估过程中,不少学校似乎更在乎和满足于“优良”评估等级,不太关注和留意评估结论中的具体意见和建议,这是许多学校的一个通病。评估测量不出有关教育质量的大量宝贵数据,除了技术问题以外,主要的原因就是学校和公众不太关注教育质量方面的实际证据及细节。人们更愿意接受

① 江苏省教育厅:《学习实践科学发展观活动教育评估专题调研报告》,2008 年 5 月。

一个简单表述的结论和一些对显性事物及事件的表象看法。评估数据到底是怎么产生出来的、结论是否有足够的证据支撑，这在许多人看来并不重要，而如何在整改过程中分析、消化、吸收测量得到的数据则更加缺少关注度。对于机构的发展目标的调整、组织性学习、自我完善的机制与质量文化、学生的民主参与、教师的专业发展等这些评估本来应该带来实质性变化的领域的关注十分有限。

二、问题出在定位不当

以上这些保留看法乃至批评不论是否完全正确，都值得采取一种“兼听则明”的态度。尽管它们都表现为现有评估中的一些不够和谐的声音，但大多均出于改进现有评估的一种社会责任感。我们既不能采取过去那种总是想当然地肯定主流的态度，也不能采取毫无根据地否定一切的态度，而是应该采取基于更全面的证据和面向更多样的选择进行更加理性的反思和更加平衡的判断的态度。通俗地说，就是你说评估好与不好、结果积极不积极时，你要具体说明是针对整个教育质量的哪些方面是这样的，也要说明到了什么程度，同时还要说明存在需要特别注意的哪些局限和有没有其他更好的选择。这样的对评估方案的认证在过去是非常缺少的，我们总是乐于接受笼统的归纳、简单的归因、乐观的想象和善意的解读，从而造成了许多很快被“改革”掉的改革。

我国的大学评估从“合格评估”“优秀评估”“随机评估”到“水平评估”，一路走来伴随着评估思想的变迁和评估目标与定位的不断调整，但是唯一不变的是对评估之改进功能的坚持，即便是合格评估也是基于条件不合格、管理不到位的假设而采取的一种改进措施。从对这些评估的极其相似的总体评价来看，似乎也确实对那些极其相近的方面起到了改进作用。但是，这些旨在改进的评估真的如以往几次总结的那样都达到了预期的改进目标了吗？目前较多地被认可的下一轮“分类评估”方案仍然是要在这些已被反复总结过的方面“以评促建”吗？笔者认为，大学评估能够改进什么和如何改进，就像已经改进了什么一样值得重新反思。如果继续如此这般地“改进”，那么“分类评估”就会像此前的评估一样难逃宿命，而最终被我们用传统的方式抽象肯定主流而具体否定整体，如此往复，实质上却是在原地踏步。

上一轮本科教学工作水平评估的问题从根本上来看是指标和标准的选定、权重和分类问题，还是操作的程序、工具和方法问题，甚至是评估主体的专业操守和道德问题？笔者认为，这些都不是根本性问题。目前评估中表现出来的效果欠佳、劳民伤财、形式主义和弄虚作假等问题及前面归纳的几个问题,其根本原因在于评估项目的定位及评估方案的设计存在先天不足,最终使评估目标扭曲了学校教育目标。无论是高教总体评估活动过多、过频,还是上轮教学评估出现的指标体系重硬轻软、评估方式烦琐虚浮、评估过程高压低效、优良等级过宽过滥和结果使用轻描淡写的问题,实际上都折射出了评估定位不当这一根本性的问题。

从认识层面来说,我们混淆了教育的外部质量保障措施与学校的内部质量改进机制,把以校为本的形成性质量改进过程误解为外部主导的全程性质量干预过程。我们相信只有强调改进才能得到保障,而不是先有保障才能争取改进。实际上是把改进先于保障、改进重于保障甚至改进就是保障作为确立评估定位的价值基础和策略选择,这一认识的前提假设是没有外部评估的足够压力将难以促动内部改进。而事实是,外部越是要求改进,就意味着有越高的要求、越高的利害度和越大的压力,学校就会相应地有越大的顾虑和顾忌,就越难以敞开胸怀让你去了解真相、发现问题、提出改进建议,效果往往也就大打折扣甚至适得其反。我们以往几次评估总是必须面对一些同样的认识困境,根本原因就是没有解决好这一最基本的评估定位问题。

三、分类评估并非出路

分类评估的致命缺陷是它仍然没有能够撼动“改进”这一原有评估定位的根基,而只是触及了一些表层的问题。分类评估像以往的评估一样,一是它继续对上一轮评估问题进行错误归因,二是制度设计仍然存在认识缺陷,三是仍将会陷入新的困境。

(一) 错误的归因

对于如何纠正上一轮评估中的过度迎评、效果欠佳等问题,学校参评中表现出的功利性倾向被认为是罪魁祸首。但功利性倾向是评估的制度设计中应该事先设法解决或回避的问题,而不是评估过程中需要面对和处理的问题。其实,如果超出评估真实性的范畴,学校的功利性追求未尝不可以成为竞争外部资源的正当途径和谋取自身发展的内部动力。功利性倾向不应成为左右我们进行评估制度设计的主要因素,难道功利性倾向不除,我们的评估就搞不好了?难道分类评估就一定能够解决功利性问题,就一定不会因分层分类而使这种功利性倾向火上浇油?

目前学界和不少学校对统一指标框架造成压力错位、评估乱象和容易带来同一化或同质化倾向的指责,属于另一种错误归因,起码是对指标体系作用的一种错误解读。目前的指标体系缺乏兼容性的问题是确实存在的,但如果各个作为个体的学校的内部办学定位和目标不能作为评估测量的起点,外部评估指标的兼容性再大也无助于各类学校的自我规划和自主发展。在外部评估定位中过度地强调用外部目标强行介入"以评促建",忽视各个(而非各类)学校对目标的自主追求和行动的自我定义才是问题产生的始作俑者。评估目的和整个定位设定方面的不足当然要比指标和标准设置更容易造成目标的扭曲和带来评估过程中的各种问题,尽管人们指责具体的指标比指责整体目标定位来得容易。这两者是完全不同层面的问题,我们绝无可能主要通过学校的分类措施和指标体系的分层要求来解决此前遇到的根本性问题,对于这一点,我们必须有清醒的认识。

还有一种对上一轮评估问题的归因同样是缺乏足够的理据的,那就是不良社会风气造成了弄虚作假。社会风气当然会在一定程度上反映到学校生活或学校评估中来,但学校评估并非必然陷入被社会风气左右的境地。其实,部分学校在评估组进校前后的行为表现,折射出的更多的是在外部过多的压力下学校的因应之道。在其他评估问题得以解决前,作为社会服务和引领者的高等学校要能够守住道德底线和一方净土,为社会风气的好转做出贡献,这确实值得期待。但是,弄虚作假的病症在学校,病根在评估。至于社会风气,它对于评估而言不只是因,同时也是果,我们不能等待其好转后再来设计更阳光的评估。

(二)设计的缺陷

实行分类评估主要是要针对以上这些问题(实际上是所有评估与生俱来的问题),更好地学习国外所谓普遍实行分类评估、调动学校的积极性、优化指标体系和提高规范性等,基于此提出分类标准及方案。这一制度设计的关键点包括:学校作为主体,政府分类指导,地方统筹协调,社会多元参与。①

其实,上轮本科教学工作水平评估解决不了的问题,分类评估仍然解决不了。因为分类没有解决外部压力过多的问题,没有触及评估最里层的核心价值定位问题,学校并没有从被动状态下解放出来。分类评估制度设计中存在的这一认识缺陷使整个评估安排在构建各种新的评估关系方面没有任何实质性的突破。学校的主体地位仍然得不到落实,甚至有可能因分类而进一步削弱。政府分类指导、地方统筹协调和社会多元参与也无法解决

---

① 钟秉林:《本科教学评估若干热点问题浅析》,2009 中国高教评估年会论文,2009 年。

诸如学校被动参与、功利主义、形式主义和弄虚作假等问题。

（三）未来的困境

在不同的评估中反复出现的同样性质的问题，不仅没有因新的制度设计而得到解决，而且有可能带来新的问题和风险。

首先，“千校一面”变成“百校一面”，换汤不换药，最后几乎所有的问题依然存在。“百校一面”并不好于“千校一面”，“百校一面”的标准并不可能使不同的学校在不同的评估方案和标准中各得其所。学校同一化或同质化的情况在同一类型学校中将更甚于前，在不同类别学校之间也很难得到扭转。

其次，出现更小范围、更加激烈、更低层次的竞争。竞争的对象范围、内容领域缩小以后，尽管竞争激烈程度会提高，但是竞争层次却会下降。学校将更倾向于放弃更高的目标要求，转而追求更加可比的、外显的、短期的目标。因为在更近距离的“搏击”中，谁也不想让学校在自己手上丢失荣誉，不想让自己成为学校的“罪人”，而在同类学校中失分似乎也更“丢面子”。

再次，难以避免地进一步压缩学校的自主发展空间。同类的学校中仍然存在“好”“中”“差”的区分，而每所学校仍然是既有基本质量的保障问题又有创新发展、特色发展的问题。为同类学校专门设置的更多限定性的指标和标准，将进一步限制学校的自主和自由发展。

最后，在更加名正言顺、更明确、更强势的外部介入下，很容易导致外部目标对学校目标的人为扭曲，增加“种瓜得豆”的风险。分类评估和分别要求后，一方面，容易出现的错误分层将导致产生错误的导向，另一方面，强扭的“瓜”不仅不甜，而且到头来很可能变成了“豆”。

四、功能定位诸多选择

在评估作为教育质量保障措施在世界各地普遍得到推行的今天，那种对于评估“无用”或“万能”的争论已经越来越没有市场。但是，对于评估在教育中可以担当的角色和本质定位的争议却不可能停止。那么，我们应该怎样选定自己的评估目标和功能定位呢？是针对各种评估理论、模式和方法采取“萝卜青菜各有所爱”的态度，还是参照别人的做法采取“依样画瓢”的态度，甚或是“追赶”不断出现的问题而采取“泥萝卜吃一段抹一段”的态度，还是采取“批评性学术”的态度？① 笔者认为，应采取专业、务实的态度，

① 李延保：《从首轮本科教学评估的社会效应看评估理论研究的学术文化责任》，《高教发展与评估》，2009 年第 5 期。

在总结前人和别人的理论、模式和方法的基础上设计出一种理想又实用、科学又合适、有效又受欢迎的评估办法。

我国有着悠久的教育评估历史,尽管现代意义上的教育评估实践和研究均落后于西方,但是仍然有许多经验教训可以总结。特别是改革开放以来,高等教育和基础教育领域都开展了不少教育评估活动,我国的理论工作者和一线的实践工作者也做了许多总结反思,积累了一定的经验。这些经验是设计未来评估办法(特别是适合中国教育与社会现状的办法)的认识基础和重要参考。同时,国外大量的评估理论、模式和方法同样值得我们借鉴和吸收。

其实,对于评估目标的功能定位,我们有诸多的选择。我们可以在分析和论证的基础上,根据我们的需要来决定取舍,决定采用哪一种或者哪几种定位。这些定位可包括:保障质量,改进绩效,咨询决策,规范管理;生成知识,交流经验,建设能力,提升价值;发展潜能,激励创新,辅助规划,服务投资;扩大共识,强化认同,凝聚人心,促进和谐;等等。而最主要的基本定位则包括:旨在保障消费的绩效问责,旨在行业自律的同行认证,旨在赋权增能的知识生成,如表1所示。

表1　三种定位的院校评估比较表

评估类型	功能定位	评估主体	结论形式	结果使用
优质院校评估	促进质量卓越	相关机构	等级描述	分类奖励
院校同行认证	行业自律保护	院校协会	是否通过	给予认可
政府评估审核	保护消费权益	政府部门	指导意义	整改停办

这三类院校评估的核心定位刚好是与开展学校评估的最基本目的及最原始的动力来源相契合的,如图1所示(Cheung,2006)。首先,学校的所有利害相关人都有增进知识和改进工作的本能追求。因此,第一类评估通过鼓励一流学校追求卓越来提升价值和促进组织性学习。同时,人对与自身相关的事务和自己的行为都有一种控制的欲望,不希望任人摆布,所以校长们总是倾向于设法通过某种方式来提防外部

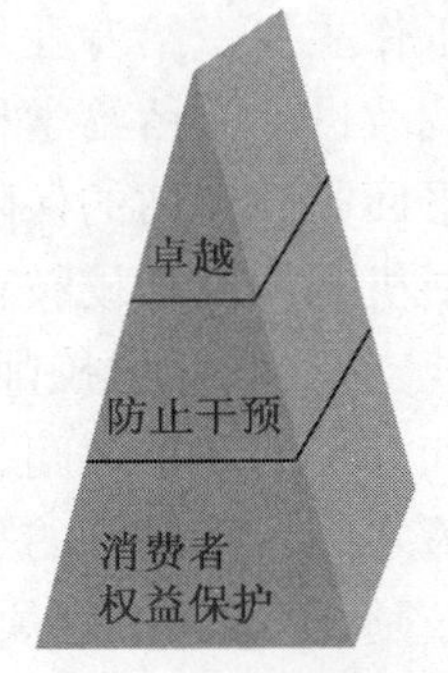

图1　参与学校评估的最基本目的及原始动力来源模型

不必要的干扰，作为院校协会成员的普通学校可以自由申请参加院校认证，这刚好是自我证明和防止外部干预的一种绝佳方式。因此，第二类评估通过专业标准和行业自律来促进同行交流和自主发展。最后，法律规定或政府一般都会要求保护教育消费者的基本权益。因此，第三类是通过关注基本合格条件和服务质量来问责绩效和规范管理。这三类学校评估在具体目标及功能定位上有不同的侧重。如果说第一类评估事实上是面对一定数量的“领头羊”学校的话，那么第二类评估则面向大部分“学校俱乐部成员”，而第三类评估当然必须照顾学校系统的全体成员。

在这三类评估目标的功能定位中，除了第一类属于旨在改进的定位外，其他两类都属于旨在保障的定位，只不过第二类是以内部自我保障为主，第三类则是以外部基本保障为主。

五、保障体系重在保障

教育和谐发展需要一个功能定位合理的、全新的院校评估机制为其提供有效支撑。这一新的机制必须有利于现代学校制度的完善，促进学校的自我规划和自主发展，必须有利于在政府实现有效管理的同时服务学校的特色发展和创新发展，必须有利于社会的民主参与和对学校的必要问责，在学校、政府和社会之间进行合理分工，形成一种良性互动的和谐关系。政府除了提供平等的入学机会和基本的办学条件外，有责任为学校的自主发展、教师的专业发展和学生的全面而有个性的发展创造良好的外部环境，这是教育和谐发展的前提。政府需要通过支持和指导院校建立评估新机制，来帮助学校理顺与外部的关系，包括与政府的关系。通过调整好政府的角色，把均衡保障所有学校基本合格条件的责任真正肩负起来，把质量监测的专业性工作主要交给专业组织和社会，把自主发展、特色发展、创新发展的质量自我改进空间留给学校。目前的首要任务是使已经向改进功能过度倾斜的天平回归到评估的保障功能。

新机制应以学校教育质量保障为主要目的，重视内部自评程序和外部的专业支持，确保学校师生的主体参与，鼓励社会多元参与，力图在内部的需要和外部的要求之间、在适度的压力和更多的服务之间、在自我改进和外部保障之间保持较好的平衡。① 一方面，要尽量多给学校一些理解、支持、服务和鼓励，少给一些麻烦、干扰、高压和惩罚；另一方面，要逐步提高透明度，

① 袁益民：《教育评估的体制创新》，江苏科学技术出版社，2007 年。

更多地鼓励社会参与，在民主参与中凝聚共识，从而努力构建符合我国实际、令各方利害相关人满意的高教质量保障体系。教育的和谐发展迫切呼唤一个更为和谐的院校评估机制。在这个强调改革创新和和谐发展的时代，我们再也不应该以学校管理体制的现状及中国特色和阶段特点来为不合理的未来选择搪塞了。

(一) 为学校减压是当务之急

目前，高教评估改革的当务之急是要为学校减压。一般来说，外部越是要求改进，就意味着有越高的要求、越高的利害度和越大的压力，学校就会相应地有越大的顾忌，就越难以敞开胸怀欢迎评估。目前普遍存在的评估焦虑现象值得深入研究，国外已经有了大量的相关研究。评估目标定位的正当性和适切性有利于减轻学校面临的压力，提高利害相关人的信心水平和接受意愿，有利于通过建构评估者及被评者之间关系的正面意义引导双方的情感能量，并过滤掉一些潜在冲突，从而缓解评估焦虑现象。评估本身会带来一些压力，但不利于质量建设的人为压力是应当被消除的。在自上而下的外部评估中，特别要强调学校成员自下而上地反映已有的经验、进行中的实践和未来的需要，而这一切只有在压力较少和没有风险焦虑的情况下才能得以实现。

被评者和(委托)评估者的思维和心态总是不一样的。前者是“你总是不相信我”“你别管我”；后者是“你要证明你可信”“自由是有条件的”。所以，我们在选择评估定位时，必须研究如何维护政府监管、学校自主发展和社会期待之间的平衡，或者说是保护消费者、维护学校自主权和整体提高教育质量之间的平衡，最后起码能够做到在根本怀疑和基本信任之间、在重拳出击和温和手法之间找到一种折衷性的平衡。

其实，学校(校长和教师)、政府、投资人、社区、社会公众、媒体、评估机构、教育同行、家长、学生等利害相关人对于评估的信息需求、质量期待和利益诉求都是各不相同的，而基于统一、全面、均衡、有限、基本标准的保障功能是各利害相关方的最大公约数，与基于更高标准的改进功能相比，能被更广泛地接受。对于改进的主张只是部分利害相关人的一种权利，而对于保障的要求则是所有利害相关人的共同义务。外部更多地关心表层性的东西，学校则更加关注深层次的东西，但是如果外部评估过度关注这些深层次的东西，那么它们将在学校自我保护措施的掩盖下被淹没在越来越无法触及的地方。

（二）保障定位可为学校减压

在新一轮评估中，我们选择的定位应放在保障上，通过外部保障促进内部保障，从而达到内部质量改进的目的，主要将立足点放在帮助学校在不断完善内部质量保障机制的过程中，逐步达到自我改进工作和谋求自身发展的目的。这主要考虑以下三个方面的问题。

第一，保障大于改进、先于改进、重于改进。保障是评估存在的首要理由。由于人们对质量不了解、不放心才会需要评估，评估最早便是作为帮助决策的甄别和鉴定性的保障手段而产生的。保障是质量改进的基础和前提，改进是保障的目的和手段。基本的质量标准得不到保障，改进将无从谈起。局部性的改进努力不一定能保障基本的质量，质量得到基本的保障后才有可能真正出现实质性的整体改进，而整体改进本身便是保障的一项目标。

第二，质量改进主要是学校自身的职责。保障教育消费者的最基本权益及确保学校能够达到最基本的质量标准、管理要求和公众的期待水平，这些才是作为外部评估者的政府或其他利害相关人应该关注的重点。同时，从客观上讲，面对各不相同的学校目标定位，要在一个评估项目下通过测量所有学校达到促进他们从各自的起点上均得到外部预计的改进，这本身也是缺乏现实可行性的。尽管外部评估者有可能大致地胜任从总体上保障学校质量基本合格的任务，但是对于具体如何改进学校内部工作和提高自身质量的细活，外部评估者做不了，也做不好。因为只有学校的内部人员才更了解自己学校的目标定位和价值诉求，更关注学校的利益和自身的发展，更熟悉学校的情况和存在的问题，离开了他们的积极参与，任何外部对于其改进质量的要求都很难具体落实到位。

根据本尼特（Bennett）的评估证据层次理论，证据有资源、活动、参与、反应、学习、行动和影响七个层次，随着层次的提高，关于效果的证据越来越充分，但是也越来越难以获得。因为这些更高层面的证据是更少外显的，不少仅存在于被评者"对是否管用心中有数"的直觉层面，所以这些证据的获得与被评者的积极参与直接相关。在评估作为保障功能的定位下，随着这样的积极参与的增多，教育机构及项目的可评估性也将随之得到提高。评估政策的良好意图最终总是必须屈服于被评者内部的那些看不见的运作规则和他们的喜好，这种只能设法超越而很难规范约束的情况是很不幸又很真实的。

第三，学校在面对外部的质量诉求时，更关注的是自己的法定义务是否履行、自己的主要服务对象对自己是否满意，而对于履行完基本质量保障义务以后的质量改进工作，学校一般更愿意把它看作自己的权利和自由，至于具体如何改进则更是属于自己的专业领地。同时，完善学校内部质量保障机制的过程自然也已经包含了主动改进质量和提升自我价值的制度和计划安排，质量改进是质量保障的题中应有之义。而旨在变革和改进的评估的有效实施首先取决于在无顾虑的前提下被评者的革新意识、意愿和开放的学习心态。

质量保障往往包含了外部和内部对基本质量要求共同负责的含义，外部提出的要求通常与外部提供的条件直接挂钩，而质量改进代表的是超出基本要求的更高的诉求，往往不提供条件却提出了要求，不提供服务却暗示着压力，这本身是不正当的。所以，在目前保障水平较低的情况下，片面强调质量改进的更高要求只会带来形式主义、消极应对甚至是弄虚作假。人们总是在知情可控、自主选择、平等协商的氛围下，才更愿意说出真情并参与和配合行动。在外部评估项目定位和具体安排中，要充分考虑到这种情况，甚至要把人们因顾虑说出真相会遭受打击而消极回避的做法看作情理之中的事情，把责任更多地归因于制度设计，这才是真正的以人为本。

（三）以保障为核心的价值追求

对于质量建设来说，保障与改进是一个硬币的两面，是评估的双重功能，不能完全割裂，但是保障功能与改进功能所追求的核心价值趋向是明显不同的，见表2。

表2　评估项目两项基本定位的不同价值趋向比较

评估活动构成要素	以保障为核心	以改进为核心
评估目标功能定位	提供服务，制度保障	保持压力，推动改进
	证明合格，保护消费	问责绩效，鼓励先进
	建设能力，提升价值	掌握动态，咨询决策
外部介入策略定位	宏观监控，多元参与	微观控制，专家审查
	自主发展，减少干扰	全面督促，不断干预
	以评助建，催化变革	以评促建，重在建设
相关主体责任定位	独立运作，同行交流	政府主导，专家指导
	自我负责，自评为主	外部核查，他评为主
	校本评估，协约管理	依靠规范，自我约束

续表

评估活动构成要素	以保障为核心	以改进为核心
指标体系标准定位	规划先行，保护个性	统一要求，标准优先
	标准参照，绝对标准	常模参照，相对标准
	基本标准，底线要求	较高标准，顶线要求
结果标识使用定位	合格评估，发展评估	选优评估，水平评估
	直接通过，暂缓通过	优良中差，不同等级
	分享成果，人文处理	调整计划，奖勤罚懒

把保障作为外部评估的基本定位，既符合国际高等教育评估的基本现状和趋势，也符合公认的优质评估的一些核心要素。一项高质量的评估所需要的有用性、可行性、适切性和准确性（Sanders，1994）无疑均是功能定位在保障的评估所要追求的。同时，保障定位有利于利害相关人的主体参与、目标与主体发展过程相契合及综合系统方法的使用，这种定位的评估最受被评者欢迎、最有效、最受人们期待。鉴于长期的政策、长远的计划、长效的机制、常态的活动是一项好的制度的基本特征（尤其是对于教育制度来说），评估的保障性机制比旨在改进的措施更具稳定性，因而也更加符合好的制度的特质。

六、保障体系如何保障

功能定位在保障的外部评估，通过不分类的统一尺度去测量所有单个的各不相同的学校达成自我定义的目标的各不相同的程度，以此推动所有学校自我改进和各自向前发展。① 促进学校发展是通过在同行的复核、交流和帮助下对照自己的办学定位和规划目标来进行自我反思，从而达到自我改进和自身发展的目的，而不是主要通过外部统一划定的、往往高于一般标准的、不可能做到"量身定做"的标准来"带动、引领和促进"（而实际上是强制、刺激和约束）学校改进工作和发展事业。

（一）评估的目的：帮助多一点，问责少一点

外部评估的出发点应该是帮助学校在对照自己的定位、目标和计划自我评价达成度的过程中建设能力、提升价值。外部指标和标准只是支持这种自评过程及复核这一自评效果的一种工具，不应成为外部问责的工具。

① 袁益民：《跳出一元思维，推进评估改革》，《中国高等教育评估》，2007 年第 1 期。

作为知识传承和创新基地的高等院校，多样性和自主发展是自我生存和质量提升的生命线，外部评估必须努力对其加以维护，而不是去干扰和破坏。片面强调外部问责和“以评促建”将不可避免地压缩学校的自我改进空间，而如果在实际评估过程中，被评者和同行评估者在宽松的条件下多进行一些质量方面的对话和交流，学校将受益颇多，因为同行对于相关领域的专业判断是最有价值的。

（二）评估的方案：服务多一点，压力少一点

在目前社会公众对高等教育越来越关注、百姓对高等教育的期待越来越高、大学之间的竞争本身已越来越激烈的环境下，在各方面对于有质量的教育的理解各不相同以及各类学校目前的质量状况和现有条件还千差万别的前提下，在好面子和相互攀比的世俗文化遗风依然盛行的情况下，本应为内部质量保障服务的外部评估措施到底应该给予学校多大的压力，才会产生比较好的实际效果，确实应当通过全面深入的考察和科学严谨的认证来审慎地做出判断。结合以往的经验、国外的做法、评估的现状和我国的国情来看，应该可以肯定，采取与实际的专业服务和后续支持相结合的、相对比较宽松的制度化安排比较有利。

可采用五年一轮或更长的评估周期，具体参评时间的选择权主要在学校。学校可在周期中接受邀请，履行制度性的随访程序和提供专业支持，现场考察减轻吃住等接待压力，简化、淡化甚至可以虚化现有汇报程序，取消实质上的答辩式面谈，改推门听课为同行观摩。

（三）评估的指标：兼容多一点，拉动少一点

建立开放性的、兼容性和通用性强的指标体系，避免闭合性的、限定性甚至是空洞、虚假和误导性的指标，给学校的自定义、学校成员的创新思维、评估人员的质性分析和其他利害相关人的各自解读留足空间。合格基准多一点，拔高要求少一点。外部指标的侧重点应放在学校办学目标的适切性、资源的足够性及有效利用、组织效率、教育成就满足教育消费者现实的及潜在的需求、教职员的满意度、关注公平与权益及学生友好型的学习与学校环境等方面，特别强调学校能力建设的质量指标和自评过程。外部指标要支持学校与自己比发展，而不是与别人比高低。与其他学校的比较主要通过外部同行介入评估及交流的过程体现。

外部提供的指标体系不是评估学校的唯一依据，而是用来对照学校自身办学定位、自主规划目标和自定义行动计划的参照依据。如果说外部指标是衡量学校办学质量的基本尺度和基准，那么学校的内部定位、目标和行

动计划就是衡量学校是否达到相应办学标准的主要参照依据。它们是学校评估的内外两项依据，而不是两套相矛盾的指标和标准。学校定位、目标和计划的制订必须有广大师生的参与和认同。

（四）评估的主体：参与多一点，审查少一点

被评者和（委托）评估者之间应当建立良好的互动关系。评估者不能以居高临下的外部审查者自居，而应该依靠被评学校，充分调动师生参与评估过程的积极性。要给被评估者多一点信任、多一份尊重、多一些参与，因为有信任才有真相，有参与才会有真正的效果，有尊重才会有后续的影响。只有这样才能从根本上减少或避免形式主义、消极应对和弄虚作假，才能真正促进校长及教师的专业发展，在落实内部保障机制的过程中推动学校这一机构的组织性学习和质量文化的建设，从而达到改进学校工作、加强学校建设和促进学校发展的目的。从称谓上来说，评估者要回归其本来角色，不称专家而称同行评估者，因为他们是志愿来协助咨询的教育同行。

（五）评估的程序：现场多一点，材料少一点

目前许多通过实地评估来做的材料审核工作，实际上可以被常态的数据库和评估前的数据收集工作代替。实地评估阶段主要是在真实现场中对自评报告和先前收集到的数据的一种复核和进一步理解。在这个阶段，现场访问、会面、交谈和相互讨论，对于评估的质量和有效性至关重要。这时，评估人员切忌被淹没在材料中。

（六）评估的过程：交流多一点，指导少一点

在履行评估程序和开展具体的评估活动的过程中，应注重同行复核过程中的平等交流。同行之间其实并不存在谁比谁高明的问题，也不应该出现评估者对被评估者指手画脚的现象，而应该把评估的过程作为一种同行拜访和专业对话的过程，甚至作为一种令双方都能愉快接纳、坦诚相见、有效交流、相互借鉴和共同成长的过程。

（七）评估的方法：诊断多一点，工具少一点

评估人员不应被束缚在工具上和被纠缠在任务中。过分的工具依赖及完成任务的压力有时会妨碍全面了解学校的真实情况和更加有效地帮助学校。在学校实地开展的与师生及校长的面谈、探讨、协商，甚至是向他们请教，当然比看材料和填写规定的表格更能了解实情、掌握脉络、看出因果、发现问题并形成结论。医生总是比仪器更会看病。

（八）评估的结果：建议多一点，奖罚少一点

作为评估这一高利害度的社会活动的高利害的环节，评估结论的标识、

决定、公布范围和使用是极其敏感的事情。优良等级标识应当改为实现状态标识。评估决定的做出应有师生的参与和同校方的协商。数据的公开范围须得到学校的认可，个体访谈的情况应仅作为了解学校整体的参考而不应在评估组以外的任何公开场合进行反馈或公布。奖罚措施的使用要慎之又慎，要努力淡化它的对外影响，确保评估对于学校的正面作用和评估本身的可持续性。

（《高教发展与评估》2010 年第 1 期）

教育质量标准与评估指标

联合国教科文组织一直高度关注教育质量问题，并在这方面做出了许多努力（见表1）。特别是最近20年来，联合国教科文组织更是在构建全民教育质量的政策框架和评估、监测教育质量方面做出了很多有益的探索，为各国重新认识教育质量和完善各自的教育质量评估标准与监测指标，搭建了一个相互交流、相互促进的共有平台，对于保障教育质量，特别是推动全民教育在各国的实施，起到了动员、催化和规范的作用。

表1　联合国教科文组织围绕教育质量的相关研究与实践活动

时　间	围绕教育质量的相关研究与实践活动
20世纪90年代	成立了负责教育质量的机构——教育质量促进处
1996年	21世纪教育委员会提出了学习的四大支柱和教育质量的开创性的视角
1990—2000年	1990年世界全民教育宣言和2000年达喀尔行动计划都把质量作为实现全民教育的主要条件
1998—2000年	2000年世界全民教育评估是有史以来规模最大的全球教育评估活动。这次活动有183个国家参加，覆盖面达到90%，所收集的数据之多、之广是前所未有的
2003年	在联合国教科文组织大会第32次会议期间，来自100多个国家的教育部长参加了以教育质量为专题的圆桌会议，围绕教育质量面临的挑战和两难困境、教育质量扩大定义范围的需要和变革与改进的手段等进行了探讨
2004年	教育国际大会第47次会议把主题定为“为了所有年轻人的有质量的教育：挑战、趋势与优先领域”
2005年	《2005年全民教育全球监测报告》更是以“全民教育：质量势在必行”为题，对全民教育的实施状况进行了量化和质性分析，为认识教育质量对于个体及社会发展的重要性和识别改进质量的策略等提供了有力的证据
2006年	2006年2月14－15日联合国教科文组织召集全民教育9个人口大国召开了第六次部长级会议，期间又召开了为期一天的专家会，专门把“通过教育评价提高基础教育质量”作为会议主题，并在会前要求全民教育9个人口大国撰写了有关教育质量评估的政策与体制的国家报告

续表

时 间	围绕教育质量的相关研究与实践活动
2006—2008 年	在联合国教科文组织和儿童基金会的牵头下,2006—2007 年开展全民教育十年中期评估(MDA),2007—2008 年开展全民教育中期政策评核
2007 年	2007 年 10 月 19 - 20 日联合国教科文组织大会第 34 次会议教育与经济发展部长圆桌会议把实现有质量教育的权利作为实现其他权利的基础
2008 年	2008 年 4 月 21 - 29 日举办的全球有质量教育行动周把主题定为"用有质量的教育来结束排斥";11 月 25 日联合国教科文组织召开了以"全纳教育"为主题的第 48 届国际教育大会

一、教育目标中的质量标准

联合国教科文组织提出的基础教育方面的质量标准,首先体现在它倡导的教育目标,特别是在其推动的全民教育计划之中。

1990 年在泰国宗滴恩举行的世界全民教育大会通过的《世界全民教育宣言——满足基本学习需求》和《满足基本学习需求的行动纲领——实施"世界全民教育宣言"的指导方针》提出了满足基本学习需求的基本目标。会议要求各国根据以下建议(详见表 2)来确定 20 世纪 90 年代的目标。这些目标实际上不仅提出了入学机会方面的发展要求,而且涉及了诸多有关教育质量及教育公平方面的要求。

表 2　宗滴恩世界全民教育大会提出的 20 世纪 90 年代全民教育目标

序 号	目 标
1	扩大幼儿保育和发展活动,包括对家庭和社区的干预,特别是针对贫困、处境不利和残疾的孩子
2	到 2000 年,全部能接受并完成初等教育(或任何被认为是"基础"的更高层次的教育)
3	提高学习成绩,以使适当年龄组中的一商定比例(如 14 岁中的 80%)达到或超过一个规定的、必要的学习成绩水平
4	把成人文盲率(适当的年龄组由各国自定)降低至 1990 年的一半水平,对妇女脱盲予以足够重视,以明显地降低男女之间在文盲率上的不均等
5	扩大提供青年及成人所需的其他基本技能方面的基础教育及培训,并就其在行为改变和对健康、就业和生产力方面的影响来评价其有效性
6	通过包括大众媒体、其他现代和传统交流方式及社会行动在内的所有教育方式,为个人和家庭提供更多获取更美好生活及充分、可持续发展所需的知识、技能和价值的机会,并就行为改变方面来评价其有效性

2000年的达喀尔世界教育论坛在肯定了1990年世界全民教育大会以来全民教育取得的成就的同时,认识到大会所提出的目标没有能够全面实现,特别是发展中国家面临巨大的挑战。为此,会议通过了《达喀尔全民教育行动计划:实现我们的集体承诺》,确立了要求2005年和2015年达到的全民教育六大目标,包括了早期儿童保育与教育、优质的免费初等义务教育、青年和成人基本学习需求(学习与生活技能)、成人扫盲与基础及继续教育、性别均等与平等及教育质量方面的具体内容(详见表3)。其中包含了两个联合国千年发展目标:实现普及初等教育;促进性别平等和增强妇女能力。

表3　2000年《达喀尔宣言》确立的全民教育六大目标

序号	目　标
1	扩大和改进全面的幼儿保育与教育工作,特别是对于最易受伤害和处境不利的儿童
2	确保到2015年,所有儿童,特别是女童、处境不利的儿童和少数民族的儿童,都能接受并完成免费的、优质的初等义务教育
3	确保通过平等地接受适当的学习和生活技能课程,满足所有年轻人和成人的学习需求
4	到2015年,使成人(尤其是妇女)的脱盲水平提高50%,并实现所有成人都有平等接受基础教育及继续教育的机会
5	到2005年,消除初等与中等教育中的性别不均等;到2015年,实现教育的性别平等,重点是保证女童全面且平等进入优质的基础教育并全面且平等地取得成就
6	改进教育质量的所有方面并保证所有人取得优异成绩,以使所有人达到公认的可测量的学习成果,特别是在识字、识数和基本生活技能方面

如果我们比较宗滴恩世界全民教育大会提出的20世纪90年代全民教育目标和2000年达喀尔世界教育论坛确立的全民教育目标,可以清楚地看出,在2000年的目标中明确地将性别平等和教育质量单独地列出,将其作为独立的政策目标。在总共只有六条的目标中,不仅每一条中都涉及教育质量与教育平等,而且还专门列出两条来说明。

首先,要保证给所有相关学习者提供的教育必须是有质量的。质量处于全民教育的核心位置,它不仅是全面实施全民教育的重要条件,而且本身也是达喀尔世界教育论坛提出的全民教育的六大目标之一。它既是一项独立的目标,同时也渗入到其他五大目标之中。从"扩大和改进全面的幼儿保育与教育”“确保……接受并完成……优质的初等义务教育”“确保……平等地接受适当的学习和生活技能课程满足所有年轻人和成人的学习需求”“脱盲字水平提高50%,并实现所有成人都有平等接受基础教育及继续教育的机会”“保证女童全面且平等进入优质的基础教育并全面且平等地取得成就”到“改进教育质量的所有方面并保证所有人取得优异成绩,以使所有人达到公认的可测量的学习成果”这六大目标的表述中,实际上都是对教育质量的明确要求。

同时,要满足所有学习者的基本学习需求,不论其年龄有多大,保证他们都能接受并完成相关的学习,确保教育公平,特别是要关注处境不利的人群的学习机会,推动主动寻找学习者的全纳式的教育。在这里,基于教育作为基本人权的思想,教育平等已经成为一个重要的质量指标。教育平等问题成为解决入学机会和教育质量问题的一个切入点。

二、教育质量的概念及框架

除了教育目标中的质量标准外,联合国教科文组织还对教育质量和有质量的教育之内涵、教育质量标准的内容及理解和改进教育质量的概念和政策框架等进行了总结归纳。联合国教科文组织2003年部长级圆桌会议指出:“质量已经成为一个必须与不同的社会正在经历着深刻的经济与社会转型这样一个世界不断地相适应的动态概念。鼓励以未来为导向的思维和预想正在变得更为重要。关于质量的原有观念已有不足……尽管背景不同,但是在追求将使所有人(包括女人和男人)能够成为充分参与其所在社区的成员以及世界公民的高质量的教育方面有许多共同的原理。”

(一)教育质量的概念

在教育领域,质量有许多不同的定义,有强调成功达成教育目标、满足期待或规定的教育理想水平和标准的,也有侧重于教育管理有效性、组织效率和成就水平的,也有看重师生满意度和教育声誉的,有主要指资源配置水平和获取资源的能力的,也有指满足需要和适应变化的,但更多的是指学习者的认知发展目标及情感、价值观等方面目标的实现程度。

近年来,联合国教科文组织日益强调把入学机会与教育公平和改善学习环境等作为教育质量的评价指标,包括全纳(或称“包容”,inclusive)式教育、性别平等教育等。根据《教育评估的政策与体制国家报告提纲》(UNESCO,2005),教育质量的概念被理解成不限于学生者知识掌握的程度,还包括课程与特定环境的适应性、学习机会、学业水平、资源的配置与利用

（效率）及对社会不均衡的关注（公平）。

在《达喀尔行动纲领》的基础上，联合国儿童基金会进一步强调了教育质量的内涵，在其《定义教育质量》（Defining Quality in Education）的政策文件中，根据《儿童权利公约》，在儿童主体和全体的生存权、受保护权、发展权和参与权的基础上，提出了质量的五大方面，即学生、环境、内容、过程和结果（UNICEF，2000）

联合国教科文组织普通教育质量分析监测框架（Marope，2010）的课题方案中也提出一个"有质量教育"的操作性定义：有质量的教育被宽泛地定义为这样的一个概念，它针对目的来说是有效的（effective for purpose），对于发展是具有适切性或回应性的（development relevant or responsive），是公平的（equitable），是资源方面有效率的（resource-efficient）并意味着有实际的入学机会的（denoting substantive access）。

（二）教育质量基本内容

联合国教科文组织《达喀尔行动框架》对于质量的定义已经不再仅仅关注教学和课堂，而是包含了更加宽泛的内容，它提出了有关质量的两项目标、两项战略和十项构成要素。

两项目标中，一是通过平等地接受适当的学习和生活技能课程，确保所有年轻人和成人的学习需求得到满足；二是改进全民教育质量的所有方面，以使所有人都取得公认的和可测量的学习成果，特别是在识字、识数和基本生活技能方面。

两项策略中，一是创设安全、健康、无歧视和资源分配平等合理的教育环境，使所有人都能取得优良的学习成绩和达到明确的学习要求；二是提高教师的地位、积极性和业务水平。

十项构成要素包括：（1）健康、营养良好、激发出学习动机的学生；（2）很想做事的、专业上能干的教师；（3）积极的学习方法；（4）具有适切性的、学科交叉的课程；（5）足够的、环境友好型的、易于使用的设施；（6）健康、安全、保护性的环境；（7）对环境、过程和成果的适当评估；（8）参与式统辖与管理；（9）尊重和参与地方社区与文化；（10）充足且平等地配置资源的机构与课程。

教育质量是全民教育的核心。"全面提高教育质量，确保人人都能学好，在读、写、算和基本生活技能方面都能达到一定的标准"不但决定了学生学到了多少有用的知识、技能、价值观念，还决定了教育在多大程度上实现了它促进个人与社会发展的目标。《达喀尔行动纲领：全民教育——实现我

们的集体承诺》,把"全面提高教育质量"列为全民教育六大目标之一,其要点是:

1. 强调"质量是教育的核心","高质量的教育是能够满足学习者的基本学习需要、丰富他们生活及其全面生活经验的教育",提高质量的目的是"确保人人都能学好,在读、写、算和基本生活技能方面都能达到一定的标准"。

2. 提高教育质量是提高入学率的重要条件。"若要吸引儿童入学,让他们留得住并取得较好的学习成绩,就必须在努力提高就学率的同时努力提高教育质量"。

3. 有质量的基础教育必须有八大因素或条件保障:

- 健康的、营养好的、学习积极性高的学生;
- 具备专业素质的教师和生动活泼的学习方法;
- 必要的学习资源和设施;
- 用母语进行教学并且结合知识和经验的课程;
- 有助于学习、令人愉快、男女平等、健康安全的学习环境;
- 对学习成绩(包括知识、技能、态度和价值观)恰当的评价;
- 参与式的行政管理;
- 尊重与联系当地社区和文化。

(三) 有质量的教育

联合国教科文组织从以下方面解释了有质量教育的提法。

1. 质量支持基于维权所付出的教育努力。教育是一项人权,有质量教育支持旨在基于赋权的教育。

2. 四个学会:学会求知、学会做事、学会共处和学会做人。

3. 培养学习者成为公民、家庭成员、社区成员和全球公民的能力。

4. 传递可持续发展的理念和生活方式,促进代际公平。

5. 教育须满足特定的社会、经济和环境的需求,培养学习者继承本土的和传统的知识,并为个体面向未来做好准备。

6. 建构知识、生活技能、态度和价值观。

(四) 教育质量框架与标准

联合国教科文组织 2004 年提出教育质量框架和支持有质量教育的 10 个关键方面的标准(见图 1、表 4,Pigozzi,2004)。在学习者层面,有质量的教育应该包括以下方面:(1) 寻找学习者;(2) 认可学习者的知识和经验;(3) 使内容具有适切性;(4) 使用各种不同的教学和学习过程;(5) 强化学习环境。在教育系统层面,有质量的教育应该包括以下方面:(1) 创设支撑性法律框架;(2) 执行好的政策;(3) 进行支持和领导方面的行政能力建设;(4) 要求和获取足够的资源;(5) 测量学习结果。

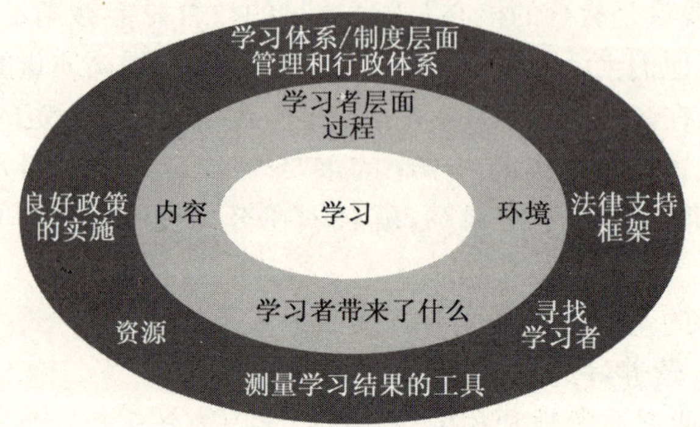

图1 教育质量框架

资料来源:Pigozzi,UNESCO,2004.

表4 教育质量标准的主要内容

<table>
<tr><td colspan="2">学习
以权利为基础的学习
全民终生学习
可持续发展的学习</td></tr>
<tr><td>学习者层面</td><td>教育系统层面</td></tr>
<tr><td>1. 寻找学习者
① 教育权利和机会均等;
② 传统上被忽视的人群,如贫困儿童、女童、童工、紧急状态下的儿童、残疾儿童、流动儿童等;
③ 全纳性:不分种族、性别、年龄、语言、宗教、地域等;
④ 适应学习的需要:参与、学习和组织学习活动的可能</td><td>1. 行政和管理体系
① 学习者为中心的;
② 公平和透明的;
③ 时间安排灵活的;
④ 开放的</td></tr>
<tr><td>2. 学习者带来的知识和经验
① 工作技能、受过伤害的经历、良好的早期儿童发展机会、伤病、饥饿等;
② 回应不同学习者的学习需求</td><td>2. "良好政策"的实施
① 管理者、教师和学生对政策认知度;
② 实施机制;教师和学生广泛参与决策;
③ 国家法律法规的定期审核与更新以保证适切性;
④ 一致或支持性政策:"负责任的"媒体、健康教育、青年、早期幼儿发展项目和终身学习的机会等</td></tr>
</table>

续表

学习者层面	教育系统层面
3. 内容 ① 现代和相关的课程与教材:识字、算术、生活现实和技能(人权、性别平等、尊重地球和生命、健康、营养、艾滋病预防、和平、对多样性的尊重与欣赏); ② 获取足够的教育资料和低成本教学材料; ③ 对教材的审核:权利、责任和义务	3. 支持性法律框架 ① 教育立法和其他相关立法; ② 提供教育的立法:入学和质量、资源配置和对教育体系的期望; ③ 国家提供全民教育的责任立法:免费义务教育、参加工作的最低年龄限制等
4. 过程 ① 学习者、教师和学习管理者、家庭和社区; ② 接受良好培训的教师:掌握以学习者为中心的教学方法和生活技能; ③ 知识、技能和价值的传授; ④ 学习者可以自由表达观点、想法和意见的学习环境	4. 资源 公平合理的人力和物力资源的配置
5. 环境 ① 合适的学习环境:充足的健康与卫生设施、保健和营养服务; ② 良好的学校政策:促进安全和身心健康; ③ 良好的心理社会环境:消除性别歧视、学校暴力、体罚和强迫劳动等	5. 学习结果的测量手段 学习结果的主要分类:知识(所有学习者须达到的基本认知成绩水平);价值(团结、性别平等、包容、相互理解、尊重人权、非暴力、尊重人类生命和尊严等);技能和能力(解决问题的能力、团队精神、与他人相处、学会学习)和行为(将学到的知识运用于实际的能力)

(五)理解教育质量的概念框架

以"全民教育:质量势在必行"为主题的《2005年全民教育全球监测报告》(UNESCO,2004),提出了理解、改进和监测教育质量的概念框架(见图2),对可能影响教育质量的主要方面进行了描述,同时还提出了改进教学质量的政策框架(见图3)。

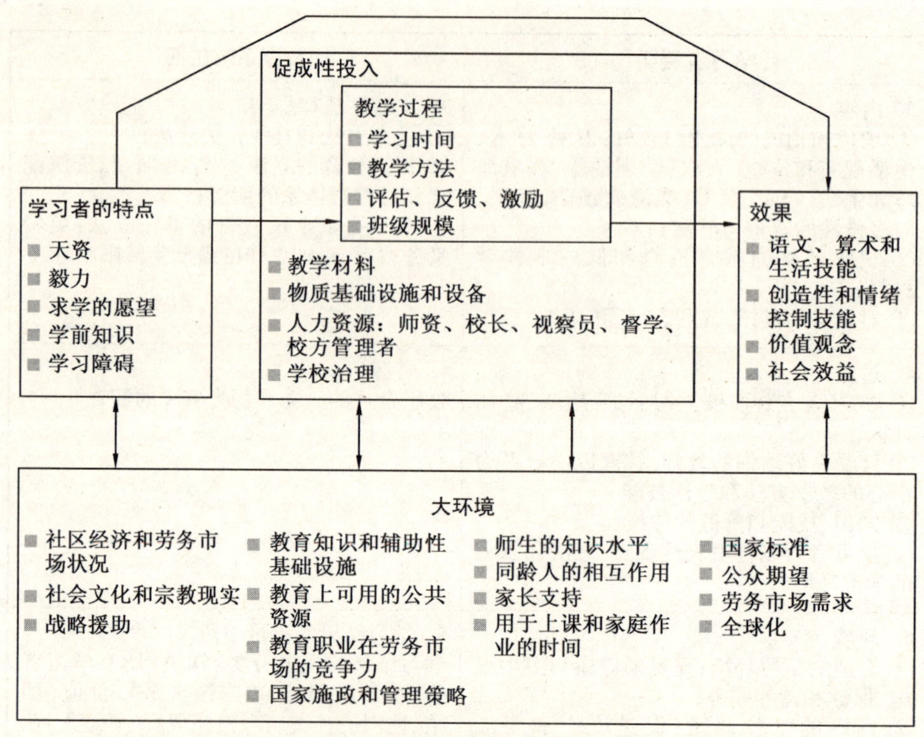

图 2　理解教育质量的概念框架

资料来源:联合国教科文组织:《2005 全民教育全球监测报告》,2004 年,第 36 页。

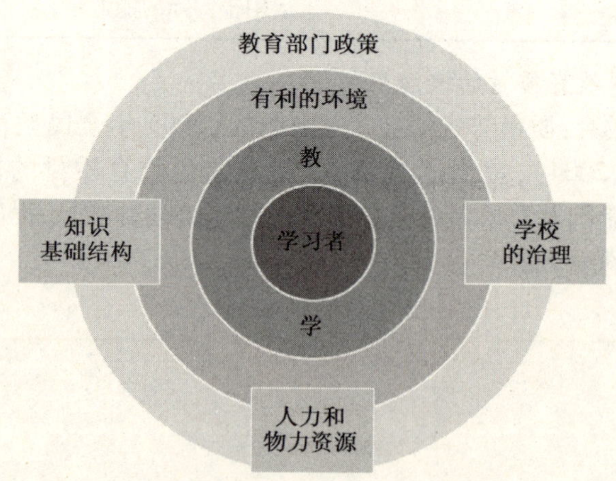

图 3　改进教与学质量的政策框架

资料来源:联合国教科文组织:《2005 年全民教育全球监测报告》,2004 年,第 143 页。

教育质量的概念框架涵盖了教育机会、过程和结果等阶段的问题，主要包括学习者特点、环境、有利的投入、教与学及结果五个方面。提高教育质量必须从学习者本身的特点出发，抓住教育的社会背景中重要的影响因素，有效地管理支持教学过程的可用资源，围绕教与学的组织和实施过程，促进学业成绩、其他个人成就和社会利益的提升。这一框架不仅提供了一个理解教育质量的体系，也可用作监测教育质量、分析提高教育质量的策略的一个有用工具。

改进教与学质量的政策框架包括了教育过程主要影响元素及其不同的层次：处于最核心地位的是学习者，其次是教与学，然后是相关的环境，最外围的是教育部门的政策，另外与知识相关的基本建设、学校管理与管辖及人力与物质资源三个方面是横跨相关的环境和教育部门的政策的。被认为促进更好的教育质量的政策包括：吸纳所有的学习者；通过适切的目标、学科的平衡、时间的很好利用、促进更好的学习的教学方法、教学语言政策、评估反馈等途径，包括强化国家课程政策和营造安全且善待学生的环境等教学资源建设，改进教与学；通过改善培训、增加收入和吸纳教师等途径来投资教师；改进学校建设工作；支持学校，促进信息交流；实施政策变革，强化协商、全面绩效问责和腐败防治。

此外，联合国教科文组织《2005 年全民教育全球监测报告》还依据国际教育质量评估调查研究结果对 11 国的经验进行了介绍，并就决定教育质量的因素进行了分析。尊崇教师职业（包括增加薪资和开展培训等）、重视教育和对教育的高水平的承诺、政策的连续性、保证投入、营造竞争氛围、扩大教育机会、鼓励教育创新、促进非正规教育发展、缩小班级规模等被认为是影响不同国家教育质量提高的因素。但是，一般理论和他国经验由于受到背景影响而不大可能被彼此仿效和相互传递，通常“以提高教育质量为宗旨的改革措施在政治上甚至要比那些以扩大教育机会为宗旨的改革措施更难以贯彻执行”。同时，由于时间的因素，“某项教育政策的影响也许非等到它已实行多年后才能显现出来，而且永远也不可能脱离其他政策和趋势而孤立存在”。报告在其所介绍的相关研究中提到，幼儿保育、教员的性别、教育支出、学校组织方式和教师行为模式、强有力的领导、强调基本技能的培养、营造安全有序的环境、高期望值、及时评估、有效的教学安排、在职培训和家长的积极参与等都有可能影响学习的效果。

（六）普通教育质量分析监测框架

联合国教科文组织注意到，各国已经普遍重视教育质量问题，但迄今为止仍然缺乏诊断、分析和监测普通教育质量的系统工具，难以针对普通教育质量中存在的"系统性的阻碍"提供全面、协调、清晰的诊断性证据，并利用这些证据设计并进行及时的干预。相对于高等教育存在内外部的质量保障机制和职业教育存在可以使质量得以标准化的职业资格框架的情况来说，普通教育没有一个清晰、有效的分析与监测机制。为此，联合国教科文组织提出帮助会员国（特别是发展中国家）建立普通教育的分析与监测机制，并已初步构建了一个普通教育质量分析监测框架（见图4，Marope，2010）。

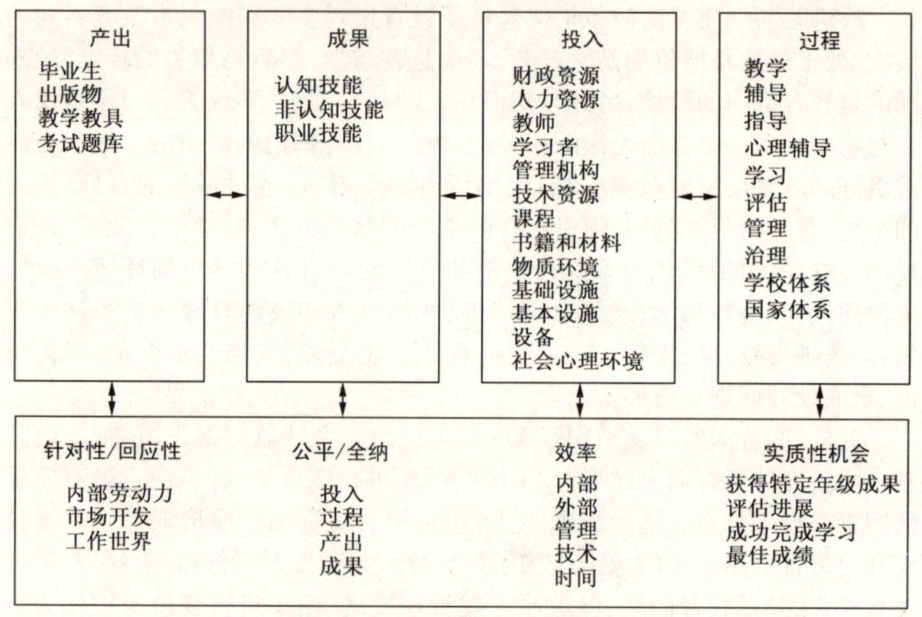

图4　普通教育质量分析监测框架

资料来源：Marope，UNESCO，2009/2010。

建立这一分析监测框架的目标是：开发一个通用的、综合的且系统的教育质量诊断、分析和监测工具，以便会员国根据各自的背景情况来调适和应用；为会员国有效运用本框架提供技术支持；加强会员国诊断、分析和监测本国普通教育系统质量的能力，以及运用所得到的反馈设计及时的、目标明确的、质量强化方面的干预措施；为会员国的普通教育质量改进方面的努力提供高质量的技术支持；通过会员国的集体努力，更加积极主动地向全民教育的质量目标推进，实现会员国建设支持本国整体发展改革议程和全球竞争力所需的人力资本基础的目标；加强会员国的伙伴关系以应对当前的普通教育质量危机。

这一普通教育质量分析监测框架的主要特点包括：具有系统性、综合性，且允许子系统的具体目标定位；具有诊断性，包括一系列工具包，帮助会员国自己发现和解决质量问题；将需求方的要求（产出与成果）作为诊断教育系统质量的起始点；对不同的背景具有灵活性和应答性；坚持技术及政治上的自主性；重视会员国的技术能力建设以实现他们的自主领导权。

三、评估全民教育的指标

对各国全民教育的进展情况实施评估与监测，是联合国教科文组织在探索教育质量问题、建构教育质量标准框架的基础上，推动基础教育质量得到具体落实的重大举措。

（一）2000 年全民教育评估

为了能够了解 20 世纪 90 年代全民教育的实际进展情况，联合国教科文组织于 2000 年达喀尔世界教育论坛举行前，对各国全民教育的进展情况进行了评估。评估采用了 18 个核心指标（见表 5）。

表 5　全民教育评估的 18 个核心指标

指标编号	说　明
指标 1	早期儿童发展教育项目毛入学率（GE in ECP），包括公立、私立和社区项目，即法定适龄儿童的入学比例，否则为 3～5 岁儿童的入学比例
指标 2	小学一年级新生中参加过某种有组织早期儿童发展教育项目的比例（NEG1）
指标 3	显性（毛）新生入学率（AIR）：小学一年级新生占法定适龄入学儿童总人口的比例
指标 4	净新生入学率（NIR）：小学一年级新生中正式入学人数在相应人口中的比例
指标 5	毛入学率（GER）
指标 6	净入学率（NER）
指标 7	公共小学教育经常性支出占 GNP 的比例和生均支出占人均 GNP 的比例（CEPE）
指标 8	公共小学教育支出占公共教育总支出的比例（PEPE）
指标 9	具有规定学历的小学教师的比例（TAQ）
指标 10	取得按国家规定标准从教的资格证书的小学教师的比例（CT）

续表

指标编号	说　明
指标 11	生师比(PTR)
指标 12	分年级的复读率(RR)
指标 13	五年级保留率(SR):某一年龄段学生实际读到五年级的比例
指标 14	效率系数(COE):特定年龄段人群完成小学阶段的理想的生年数占实际生年数的比例
指标 15	至少读至小学四年级并掌握一系列国家规定的基本学习能力的小学生的比例(MLC)
指标 16	15 至 24 岁人群的非文盲率(YALR)
指标 17	成人非文盲率(ALR):15 岁以上人口中非文盲的比例
指标 18	非文盲性别均等指数(LGP)

(二) 全民教育的全球监测

2000 年以后,联合国教科文组织建立了制度化的全民教育全球性监测与报告制度,每年围绕一个主题进行监测并发表全球监测报告。

全民教育全球监测采用全民教育发展指数(The EFA Development Index,EDI),由代表易于收集证据的普及初等教育、成人扫盲、教育质量和性别平等四大目标的四个对应的指标,作为测量全民教育进展情况的替代性尺度。它们依次是初等教育净入学率(NER)、15 岁及以上人群的非文盲率、初等教育 5 年保留率、特定性别的发展指数(GEI)。

(三) 教育贫困指数新工具

联合国教科文组织以"惠及边缘化群体"为主题的《2010 年全民教育全球监测报告》首次提出了教育贫困化的概念,同时也开发出一套简单易行的衡量教育贫困化的工具,即教育贫困指数。联合国教科文组织把教育贫困定义为在校学习不足 4 年,把教育赤贫定义为在校学习不足 2 年。衡量工具的设计包括三个主要方面:(1) 按群体分类;(2) 分解出受教育最少的 20% 的人口;(3) 除了在校学习年限外,还着眼于学习成绩的差异。

(四) 全民教育十年中期评估指标

为了帮助亚太地区的联合国教科文组织会员国开展全民教育十年中期评估和全民教育中期政策评核,联合国教科文组织亚太地区教育局于 2005 年召开了地区培训会议,并撰写了全民教育监测指导纲要草案。草案中提出了全民教育十年中期评估的政策/系统指标、核心指标和附加指标(见表 6)。

表6　全民教育下年中期评估指标

<table>
<tr><th colspan="4">全民教育中期评估的政策/系统指标</th></tr>
<tr><td>6.1</td><td colspan="3">政策/系统指标</td></tr>
<tr><td>6.1.1</td><td colspan="3">存在测量与国家课程相关的学习成就的标准测验</td></tr>
<tr><td>6.1.2</td><td colspan="3">政府是否参加了国际学习成就测试，如 TIMMS、PISA、EALAS、LAMP 或其他一些多国参与的活动？学生表现方面的结果或趋势如何？</td></tr>
<tr><td>6.1.3</td><td colspan="3">存在一个给予学校有关学校及学生在国家考试中表现的反馈信息的系统</td></tr>
<tr><td>6.1.4</td><td colspan="3">存在全国性的儿童友好型学校（CFS）政策或框架，或有在所有其他 5 个方面改进学校质量的整体方法的例子</td></tr>
<tr><td>6.1.5</td><td colspan="3">学校已经启动与学校规划相关的自我评价工具和过程，学生、家长及社区积极参与</td></tr>
<tr><td>6.1.6</td><td colspan="3">学校环境方面存在怎样的质量标准规定？它们是否得到执行？是否对儿童友好？</td></tr>
<tr><td>6.1.7</td><td colspan="3">对体罚有什么政策？目前课堂里的实践怎样？学校暴力的情况如何？</td></tr>
<tr><th colspan="4">全民教育中期评估的核心指标</th></tr>
<tr><td>6.2</td><td>核心指标</td><td>对统计分组的建议（如果数据可能的话）</td><td>数据源</td></tr>
<tr><td>6.2.1</td><td>5 年级巩固率</td><td>性别
地域
城乡
按其他社会/经济因素分
民族、社会阶层
语言
能力缺陷</td><td>年度学校普查、入户调查</td></tr>
<tr><td>6.2.2</td><td>具有规定学历资格的小学教师的百分比</td><td>性别
地域
城乡
公办/民办
按其他社会/经济因素分
民族、社会阶层
语言
能力缺陷</td><td>年度学校普查</td></tr>
</table>

续表

全民教育中期评估的核心指标			
6.2.3	根据国家标准取得教学资格的教师的百分比： 早期儿童保育和教育 初等教育 中等教育 非正规教育	性别 地域 城乡 公办/民办 按其他社会/经济因素分 民族、社会阶层 语言 能力缺陷	年度学校普查
6.2.4	生师比(PTR)： 初等教育 中等教育	地域 城乡 公办/民办	年度学校普查
6.2.5	班额(生-班比,PCR)： 初等教育 中等教育	地域 城乡 公办/民办	年度学校普查
6.2.6	生-教科书比(PBR)： 初等教育 中等教育	地域 城乡 公办/民办	年度学校普查
6.2.7	公共教育经费占政府总经费的百分比	国家级指标	国家财政报告
6.2.8	公共教育经费占GNP的百分比	国家级指标	国家财政报告
6.2.9	初等/中等教育生均公共经费占人均GNP的百分比	国家级指标	国家财政报告
6.2.10	有干净可饮用水源的学校的比例	地域 城乡 公办/民办	年度学校普查、项目调查和报告
6.2.11	有足够卫生设施的学校的百分比	地域 城乡 公办/民办	年度学校普查、项目调查和报告、全民教育中期
全民教育中期评估的附加指标			
6.3	附加指标		
6.3.1	掌握国家规定的基本学习技能的学生的百分比		
6.3.2	预期受教育年限		
6.3.3	教学时数		

续表

全民教育中期评估的附加指标	
6.3.4	参加在职培训的教师分类型和期限的百分比分布
6.3.5	受过复式班教学培训的教师的百分比
6.3.6	国家考试分数的通过率
6.3.7	有图书馆或阅览中心的学校的百分比
6.3.8	有肠道寄生虫的上小学儿童的百分比
6.3.9	报告的学校暴力事件的发生数

资料来源:联合国教科文组织亚太地区全民教育中期评估指南(2007 年 2 月 16 日草案),www. unescobkk. org/efamda.

(五) 信息传播技术(ICT)影响教育质量的评估指标

联合国教科文组织统计所为评估信息通信技术对教育质量的影响设置了 8 个核心指标,包括:基础设施;政治承诺(政策或制度规定、财政投入与经费保障);公私合作(经费筹措与管理);教学人员(教师培训);应用(对信息技术的应用);参与、技能和产出(学生的注册率、过程的参与度和专项课程的完成率);成果和影响(替代性指标);平等(城乡和性别平等)。

(六) 评价机制与全民教育质量

2006 年召开的 9 个人口大国全民教育部长级会议通过的旨在进一步加强全民教育合作的《蒙特雷宣言》(王定华,2006),实际上是使对教育质量的评估与监测进一步成为人们关注的焦点,帮助各国在自我总结的基础上将教育质量的评估与监测提上议事日程。《蒙特雷宣言》着重指出,全民教育九国要更加重视评价的作用,建立评价机制,加强国际合作,交流有益经验,建设评价文化。会议介绍了九国教育评价的政策、体制及相关评估活动的情况,并指出加强、改进评价是当前提高教育质量的迫切需要。会议认为,全民教育正处在关键时期,在新的形势下,全民教育九国应从强调入学机会,过渡到同时注重教育质量提高。在此过程中,应对教育评价政策与体制进行改革,通过评价,了解教育的进展,帮助学校及师生改进教与学,以达到提高教育质量的目的。

(中国联合国教科文组织全国委员会:《联合国教科文组织教育质量标准综述》,2010 年 12 月)

规划纲要:实现全民教育的新蓝图

在进入21世纪的第二个十年之际,我国颁布了《国家中长期教育改革和发展规划纲要(2010—2020年)》,这是指导未来十年我国教育改革发展的宏伟纲领和行动指南。规划纲要的颁布,是深化教育改革、全面推进教育事业科学发展的迫切需要。中国政府始终把全民教育的相关目标作为教育改革与发展的优先领域,全民教育被纳入了规划纲要之中。作为9个试点省之一,江苏省在全国率先制定了省级教育规划纲要并于2010年8月颁布实施。《江苏省中长期教育改革和发展规划纲要(2010—2020年)》基于江苏的实际情况,描绘了全民教育发展的新蓝图。

一、实施全民教育的相关背景

全民教育作为一种教育理想、一套理念系统、一组政策目标和一场国际运动,受到了包括中国在内的绝大多数国家的高度重视。中国参与其中已经有近20个年头,做出了许多努力。近年来,江苏省也将全民教育的核心理念,特别是平等提供有质量的终身学习机会的理念,不断地落实到其政策目标和教育改革与发展的实践之中。

(一) 全民教育运动的由来

1990年3月5日至9日,由联合国教科文组织、联合国儿童基金会、联合国开发计划署和世界银行发起与赞助的世界全民教育大会在泰国宗迪恩举行,来自世界150多个国家及联合国各机构的20个政府间组织和150多个非政府组织的代表、观察员及专家共1500人出席会议。会议通过了《世界全民教育宣言》和《满足基本学习需要的行动纲领》两份重要文件,文件的主要中心思想和原则是:普遍提供学习机会,重视公平,强调学习成果,扩大基础教育的手段与范围,改善学习环境和加强合作。

2000年4月,世界全民教育论坛在塞内加尔首都达喀尔召开,论坛肯定了自1990年世界全民教育大会召开以来全民教育取得的成就,并认识到大会所提出的目标没有能够全面实现,特别是发展中国家面临巨大的挑战。为此,会议通过了《达喀尔全民教育行动计划:实现我们的集体承诺》,确立了要求2005年与2015年达到的全民教育六大目标,包括早期儿童保育与教育、优质的免费初等义务教育、青年与成人的学习和生活技能课程、成人的基础与继续教育、性别均等及教育质量方面的具体内容。

表 1 2000 年《达喀尔宣言》确立的全民教育六大目标

序号	目标
1	扩大和改进全面的幼儿保育与教育工作，特别是对于最易受伤害和处境不利的儿童
2	确保到 2015 年，所有儿童，特别是女童、处境不利的儿童和少数民族的儿童，都能接受并完成免费的、优质的初等义务教育
3	确保通过平等地接受适当的学习和生活技能课程，满足所有年轻人和成人的学习需求
4	到 2015 年，使成人（尤其是妇女）的脱盲水平提高 50%，并实现所有成人都有平等接受基础教育及继续教育的机会
5	到 2005 年，消除初等与中等教育中的性别不均等；到 2015 年，实现教育的性别平等，重点是保证女童全面且平等进入优质的基础教育并全面且平等地取得成就
6	改进教育质量的所有方面并保证所有人取得优异成绩，以使所有人达到公认的可测量的学习成果，特别是在识字、识数和基本生活技能方面

（二）全民教育在中国的进展

自宗迪恩世界全民教育大会召开和达喀尔世界教育论坛举行以来，中国积极参与推进全民教育这一关系全人类福祉的伟大实践。为了实现全民教育的理想和目标，中国不仅以正式方式对国际社会通过的上述宣言、纲领和行动计划做出了庄严承诺，而且采取了切实的行动。1993 年，中国召开了"全民教育国家级大会"，原国家教委领导做了《中国基础教育的现状和发展战略》和《中国扫盲教育的现状和展望》的专题报告，时任国务院总理李鹏到会讲话并提出 20 世纪 90 年代的最后 8 年是完成九年义务教育和扫盲任务的决定性阶段。

2003 年，教育部制定并颁布了《实现达喀尔承诺——中国全民教育行动计划》。该计划围绕《达喀尔行动纲领》中提出的 6 项共同承诺及 12 项保证，明确提出了 2001—2015 年中国全民教育的发展目标与政策措施，对推进全民教育的工作进行了全面部署。

2005 年，温家宝总理在联合国教科文组织第五届全民教育高层会议上提出，从四个方面推进全民教育：一是把普及农村义务教育作为教育发展的重中之重；二是把扫除文盲作为反贫困的重要措施；三是大力发展职业教育；四是加强教师队伍建设。

同时，教育部发布了《中国全民教育国家报告——聚焦农村教育》，提出了2005—2010年中国全民教育的发展目标和战略性措施。目标包括:全面普及九年义务教育,扫除青壮年文盲,全面提高全民教育质量;重视儿童保育和早期教育;构建全方位、多层次的信息技术教育和现代远程教育体系;积极发展职业教育、成人继续教育和培训,构建学习型社会。措施和对策包括:履行政府承诺,提高充分有质量的全民教育;以更大的精力、更多的财力,全面推进农村教育发展;以就业为导向,大力发展农村职业教育与成人教育;保障欠发达地区与弱势人群的受教育权利,促进全民教育和谐与均衡发展;继续开展扫盲教育,巩固扫盲成果。

在政府和全社会的共同努力下,中国在普及义务教育、减少文盲人口、降低成人文盲率、满足青年与成人的生活技能需求、促进包括性别均等在内的教育公平等方面取得了举世瞩目的成就。

从2000年到2010年,全国共扫除文盲1784.8万人,"基本扫除青壮年文盲"的战略目标已经实现。

2001年和2010年学前三年教育毛入园率、小学净入学率、初中毛入学率、小学五年巩固率的比较可见图1。2001年和2010年小学、初中、普通高中生师比的比较可见图2。

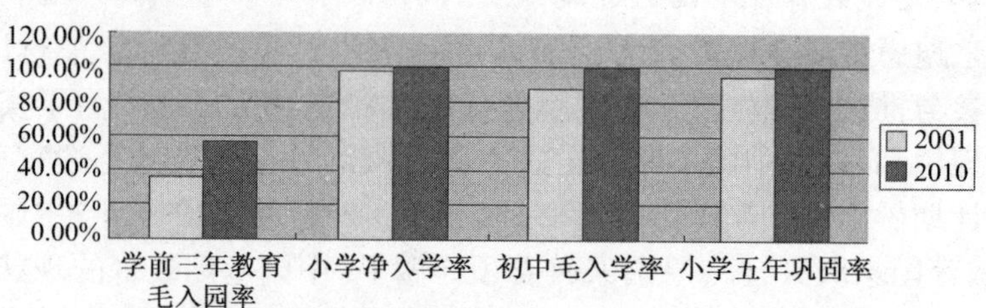

图1　2001年和2010年学前三年毛入园率、小学净入学率、初中入学率、小学五年巩固率的比较

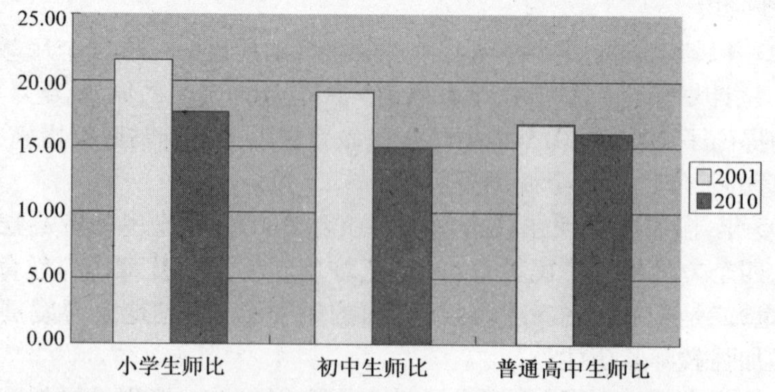

图2　2001年和2010年小学、初中、普通高中生师比的比较

按预算内教育经费包含教育费附加的口径计算，全国预算内教育经费占财政支出的比例从2001年的14.31%增至2009年的15.69%，国家财政性教育经费占GDP的比例从2001年的3.19%增至2009年的3.59%。国家逐步健全家庭经济困难学生资助体系。2009年，中央财政下达中等职业学校国家助学金资金预算92.8亿元，资助学生约1200万人，占中等职业学校一、二年级学生总数的近90%；下达中等职业学校农村家庭经济困难学生和涉农专业学生秋季学期免学费资金24亿元，约440万名学生享受免学费政策；下达中央专项彩票公益金教育助学项目资金6亿元，资助60万名普通高中学校的家庭经济困难学生。在中国，全民教育不仅是推动未来教育及社会发展的一种理想，而且已成为一系列的政策目标。

多年来，国家高度重视发展农村教育。仅2009年，中央财政就下达农村义务教育保障机制专项基金587亿元，其构成情况见表2。

表2　2009年农村义务教育保障机制专项资金项目

经费用途	数额(亿元)
公用经费资金	357
免费教科书资金	138
校舍维修改造资金	51
补助家庭经济困难寄宿生生活费资金	41
总计	587

此外，我国还免除了约1.3亿名农村义务教育学生的学杂费和教科书费，按照小学每年500元、初中每年750元的标准，对中西部地区约1100万名农村家庭经济困难寄宿生补助了生活费。全国所有省份农村中小学预算内公用经费都达到了小学每生每年300元、初中每生每年500元的基准定额。

（三）全民教育在江苏的实施

江苏早在1996年就率先基本普及了九年义务教育和基本扫除了青壮年文盲，全民教育目标的整体实现程度在全国处于较高水平。全民教育六大目标中扫盲（非功能性文盲）工作已经提前完成，教育中的性别不均等（非性别平等）问题也早已解决，各项入学率指标均在全国处于领先水平。高位均衡和优质发展已成为当前江苏省实施全民教育的主题。

作为相对比较发达的地区，江苏的教育在基本维持和生存层面的问题得到较好解决后，更高层次的一些与质量和公平相关的问题（如教育服务条件、质量、效率及教育公平等）已成为人们普遍关注的焦点。解决素质教育老大难问题和优质教育资源不足的问题显得更为迫切。特别是在教育大发展的背景下，人们对教育质量的期望值提高了，而教育的快速扩张给教育质量造成了极大的压力。如果不能及时关注教育质量问题，而且是基于公平的受教育权益的质量，不能使质量与规模同步协调发展，那么，教育发展的可持续性也将受到严重挑战。

对照全民教育的目标和理想，江苏还在许多方面需要继续努力，特别是在教育平等和教育质量方面已经进入攻坚阶段。江苏想要如期高质量、高水平地全面实现全民教育的六大目标，则需要在诸多方面取得实质性的进展。如：扩大和改进全面的幼儿保育与教育问题；留守儿童、流动人口子女等处境不利人群的教育质量保障问题；适当的学习和生活技能课程问题；成人平等接受基础及继续教育和满足所有适当人群终生学习需要的问题；性别均等以后的性别平等问题；保证所有人取得优异成绩和达到公认的可测量的学习成果等问题。

二、规划纲要关于全民教育的新目标

联合国教科文组织与整个国际社会所倡导的全民教育的理想和目标与中国积极推进的教育改革与发展的目标具有高度的一致性。中国政府把推进全民教育纳入了国家国民经济和社会发展的总体规划及教育事业发展的规划之中，始终把实现全民教育的相关目标作为教育发展的优先领域。因此，教育规划纲要便成为考察和监测全民教育执行情况的重要视角和渠道。2010 年 7 月 29 日，中国颁布实施《国家中长期教育改革和发展规划纲要（2010—2020 年）》，提出到 2020 年“进入人力资源强国行列”的战略目标。这份全文约 27000 字的文件是中国进入 21 世纪以来第一个中长期教育规划纲要。对此，联合国教科文组织给予了高度评价，认为该规划纲要“表达了中国跻身世界最好教育行列的长远思路”。

根据《国家中长期教育改革和发展规划纲要（2010—2020 年）》精神，结合江苏经济社会发展实际和人才发展规划等要求，江苏省作为 9 个试点省之一在全国率先制定了省级教育规划纲要并于 2010 年 8 月颁布实施。《江苏省中长期教育改革和发展规划纲要（2010—2020 年）》同时也是江苏实施全民教育的行动纲领。

江苏的规划纲要全面反映了全民教育的目标要求，并对全民教育六大目标加以具体化。江苏教育发展的很多指标对如学前三年教育毛入园率、义务教育巩固率、从业人员继续教育年参与率、新增劳动力人均受教育年限等均有更加具体的要求。江苏将实现更高标准的普及教育：学前三年教育全面普及，义务教育巩固率达99%以上，高中阶段教育毛入学率达95%以上，普通高中教育与中等职业教育协调发展，高等教育毛入学率达60%以上。公民受教育程度显著提高，主要劳动年龄人口平均受教育年限达12.2年，其中受过高等教育的比例达25.8%，新增劳动力人均受教育年限达15年以上，从业人员继续教育年参与率达60%以上，终生学习得到全面落实。2015年和2020年江苏教育发展（教育现代化）主要指标见表3。

表3　2015年和2020年江苏教育发展（教育现代化）主要指标

序号	主要指标	2015年目标	2020年目标
1	学前三年教育毛入园率	97%以上	98%以上
2	义务教育巩固率	99%以上	99%以上
3	高中阶段教育毛入学率	96%以上	95%以上
4	高等教育毛入学率	50%以上	60%以上
5	留学生占普通本科高校在校生比例	2.5%以上	5.0%以上
6	高校应用研究开发成果转化率	60%以上	80%以上
7	高校毕业生初次就业率（年终就业率）	70%以上 （90%以上）	70%以上 （90%以上）
8	从业人员继续教育年参与率	50%以上	60%以上
9	国家教育信息化标准达标率	85%以上	90%以上
10	达到省定优秀标准的各级各类学校比例	80%以上	80%以上
11	新增劳动力人均受教育年限	14.5年	15年以上
12	主要劳动年龄人口平均受教育年限（其中：受过高等教育的比例）	11.2年 （19.8%）	12.2年 （25.8%）
13	学生、社会对学校的满意度	85%以上	90%以上
14	学校对政府管理和服务的满意度	85%以上	90%以上
15	财政教育支出占一般预算支出的比例	高于中央核定比例	
16	全社会教育投入增长比例	高于GDP增长比例	

框注一：江苏的规划纲要提出的教育发展目标

到2015年，教育发展规模、教育质量、教育投入、教育贡献度继续走在全国前列，率先建成教育强省。

到2020年，教育发展主要指标达到国际先进水平，率先实现教育现代化，建成学习型社会和人力资源强省。

（一）幼儿保育与学前教育

规划纲要提出提高保教质量。普及科学保教方法，加强对各类幼儿园保教质量的监管，防止小学化倾向。强化保健教师、保育员、营养员的培养培训。加强对幼儿健康水平的监测和评估。密切幼儿园与家庭的保教合作，提供多样化的学前教育指导与服务。

框注二：江苏规划纲要关注处境不利儿童的受教育状况

提出要加强农村幼儿园建设，到2012年，每个乡镇至少办一所达省优标准的公办中心幼儿园，村级幼儿园都要建成合格园。县级教育部门归口管理学前教育，相关部门履行各自职责。对家庭经济困难儿童入园给予财政补助。

规划纲要提出普及学前教育目标。大力实施学前教育普及提高工程，2015年基本普及学前三年教育，2020年学前三年教育毛入园率达98%以上。重视0~3岁婴幼儿教育，逐步提高覆盖率。到2015年，省优质幼儿园达70%以上，2020年达90%以上。

（二）高水平普及15年基础教育

规划纲要强调义务教育均衡发展。推进义务教育均衡发展示范区建设，扩大并均衡配置优质教育资源，苏南等有条件的地区2012年、其他地区2015年左右全面达到均衡配置，区域内教育质量、教师队伍、办学条件、管理水平显著改善，义务教育公平度、满意度大幅提升。

规划纲要提出提高义务教育办学水平。根据学龄人口变化、城市化进程和新农村建设规划，合理调整义务教育学校布局。逐步推进小班化教学，小学每班35人以下、初中每班40人以下。实施义务教育学校现代化建设工程，全面加强学校校舍、场地、师资队伍、设施装备等方面的建设，到2015年，全省义务教育建成现代化标准的学校比例达50%以上，2020年达90%以上。

（三）青年与成人的学习和生活技能课程

规划纲要提出增强职业教育吸引力。把发展职业教育放在更加突出的位置，以服务为宗旨、以就业为导向，统筹规划职业教育与普通教育，统筹发展中等职业教育与高等职业教育，统筹推进学历教育与职业培训。完善职业教育支持政策，逐步实行中等职业教育免费制度，做好家庭经济困难学生资助工作。建立职业学校毕业生直接升学制度，拓宽毕业生继续学习通道。提高技能型人才的社会地位和待遇，加大对有突出贡献的高技能人才的宣传表彰力度，营造尊重劳动、重视技能、重视高技能人才的社会风尚。鼓励高中开设职业教育课程。

规划纲要提出要重视学生实践教育，教育学生学会动手动脑、学会生存生活、学会做人做事，增强学生主动适应社会的动力。

（四）推进成人基础及继续教育，促进终生学习

规划纲要提出构建人人皆学、处处能学、时时可学平台。坚持政府主导、统筹规划，整合各种教育资源，提供广覆盖、多类型、多层次、开放便捷的教育与培训，满足社会需求，促进人的个性发展和全面发展。依托学校、科研院所和企业施教机构，建设继续教育基地。开展形式多样的继续教育和职业技能培训，鼓励人们多形式、多渠道参与终生学习，使学习与创新逐步成为经济社会发展的重要理念和公民普遍的生活方式。到2020年，学习型组织普遍建立，终生教育体系基本完备，形成学习型社会。

框注三：江苏规划纲要重视改善农村义务教育

提出健全城乡一体化的义务教育发展机制，在财政拨款、教师配置、学校建设等方面向农村倾斜。加大对经济欠发达地区的财政转移支付力度，完善发达地区对口支援欠发达地区、城市支援农村教育的机制。

框注四：江苏规划纲要重视农村成人教育

提出要整合培训项目，健全县域职业教育培训网络，积极实施农村经济发展带头人素质提升计划、新农村实用人才培训工程和现代农业人才工程。统筹利用各类教育资源，建设农科教结合示范基地。广泛开展农村劳动力转移培训、农业实用技术培训和农民创业培训，加强对困难群体的就业援助培训，努力为外来务工人员提供更多的培训机会，提高农民的职业技能和创业能力。发展面向农村的职业教育，围绕现代农业发展和新农村建设需要，加强涉农专业建设，扩大农村职业教育培训覆盖面。

规划纲要倡导积极发展继续教育。提出稳步推进学历继续教育，努力提高教育质量。加快发展职业导向的非学历继续教育，适应发展方式转变，开展大规模的知识更新和技能提升培训，大幅度提高继续教育参与率。鼓励个人接受继续教育，支持用人单位为从业人员提供教育培训，党政机关、企事业单位逐步实行在职人员带薪学习制度。到2020年，全省从业人员继续教育年参与率达60%（苏南70%）以上。

规划纲要提出大力开发终生教育资源。建立教育资源开放共享机制，各级各类学校和培训机构主动向社会开放学习场所和教育设施，面向社会公众开展多形式的学习培训活动。推进终生教育公共服务体系及基础设施建设，扩大公益性文化体育设施免费开放范围，拓展其教育服务功能。

（五）促进教育公平，实现性别平等

江苏在基础教育入学机会方面早已实现了性别均等，但在教育内容、人员配备、培养方式等方面仍需在性别平等方面做出更大的努力。

规划纲要把“以促进教育公平为重点”作为指导思想，把“促进公平”“教好每一个学生”等作为工作方针，把“实现更高标准的普及教育”作为战略目标，并提出“基础教育公平程度显著提高……每个儿童少年都能接受适合自身发展的良好教育”。这就为促进教育公平、实现性别平等奠定了坚实的思想基础。

（六）提高教育质量

规划纲要要求完善基础教育质量保障体系。尊重学生成长规律和教育规律，加强基础教育课程建设。实施《幼儿教育指导纲要》，科学开发幼儿园课程。加大义务教育和高中课程改革力度，深化教学改革，提高课程教学水平，增强学生的学习能力、实践能力、适应能力。建立学生发展指导制度，加强对学生理想、心理、学业等方面的指导。

规划纲要提出强化基础教育评价监测工作。创新评价制度，完善综合素质评价体系，为提高教育质量发挥正确导向作用。制定基础教育教学质量及学业水平评价标准，建立全省统一的教育质量监测体系，增强反馈、指导和服务功能。健全教育行政干部、教科研人员和校长听课、评课制度，加强对课堂教学的督查与指导。

三、监测规划纲要实施，促进全民教育目标实现

为了落实上述全民教育目标，全面实现教育现代化，江苏将在以往工作的基础上，充分利用国际全民教育监测指标，形成长效的监测机制，推动全

民教育在江苏的进一步发展。

(一) 监测是规划纲要有效实施的重要保障

江苏的规划纲要勾画了未来十年全民教育发展的宏伟蓝图,并制订了包括幼儿保育与学前教育、高水平普及15年基础教育、青年与成人的学习和生活技能课程、成人的基础和继续教育、教育公平与性别均等、提高教育质量等详细的全民教育目标。规划纲要宏伟蓝图的实现及各项目标的达成重在落实。监测为规划纲要的落实提供了保障,对于江苏全民教育目标和教育现代化的实现具有重要意义。

中国联合国教科文组织全国委员会秘书处与联合国教科文组织合作开展省级监测试点项目,与《世界全民教育监测报告》接轨,采用建立指标体系、数据分析、年度主题报告等手段与方法,对试点省份开展教育规划实施情况的监测工作,是具体贯彻落实《国家中长期教育改革和发展规划纲要(2010—2020年)》和监测省级纲要实施情况的一项重要举措。

利用全民教育指标监测规划纲要实施情况有利于教育质量与公平(尤其是公平)核心价值的落实。教育公平作为全民教育的目标和基点,基本要求是保障公民依法享有受教育的权利,重点是促进教育均衡发展和扶持困难群体。中国政府早已认识到了教育公平问题的重要性,无论是国家规划纲要还是江苏省的规划纲要,都毫无例外地把保障教育公平作为基本教育政策,把促进教育均衡发展摆在十分重要的位置。通过对江苏教育规划纲要的监测,教育公平的理念将更加深入人心。江苏将进一步健全覆盖城乡的现代教育体系,将公共教育资源向经济薄弱地区、农村地区、薄弱学校倾斜,重点推进区域内义务教育均衡发展,加快缩小城乡、校际教育发展差距,特别是加强早期教育,普及特殊教育,完善并落实困难群体子女就学扶持政策,让人民群众共享教育改革发展成果。

农村教育是教育改革与发展中的难点与热点,而同时又是实施普及基础教育和落实弱势群体教育的重要战场。农村教育的质量不仅直接影响着我国基础教育的整体质量,也是实现全民教育的公平目标的重要方面。虽然江苏整体的教育(包括全民教育的实现程度)在全国处于较高的水平,但苏南、苏中、苏北的地域差异和城乡差异依然存在,农村教育依然面临挑战。规划纲要监测聚焦城市化背景下的农村教育,将有助于落实教育质量与公平,特别是促进规划纲要中有关农村教育的各项目标的有效实现。

框注五:《达喀尔行动纲领》和《国家中长期教育改革和发展规划纲要》均要求实施监测

《达喀尔行动纲领》要求:在国家、地区和国际范围系统地监测全民教育目标与战略的进展情况;对实现全民教育的各项目标的进展情况进行更有效、更规范的监测,包括定期评估。

中国的《国家中长期教育改革和发展规划纲要》要求:对纲要实施情况进行监测评估和跟踪检查。

(二) 充分利用全民教育指标,提高监测评估水平

江苏教育规划纲要的制定把世界发达国家中人均 GDP 水平与江苏基本相当国家的教育发展状况,作为确定江苏教育发展目标的参考依据,符合江苏经济社会的发展现实。而引入国际标准,加强对江苏教育规划纲要实施的监测,有利于规划纲要实施过程中更好地发展全民教育。国家和江苏的规划纲要提出的目标与国际社会普遍认同的全民教育目标是一致的,但国内对于规划纲要的监测尚缺乏可行的指标体系,规划纲要实施情况监测应尽可能多地使用全民教育监测指标,力图从一些侧面反映江苏教育的状况与进展。

(三) 与规划纲要实施同步建立全民教育监测中心

框注六: 适用于规划纲要实施情况监测的全民教育监测指标及补充指标

18 个全民教育核心指标中的相关指标:

指标 1:学前教育计划中的毛入园率

指标 2:小学一年级新生中接受过学前教育人数比例

指标 3:新生毛入学率

指标 4:新生净入学率

指标 5:毛入学率(中、小学)

指标 6:净入学率(中、小学)

指标 7:a)(中)小学公共经费占 GNP 的百分比

b)(中)小学生均教育经费占人均 GNP 的百分比

指标 8:(中)小学教育经费占公共教育总经费的百分比

指标 9:(中)小学教师学历合格率

指标 10:(中)小学教师资格合格率

指标 11:生师比

指标 13:5 年级巩固率(实际达到 5 年级的学生人数的百分比)

指标 16:15—24 岁人口识字率

指标 17:成人识字率:分年龄的 15 岁及以上人口中非文盲的百分比

指标 18:识字性别差异指数:男女识字率的比

其他补充指标:初中教育、职业与技术教育、终生学习等方面的相关指标

江苏省十分重视全民教育方面的相关监测评估研究,曾于 2006—2007 年和 2008—2009 年参加了中国全民教育中期评估的两项相关研究。2006—2007 年的江苏全民教育监测评估研究报告以质量保障与改进为主题,对中国的教育质量概念、江苏提高教育质量的实践、江苏全民教育的进展和江苏在教育质量领域面临的挑战等进行了分析,并从质量视角出发提出了进一步提高全民教育实施水平的建议。

2008—2009 年的江苏全民教育监测评估研究报告则围绕教育公平的政策分析,阐述了全民教育目标和理念的相关背景信息,对 2000 年以来江苏全民教育主要进展情况、全民教育主要政策领域和相关措施进行了介绍,对全民教育政策措施的影响进行了分析,并提出了全民教育政策的改进建议,对 2015 年前江苏省能在多大程度上实现全民教育目标进行了展望。

在中国联合国教科文组织全国委员会的支持下,江苏依托省教育评估院这一评估专业机构,于 2010 年成立“联合国教科文组织全民教育监测项目(江苏)中心”,在区域教育现代化评估和义务教育优质均衡发展研究等方面发挥了积极作用,为江苏深入开展全民教育方面的研究和跟踪全民教育全球监测评估的趋势,搭建了一个专业平台。该中心将以规划纲要实施情况监测为契机,进一步强化机构职能,加强能力建设,建立全民教育监测的长效机制,为规划纲要的实施、全民教育目标的全面实现做出更大的贡献。它也将加强对世界全民教育监测评估的研究,借鉴全民教育的监测理念、指标体系和评估方法优化江苏教育评估工作,推动江苏教育评估工作与世界接轨;还将通过全民教育监测评估研究,引导公共教育服务理念的提升,推动教育资源的优化配置,为促进教育公平、提高教育质量和实现普惠于民的公平教育做出贡献。

参考文献:

[1]《国家中长期教育改革和发展规划纲要(2010—2020 年)》,2010 年 7 月。

[2]《江苏省中长期教育改革和发展规划纲要(2010—2020 年)》,2010 年 8 月。

[3] 沈健:《全面落实教育规划纲要　在新征程上书写江苏教育现代化伟大华章》,《新华日报》,2012 年 2 月 9 日。

[4] 中华人民共和国教育部:《中国全民教育国家报告——聚焦农村教育》,2005 年 11 月。

[5] 中国联合国教科文组织全国委员会、中国国家教育发展研究中心:《中国全民教育十年中期评估国家报告》,2009 年 1 月。

[6] 吴德刚:《中国全民教育研究——兼论教育机会平等问题》,教育科学出版社,2011 年。

[7] 眭依凡:《全民教育:2000 年的挑战与对策》,《比较教育研究》,1996 年第 1 期。

[8] 宋林飞主编:《江苏社会发展 50 年》,江苏人民出版社,2011 年。

(中国联合国教科文组织全国委员会:《全民教育监测报告 2011》,2012 年 4 月,洪港等参与部分内容起草)

二、理论研究篇

Education

Quality

Assurance

and

Evaluation

教育评估理论与实践:概念、构念和理念的中外比较(上)

【摘　要】 国内外在教育评估的理论研究和实际工作中,在从专业术语及概念,到具体工作中的构念,再到评估理念方面,普遍存在着诸多差异。对此进行基础性的中外比较,对于教育评估的国际交流和研究借鉴颇有益处。

【关键词】 教育评估;概念、构念和理念;中外比较

在教育现代化、均衡化和国际化的背景下,教育评估对于保障教育质量、促进教育公平和提升教育国际竞争力的作用越来越被人们所了解。由于我国现代意义上的教育评估起步较晚,理论研究和实践活动与国外发达国家相比均有较大的差距。这些差距十分突出地体现在与评估相关的术语和概念、评估工作的具体构思和整个评估理念系统等方面,已给评估工作改革造成了极大的制约。语言的不同往往不只是反映概念的不同,也折射出认识的差别、思维的差异和理念的差距。如何从概念、构念和理念三个层面切入,缩小我们与国外在教育评估理论研究和实际工作中的差距,充分发挥现代教育评估的专业服务功能和正确导向,已是当务之急。

语言是思维的符号、行动的指南,准确地理解和使用一类专业的术语和相关概念不仅直接关系到理论研究和理念更新,而且也对相关工作实践中如何正确地理解和定位好改革的意图、目标和方向至关重要。有些改革恰恰就是由于概念的偏差造成认识的偏颇,最终导致方向的偏离。作为"后发外启"的舶来品,现代意义上的教育评估更有必要对相关外来术语进行准确的把握,以防止因概念混淆、似是而非、以讹传讹而误导评估改革。从评估术语切入,从概念、构念和理念层面比较研究中外教育评估的理论与实践,有利于构建一个中外之间交流对话、相互研究借鉴的共有平台,对于推动我国教育评估的进一步改革与发展颇有益处。

一、评估术语里的概念差异

在教育评估理论和实践中,部分常用术语在使用上存在一些容易造成

混淆的认识差异。有的是不同的使用者对相近概念的理解上的差异，有的则是由翻译过程和约定俗成的使用造成的中外相关概念使用习惯上的差异，而更多的则是国内外评估实践和理论研究的长期脱节造成的实际做法及相应评估概念本身的不同。尽管人们在日常使用起源于国内和国外的相关概念时往往不会过多在意和纠缠于它们的异同，但是这在实际工作中却也确实会给理论研究者和评估实践者（特别是关注中外比较者）带来经常性、重复性的困扰。

• 中文中的评估、评价、评审的释义

评估、评价和评审是中文里容易被混淆的概念，许多教育工作者甚至是一线的评估实践者都不对它们进行严格区分。一般来说，高等教育领域称评估的居多，基础教育领域称评价的居多，针对一些专项评估则称评审的比较多。在中外比较研究过程中，评估可以更多地对应于英文中的"Evaluation"，而评价可以更多地对应于"Assessment"。① 至于中文中的评审概念，我们主张在涉及材料评审时对应于英文的"Review"（复核，国外一般称为文档/数据复核）；涉及资格评审和认证时则分别使用"Appraisal"（侧重于事前估价）和"Accreditation"（认证）的英文概念；在绩效表现等独立专项评审中使用"Audit"（评审）概念比较恰当。目前，国内正在规划用审核性评估代表"Audit"，并作为未来院校评估改革的方向。其实，这样的称谓与"Audit"的本意不符，没有突出这种评估的独立性、客观性、系统性和权威性的特点，有强调审批前的审核的行政性评估之嫌，缺乏专业性和制度化的成分，容易产生误解，且比较累赘。使用评审概念则既符合传统意义上的约定俗成的评审活动的习惯定位，吸收了从"Audit"作为审计活动延伸出来的系统专业审查的含义，也尊重了独立评估的思维与强调客观性和权威性的思想内核。香港学术及职业资历评审局尽管在英文名称中使用"Accreditation"（认证）概念，但院校质素评审（Institutional Quality Audit）不失为可供我们借鉴的一个理想概念。

• 英文中与评估相近的概念

在英文中，有许多与评估相近的概念，经常让实践者和研究者（特别是国内的）混淆不清，譬如："Evaluation、Assessment、Appraisal、Accreditation、Monitoring、Inspection、Supervision、Measurement、Quality Assurance、Quality Improvement 和 Accountability"等。

---

① 袁益民：《教育评估的体制创新》，江苏科学技术出版社，2007 年。

"Evaluation"(评估)和"Assessment"(评价)是英文中最容易引起混淆的两个概念。两个单词实际上区别不是太大,有些一线专业工作者也常混用这两者。但也有人认为评估的概念比评价更宽:评价主要涉及信息收集和客观描述,而评估还包括确定优点和所值的估价,包括对于经过归纳的价值和工具性价值的判断。我们倾向于把评价作为评的过程(负责测量、量化和描述),而把评估作为评的过程加上对评的结果的估价和对所得信息的价值判断。如果评价更多侧重于进行中的过程,那么评估更多关注结果的处理;如果评价更多地使我们联想到微观的技术层面的问题(有时还与学生学业测试相连接,这与国内的使用习惯也相仿),那么评估则更多地使我们联想到系统和体制等更加宏观层面的问题。评估与评价各有侧重,但总体上前者在概念上大于后者。①

在英文语境中,"Review"也是最容易与"Evaluation"相混淆的概念,一般被用作同义词而非近义词。但事实上,"Evaluation"被更加频繁地用作比"Review"更加综合和涉及更深入评价的概念,而相比之下,"Review"更强调操作性方面的评价。② 港台地区把"Evaluation"翻译成评核、评鉴,应无大碍;但把"Review"翻译成"检讨",有回顾、总结、反思的意思,在内地容易产生误解。我们认为,将"Review"翻译成复核、评核比较符合其本意。"Appraisal"也是容易与"Evaluation"相混淆的概念,更多的是指在某种比较的基础上,事前做出的估计价值的一种决策过程,所以一般把它称为"估价"比较符合其英文原义。

此外,"Accreditation"和"Monitoring"(监测)有时也会与"Evaluation"误用。其实,"Evaluation"更多基于过去的产出做出分析反思和价值判断,"Accreditation"更多面向未来可能的潜在产出,而"Monitoring"侧重于执行过程及校正程序(结合相关测试、调查和研究)。③ "Audit"与"Assessment"之间的差别也是很模糊的,但前者更强调评价的独立性、系统性和权威性,而后者更多地带有技术和咨询的性质。在绝大多数的英英词典和英汉词典中,英文单词"Audit"的中文含义是指审计和查账,在美国还有"(大学)旁听(课程)"的意思,核心的解释都是与财会相关的。但实际上,该词也有财务审查以外的一般意义上的审查、核对、复核、鉴定、调查、检视、查证等意思,

① 袁益民:《教育评估的体制创新》,江苏科学技术出版社,2007 年。

② OECD. The DAC Working Party on Aid Evaluation. Glossary of Key Terms in Evaluation and Results Based Management. http://www.oecd.org/dac/evaluation,2010-03-04.

③ 同①。

在工程管理、质量管理和能源储备等领域也有使用。在高等教育领域,“Quality Audit”(质素评审)的概念起源于英国,在新西兰、澳大利亚、瑞典、芬兰、挪威和美国等国也有使用。①

与侧重于数据收集、事实描述的“Assessment”和侧重于价值判断的“Evaluation”相比较,“Measurement”(测量)更关注数据的量化处理。

如果说“Inspection”(督导)带有某种监督和检视的意味,“Supervision”(视导或视学指导)更像是来自于上方的视察与指导。

而“Statistics”(统计)、“Testing”(测试)、“Rating/Ranking”(评级/排名)和“Verification/Examination”(验证/鉴定)等相关概念,则是交织在上述有所交叉涵盖的评估活动之中的。同时,在国外,评估作为一种咨询决策的专业服务、同行交流、价值判断甚至心理建构活动,也是“Quality Assurance”(质量保障)、“Quality Improvement”(质量改进)和“Accountability”(绩效问责)的工具。② 在这里,质量保障侧重于防御性要求,质量改进强调竞争性措施,绩效问责则关注管理性目标。所有这些与评估活动概念相近的术语大致的概念边界如图1所示。

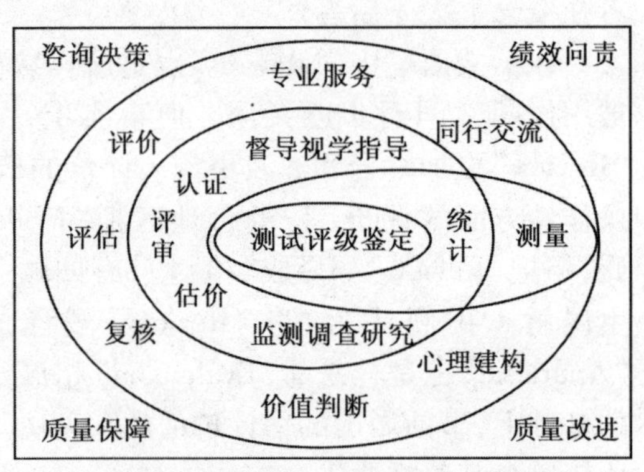

图1　教育评估的概念边界与概念框架

- 其他与评估工作相关的概念

还有一些与评估工作相关的英文概念在国内往往难以准确区分,譬如:“Indicator、Proxy Measure、Parameter、Statistic、Standard、Criterion、Benchmark、Norm、Guideline、Rubric”等;“Output、Outcome、Impact、Result、Effect、Performance、Attainment、Achievement”等。

其实,除了“Indicator”(指标)和“Proxy Measure”(替代性尺度)几乎是同义词之外,“Parameter”则指参数或变量,“Statistic”指统计量,“Standard”(标准)侧重于被接受的可供观察和测量的目标性要求,而“Criterion”(同样

① Wikipedia. Quality audit. The Free Encyclopedia. http://en.wikipedia.org/wiki/quality _audit, 2010-08-19.

② Council For Higher Education Accreditation. Glossary of Key Terms in Quality Assurance and Accreditation. http://www.chea.org/international/inter_glossary01.html,2002.

译为标准)代表(往往是好的)实践特征的某种或某些标志性价值,“Benchmark”指基准,“Norm”指典型性标准规范或平均标准,“Guideline”指需遵守的准则,“Rubric”指某种成规戒律;“Output、Outcome、Impact、Result、Effect、Effectiveness、Efficiency、Performance、Attainment、Achievement”分别指产出、成果、影响、结果、效果、成效(有效性)、效率、(绩效)表现、成绩和成就。

此外,国内评估实践中有不少中国式的概念难以在英文中找到一一对应的单词,譬如:验收、抽查、合格评估、选优评估、随机评估、水平评估、分类评估①、审核性评估、专项评估、质量报告、以评促建等。同时,更有大量英文中使用较多的与评估相关的概念难以在中文中找到一一对应的词语,如:“Audit、Review、Process-based、Outcomes-based、Performance-based、Results-based、Client-centred、Stakeholder-based、User-oriented、Participant-oriented、Learning-centred、Theory-driven、Systems-oriented、Non-participant Observation、Unobtrusive/Nonreactive Measures、Focus Group、Clinical Examination、Experimentalist Evaluation”等。中英文里面这种广泛存在的找不到直接对应概念的现象,在一定程度上说明了评估理论比较研究的欠缺,从整体上看,也大致地反映了中外教育评估的理论构念和实际理念的不同。

二、评估工作构念上的差别

不同的评估理论、模式和方法往往强调不同的角色定位、价值趋向、方法技术,因而形成不同的理论派别和实践模式,它们针对相同或者不同的对象,从不同的角度切入,提出了各不相同的构想,代表了有所不同或者完全不同的思考。我们把这个过程称之为“构念”。深入了解这些派别和模式在构念(指简单观念综合而来的复杂观念,心理学上指观察对象与某种理论框架相对照的模型)上的差别,不仅需要纵向的分析,而且需要横向的比较。我国的教育评估在思想观念、政策体制和技术方法等方面均处于相对落后的状况。研究中外在评估工作构念上的差别有利于比较有什么不同、如何不同,既了解存在的差距,也避免“莫须有”的对立,有利于增加共识,减少各说各话,搭建统一的对话沟通平台,促进交流和分享,以便于研究基础上的借鉴。

- 不同的称谓反映不同的观念

对评估实践活动的称谓往往也能折射出评估者的具体观念和想法。有不少国内外相对应甚至是几乎相同的评估活动在称谓上却存在着差别,有

① 教育部高等教育教学评估中心:《中国高等教育评估词汇》,高等教育出版社,2010年。

的差别还很显著，如表1所示。

表1　部分评估活动称谓的中外比较

国　内	国　外	英　文
评前专访	初访(预访)	Preliminary/Preparatory Visit
材料评审	文档/数据复核	Document/Data Review
现场考察	实地访问	Site Visit
领导汇报	情况简介/陈述	Briefing/Presentation
(推门)听课	观课/班级访问	Class Observation/Class Visit
专家审核	同行复核	Peer Review
绩效评估	表现评估/评审	Performance Evaluation/Audit
监控(监测)	监测	Monitoring
后设/元评估	元评估	Meta-evaluation

例如，绩效评估和表现评估就有很大的区别，前者突出了对结果本身的关注，而后者强调了结果形成的过程，除了成绩和效率外，还包含了适切性、经济性、态度、能力与价值等维度和更多过程中的东西。这样的区别很容易造成评估定位上的差异。

又如，听课与观课虽只有一字之差，却反映出许多不同的评估视角和心态。从评估者的出发点看，前者是检查工作，后者是同行观摩；从工作切入点看，前者是听，后者是看；从活动落脚点看，前者是讲课的内容，后者是师生的互动。无论是从理念还是从具体的工作实践来看，在开展这项活动时，国内外也确实存在着这样的差别：国内的听课更多的是一种了解课堂教学效果的管理活动，一般由外部自上而下地强行介入，而国外的观课则更多的是一种关注在课堂里收集证据的专业活动，一般是在教师的许可之下开展的一项同行走访。

再如，国内少量评估活动采用的评前专访在目标定位上和实际操作过程中存在形式大于内容甚至应酬多于工作的问题，且正式被列为评估环节后也不应再被称为评前。而国外的初访(预访)作为初步收集证据和交流情况的预备性环节，则任务明确、程序规范、结果重要，与国内的评前专访完全不是一回事。

总体而言，国内的称谓大多较正式、管理色彩较浓，体现管理者对评估的官方理解；国外的称谓则较平实，专业成分多一些，更多体现利害相关者及公众易于接受的专业人士的看法。

(《高教发展与评估》2011年第1期)

教育评估理论与实践:概念、构念和理念的中外比较(下)

【摘　要】 国内外在教育评估的理论研究和实际工作中,在从专业术语及概念,到具体工作中的构念,再到评估理念方面,普遍存在着诸多差异。对此进行基础性的中外比较,对于教育评估的国际交流和研究借鉴颇有益处。

【关键词】 教育评估;概念、构念和理念;中外比较

除上篇所述之外,还有一些评估相关概念在表述和使用上存在较大的中外差异。譬如:国内重视评估结果,国外重视评估发现和结论;国内要求整改,国外重视建议;国内强调"四促"(以评促建、促改、促管、促发展),国外强调"四性"(有用性、可行性、适当性、准确性);国内称被评单位,国外称评估利害相关者;国内通过发通知布置评估任务,国外签订评估协议明确相关责任。国内对于各种评估项目的称谓也有一个与国外的制度化和专业性评估截然不同的特点,那就是要强调什么就在项目名称前临时加入什么,称为"某某评估"。

- 不同的活动具有不同的构想

中外一些在评估基本目的上有些对应关系的评估活动模式,不仅在称谓上有不同的表述,而且在具体的功能定位、价值趋向、角色定位和方法等的构想上也均有较大的不同,如表 1 所示。一般来看,国内的评估倾向于通过专家审查来落实管理要求,而国外的评估则更强调通过同行交流来提供专业支持。

- 不同的理论蕴含不同的思维

与国内相比,国外有许多比较成熟的评估理论、模式和方法,在理论概括及概念描述上有许多创新成果。这些成果包括:泰勒的目标模式(Goals-Oriented/Objectives-Based, Tyler, 1949);斯塔弗尔比姆的"背景—输入—过程—结果"评估模式(CIPP, Stufflebeam, 1971);斯科利文的目标游离式评估(Goal-free Evaluation, Scriven, 1972);帕勒特和哈密尔顿的启蒙模式

(Illuminative Evaluation, Parlett & Hamilton, 1972);斯塔克的应答评估模式(Responsive Evaluation, Stake, 1975);格林的利害相关者评估(Stakeholder Evaluation, Greene, 1988);古巴和林肯的第四代理论(The Fourth Generation, Guba & Lincoln, 1989);卡辛斯和伊尔的参与式评估(Participatory Evaluation, Cousins & Earl, 1995);费特曼的赋权增能评估(Empowerment Evaluation, Fetterman et al., 1996);帕顿的关注效用型评估(Utilization-focused Evaluation, Patton, 1997);豪斯的审议式民主评估理论(Deliberative Democratic Evaluation, House & Howe, 1999);莫登斯的解放性评估(Emancipatory Evaluation, Mertens, 1999);等等。此外,还有其他人提出的诸如全纳式(Inclusive)、整合式(Integrative)、协作型(Collaborative)、调查性(Investigatory)、变革型(Transformative)、交互式(Transactional)等评估理论、模式和方法。这些理论成果有不同的出发点、关注点和落脚点,各有侧重,但大多可相互补充。

表1　教育评估模式和方法的中外比较

相对应的评估		核心功能与价值		角色定位与方法	
国内	国外	国内	国外	国内	国外
审核性评估	评审	以评促建	绩效问责	专家审核	独立评审
分类评估	校本评估	分层分类	质量保障	分类指导	以校为本
特色评估	赋权增能评估	强化优势	质量改进	提炼特长	共同建构
水平评估	评价	促进卓越	知识增进	专家审查	同行交流
抽检/随机评估	监测	改进工作	决策咨询	突击检查	调查研究
合格评估	院校认证	通过检查	获得认可	检查验证	专业认证
专项评估	项目评估	落实管理	顾客服务	领导检查	专业复核
区域教育评估	学校系统评估	落实责任	提升价值	标准对照	建立指标

总体而言,这些理论概念和实践模式的产生代表了人们不断改变对评估的认识的一种思维演进过程。现代教育评估理论的聚焦点从教育测量、事实描述和价值判断逐步转向心理建构,评估角色定位从支持决策逐步转变为关注客户服务、利害相关者的自主控制和同行之间的交流。这样的思想变迁同时也伴随着评估实践自上而下地不断非集中化、由外及内地扩大

自主控制、从单到多地鼓励多元参与的变革。在这样的过程中,客观主义和主观主义(Objectivism/ Subjectivism)、实证主义和建构主义(Positivism / Constructivism)、功利主义和多元-直觉主义(Utilitarianism/Pluralist-intuitionism)、科学主义和人文主义(Scientism/Humanistic)哲学之间的分野及量化方法和质性分析之间的鸿沟正逐步被跨越,代替二元对立的综合性模式和摆脱非此即彼的参与式方法逐渐占据上风。契合发展过程的主体参与越来越受到利害相关者的欢迎,关注主体参与、发展过程的综合系统方法和重视民主对话、组织性学习、以学生为中心的教学等价值趋向的评估越来越受到青睐。

建立、实施和使用评估项目者的意图实际上总是体现着一定的目的、政策和优先领域。评估项目设计者也总是有其具体的示意性的想法。而作为最主要的利害相关者的参评主体,其所持的不同动机和期望及面对的压力和焦虑,更普遍存在。评估方案、程序、标准、工具等安排,应充分考虑各方利害相关者的想法和顾虑,因为它对于评估效果的好坏起到了至关重要的作用。评估项目设计上的问题很容易造成实际评估过程中的定位偏差、角色错位、价值扭曲和方法失效。国内外在评估者的意图、各方的参与方式、价值趋向和方法使用上都存在显著差异,一方面在上文述及的概念及构念差别中有直接体现,另一方面也反映出评估理念方面存在的较大差距。

- 评估角色定位上的差距

国内的教育评估在角色定位和主体参与方面与国外有较大的不同。譬如,从评估模式和方法看,国内参评主体的参与程度便明显不如国外的评估。同时,从利害相关者对于院校评估的不同期待看,国内的评估在管理者的理念和利害相关者的参与方面也有明显的差距,如表2所示。与国外属于提供独立专业服务的社会性活动的定位相比较,国内的评估属于带着较大的自上而下的外部压力的行政性活动的居多,政府主导、学校被动参与是主要特征,政府统筹、官员引领、标准统一、强力介入的情况比较普遍,服务定位、民主参与、专业支持、相互交流等目的则被忽视了,被评者的积极性、主动性没有被很好地调动,作为教学主体的教师和处于教育中心地位的学生都没能有效参与进来。

表2 不同利害相关者对于院校评估的不同期望的中外比较

利害相关者	主要想从评估中得到什么		一般会如何使用评估结果	
	国内	国外	国内	国外
学校	外部认可	自我证明	招生宣传	避免干扰
校长	领导认可	提升自我	宣传自己	改进工作
教师	避免打击	增长知识	很少使用	专业发展
政府	加强管理	绩效问责	奖优罚劣	保护消费
投资人	顺利通过	咨询决策	很少使用	调整计划
社会公众、媒体	较少关注	掌握信息	很少使用	传播信息
督导、评估机构	领导认可	顾客满意	进行整改	公开信息
家长、学生	较少关注	民主参与	很少使用	关注机会
其他学校同行	掌握动态	同行交流	开展竞争	自我改进

- 评估价值趋向上的差距

国内外的教育评估在价值趋向上的不同主要体现在:立足改进还是立足保障;做变革的使者还是做质量的守护者;关注结果还是关注过程;重视落实管理要求还是重视组织性学习;相信外部推动还是依靠自主发展;重科学方法还是重个人经验;侧重于事实判断还是倾向于相互交流、共同建构。

国外的评估比较关注利害相关者的视角和主体参与度,比较重视评估过程的赋权增能的作用和对被评者的影响,比较看重评估的有用性和对评估结论的使用情况。相比之下,国内的评估一般都过于看重结果和管理要求、促进功能和事实判断,忽视基础性保障、发展过程、知识增进和价值提升。所有这些评估价值趋向上的差距都可以从上文所述国内外的评估理论、模式和方法的比较中清楚地看到。

- 评估方法技术上的差距

相比于国外的评估,国内的评估在方法与技术上不擅长于综合系统方法的使用、量化方法与质性分析的结合、外评与自评措施的整合、形成性评估与终结性评估的兼容及各类评估活动之间合力的发挥,同时也比较忽视利害相关者之间的合作和同行之间的交流。

确定一项评估为好的评估并不容易,合适的评估和正确的评估之间、理想的评估和现实的评估之间、受欢迎的评估和有效的评估之间都存在角色、价值和方法论上的鸿沟。通过教育评估理论与实践的概念、构念和理念层面的中外比较，我们可以看出，在角色定位上国外更强调利害相关者的主体参与，在价值趋向上更重视项目发展过程中的同行交流，在技术方法上更看重综合系统的方法。我们要建立适合自己的有效而受欢迎的评估，应当充分借鉴国外已经被证明的好的理论、模式和方法，首先就是要借鉴那些成熟的概念、构念和理念。

（《高教发展与评估》2011 年第 2 期）

“管办评分离”改革背景下的教育质量保障

——也谈评估机构的三大特性:独立性、专业性、权威性

【摘　要】 根据教育部近期关于推进“管办评分离”的文件(教政法〔2015〕5号)要求,针对评估机构要制定资质认证标准,保证评价质量。这就把教育评估机构的资质问题正式提上了议事日程。作为一项改革,“管办评分离”的根本目的是通过管、办、评之间关系的调整来更好地保障教育质量,而改革的核心任务是提高评估的独立性、专业性和权威性。独立性是提高评估机构专业性和权威性的基本前提,专业性是确立其独立专门服务机构的地位、建立其在此领域的权威性的关键要素,权威性是实现这一独立专业部门可持续发展的根本保证。当前,需要大力加强评估机构的专业化建设,同时通过增强评估的独立性进一步完善外部质量保障体系,并在服务院校内部质量保障的过程中不断强化评估的权威性。

【关键词】 管办评分离;教育质量保障;评估;独立性;专业性;权威性

我国的教育评估工作经过30多年的不断试错,已经从改革开放初的黑暗中摸索,发展到了目前的整体性的顶层设计阶段。然而,我们对评估的本质属性及其规律性的理解至今仍然存在诸多欠缺,评估实践中的不知所措和理论研究中的迷惑不解同时并存,一直以来困扰着每一步的评估改革工作。评估工作到底是行政管理的抓手,还是专业服务的助手?评估是为了问责绩效、控制质量、强化服从、促使改进,还是为了增进交流、触发学习、赋权增能、服务发展?评估者、评估对象、评估委托者、评估结果使用者等各方利害相关者应该各自发挥什么作用?评估要负责测量、描述,还是要负责甄别、判断或建构?“管办评分离”的改革正是要在顶层设计层面回答好这样的一些关系问题,以切实保障教育质量。

在“管办评分离”的改革设计中,评估这一角色在教育质量保障的重要

性从来就没有像今天这样清晰过。一直以来,它基本上只是充当行政部门的一种管理工具,最多也只是标榜专业介入的一种象征性点缀,整体而言教育评估远没有成为一种独立的、专业的、权威性的工作。这种独立性、专业性和权威性的缺乏是互为因果的,正是因为缺乏独立性,其专业性和权威性一直无法得到很好的培育和发展,同时也正是由于其专业性和权威性很少得以彰显,其独立性地位的确立一直被延缓甚至忽略。我们无法完全厘清独立性、专业性和权威性的关系,无法搞清楚三者之间到底谁是病症、谁是病因、谁是病根或者哪个病根多一点,但我们知道,只有提高评估的专业性,增强其独立性和权威性,才能切实保障教育质量。在这三者之间,独立性是提高评估机构的专业性和权威性的基本前提,专业性是确立其独立专门服务机构的地位、建立其在此领域的权威性的关键要素,权威性是实现这一独立专业部门可持续发展的根本保证。

一、“管办评分离”的现状:评估缺乏专业性的主要表征

专业性缺乏不仅是评估缺乏独立性的果,也是其因,专业性方面的不足已经成为人们讨论是否或在多大程度上给予评估独立地位的理由或者说借口。不可否认,教育评估的专业化程度确实还处于很低的水平,主要表现包括:评估专业词汇的使用存在严重混乱的现象,许多理论、模式和方法还没有相对应的中文名称;评估工作的原则和理念与境外基本不接轨;评估程序和运作方法与境外存在较大差异和极大差距,个别项目中尝试的境外普遍使用的预访程序与我们的现实环境显得格格不入;评估所依据的相关质量标准和资质框架长期空缺;评估本身的专业标准与规范远不成熟;评估工作的适切性、目标的有限性和建议的具体性没有得到足够的重视;评估的有用性及其服务产品的使用效益尚难以顾及;院校的主体地位无法真正落实;学生在评估中的中心地位和学生参与外部评估组工作在这里仍然无法想象;国际专家的参与在大部分评估活动中极为罕见;我们难以理解对于学习的评价、为了学习的评价和作为学习的评价到底有什么不同;我们不能准确区分认证、评审和评价等之间的差异;我们基本上还不知道痕迹追踪、基准比对、证据层次理论、基于风险的复核为何物;评估尚未在公众中建立起信心和信任;评估专业机构仍然缺乏专业规范、专业标准和评估专业人员,支撑独立的、权威的教育评估的公认的四大元评估标准(见图1)并未在绝大多数评估项目的评估中得到真正使用。

教育评估专业化水平不高的一个最突出的表现是,我们对于境外一些

相对比较成熟的理论、模式和方法的借鉴存在误解、扭曲和误导。这里面既有“我行我素”，也有“盲人摸象”，还有“非此即彼”和“指鹿为马”。评估是为了改进而不是为了证明，这么说没错，但必须知道这只是指其最终目的，并未否定其本质上就是一种证明对错、优劣与价值的方法和过程，特别是对于我们这样的证明工作还远未做好的评估者来说更是如此。评估需要更多的公开性，但并不是一切都要公开，在许多情况下具备“一定独门绝技的暗箱操作”仍然是这个特殊行当的必要手段，目前倒是这种专业性和技术含量缺乏这一尴尬事实本身才是最见不得光的。评估对象越来越成为评估服务产品的主要消费者，但评估委托者等同样是评估服务对象，咨询决策这一最原始功能仍将是评估的基本功能；形成性、协作性、民主性、参与性无疑将是未来评估的方向，一手操控已不可接受，赋权增能成了我们最高的理想，但是未来的常态肯定不是你我不分的状态，因为考虑到成本和信用，我们仍将保持与评估对象之间的一臂远的距离。发展性评估当然与发展有关，但如果将之理解成外部推动发展甚至促进增值的过程，那就与其本意大相径庭了，它毕竟只是一种强调内外共同设计、共同参与评估的注重使用效益和学习效果的评估理念。后现代的评估理念确实具有很大的吸引力，同行间的建构确实具有很大的诱惑力，但是客观理性仍然是我们的“武器库里的唯一核武器”。以评可以促建，但这只是对于评估的一种目标意图和功能定位的描述，只有把评估作为一种专业手段，给评估对象以专业帮助和支持，以评助建，才是作为一种路径、一种方法、一种原则的，涉及专业评估本质属性的普遍性要求。院校质量评审关注内部质量保障，但并不是外部的基准、外部的要求不再重要了，恰恰相反，正是这些外部的基准和要求才是用来确定内部质量保障处于何种阶段的基本依据。所谓合格评估确实有点像某种认证，但是作为我们的评估工具箱里为数不多的专业工具之一，院校及专业层面的认证有着更为饱满的含义及其固有的方式。

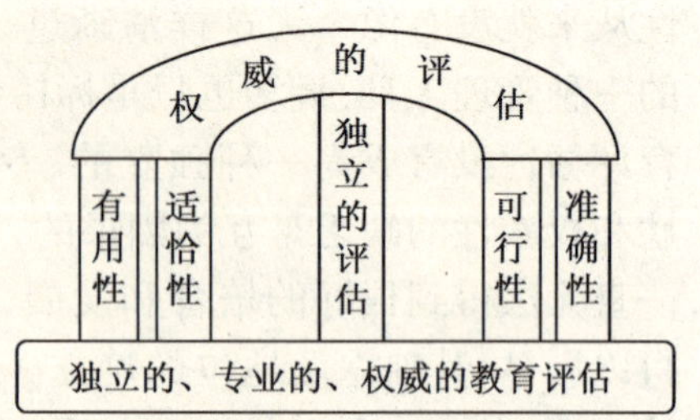

图 1　支撑独立的、权威的教育评估的专业标准

总体而言，我们的教育评估理念、模式和方法还不够先进，各方利害相关人的多元角色参与度还不够，业内所普遍接受的价值还没有被很好地吸收过来，评估的有用性、适恰性、可行性和准确性还没有得到有效落实。评估涉业人员的专业素质不够，评估专家的专业培训也极少，评估的附加值和技术含量仍然很低，评估工作咨询政府决策和服务学校发展的能力都不强。评估工作的院校支持度、同行认可度、领导满意度和社会美誉度均不高。忽视评估工作的专业地位和滥用评估手段处理教育管理问题的现象并存，使评估远没有在教育质量保障中发挥应有作用。正可谓事情还没做，名声却坏了，给人以一种壮志未酬身先残的感觉。

二、完善外部质量保障体系：评估增强独立性的基本架构

我国的教育评估要想提高专业性、建立起权威性，需要一种重要的制度支撑，那就是增强评估的独立性。就像留在家里的孩子总是长不大一样，教育评估部门也只有具备相对的独立性才能自立门户，创出一片自己的天地。评估机构的独立性主要是在与作为管理方的政府和作为办学者的院校之间形成的铁三角关系中确立的（见图2）。

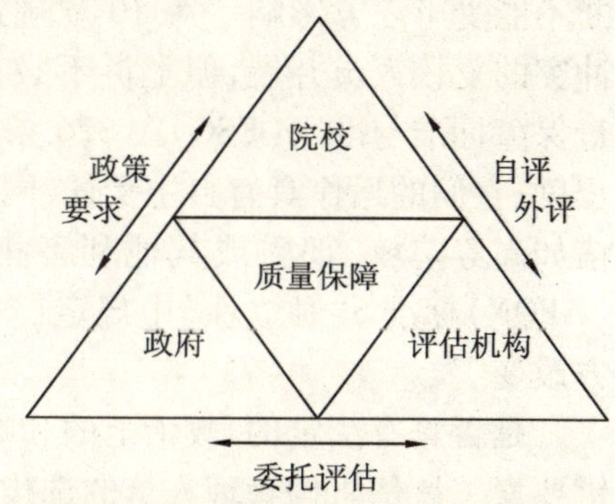

图2　教育质量保障中的铁三角关系

“管办评分离”主要指增强管、办、评之间的独立性，尽管其中包含管与评、管与办及办与管、办与评之间的独立性，但其核心却是评对于管的独立性和评对于办的独立性。至于评估专家组及其成员相对于评估机构的独立性及院校内部评估的独立性则不在“管办评分离”改革的讨论范围之内。独立性既是评估机构保持其专业性应当具有的一种特性，也是其得以超然地开展工作和逐步建立起其权威性所必须具备的一种条件。保持独立性既是评估机构法定的一种地位和权利，也是其被赋予的一种责任和义务。对于评估者来说，它还是意味着真实、专业、责任和公开等的一种价值追求。

独立性问题涉及组织机构、运作过程、财务安排、评估决定、结果使用、信息公开等方面的一些角色关系。独立性一方面要求评估在特定范围内免于外部的非法干预，另一方面也要求具体界定评估在这些方面到底具有怎样的自由。凯罗琳·坎姆泊贝尔（Carolyn Campbell，2012）认为，独立性是指免于外部控制，不从属于别人的权威、生计及补贴，不依靠别人，能够自己思

考和行动,不与别人相互联结。[1] 约瑟泊 · 菲勒(Josep A. Ferré,2011)认为,独立性或许是指不与别人联结,相互分离,免于外部控制,不从属于别人的权威,能够自己行动或思考,不依靠他人确定观点或依靠他人在行为上的指引,自治,自主,平等,客观,公正,无成见,不偏心。[2] 克里斯汀 · 修恩(Christian Thune,2009)认为,独立性主要是评估机构、政府和高等院校这个三角之间的关系问题。

国际高等教育质量保障机构网络(INQAAHE)的普遍指导原则第 9 款规定:"外部质量保障机构必须独立,也就是它对其运作具有自主责任,且其判断不能受第三方影响。"第 10 款规定:"上诉应由不负责原本决定和无利益冲突的复核人员开展,但上诉不必在外部质量保障机构以外开展。"欧洲质量保障标准与准则(ESG)第 3.6 条标准规定:"机构应该独立到这样的一个程度:它们的运作具有自主责任,同时其报告中所做的结论与建议不能受到诸如高等院校、部委或其他利害相关人等第三方的影响。"亚太质量网络(APQN)标准 5"独立性"中规定:"机构的报告中的判断和建议不能被第三方改变。"

是否具有法定的、政治上的和财务的独立性,是决定能否真正独立的关键要素。评估机构管理人员的选拔和任命权、政府拨款方式、购买评估服务的市场状况及有效地承担评估所必需的资源等也都可能在不同程度上影响评估的独立性。在实践中,评估机构不仅会受到来自政府等相关方面的压力,也会受到来自院校的压力。但是,独立性是做出透明、客观、公正判断的前提条件。因此,在评估机构对于院校的独立性方面,需要处理好如何管理同院校合作以增强质量保障措施的适切性与避免院校干预质量保障过程运作之间的紧张关系。评估机构还需要在回应社会各方要求的同时,保证评估程序是规范的、评估决定是不受干扰的。

罗 · 爱特里尔(Raúl Atria,2011)认为,公共政策关注效率、合理性、入学机会、适切性和产出;院校关注自主权、扩张、内聚力、市场份额和资金来源;市场关注排名、声誉竞赛与竞争和世界级的地位;学界关注学术自由、灵活的网络和研究驱动的科学质量。评估需要联结这些不同的出发点并整合成一致的观点,既要满足公共问责的需要,也要支持自主院校的内部质量文

① Carolyn Campbell. Changing perceptions of independence from the perspective of both EQA and institutions. INQAAHE Members' Forum,18 April,2012.

② Josep A. Ferré. Independence of Quality Assurance vis a vis different stakeholders. INQAAHE 2011 Conference, April 2011.

化，还要提高市场的透明度，并得到学术圈及研究人员的信任。当然，在现实中，并不是所有利害相关人的期待与要求都可以被平等地满足，就如丹墨(Dirk Van Damme)所言，评估的天平往往是从院校的自主性、学界的参与度向公共政策、市场力量倾斜的。外部质量保障应当建立在一个更为平衡与和谐的制度安排之上。政府应该释放部分的监管责任，减少行政性干预；院校应该更好地肩负起质量主体的责任，强化内部质量保障机制；学界应该改变自我中心和内向思维，扩大主动参与；市场则要提高透明度和系统层面的信任度，反对市场化和商品化。

外部质量保障的目的可以侧重于问责和控制，也可以侧重于服从和改进。问责和控制的核心是控制，服从和改进的核心是保障，当然外部强求而非学校自主参与的改进则又退变成了控制。至于究竟是应该控制多一点还是保障多一点，则要看院校内部质量保障体系本身的成熟度水平，水平越高，需要的控制就越少。这就是所谓的"与问责相伴的自主"(autonomy with accountability)。根据新公共管理理论，外部质量保障的引入是部分回应院校自主权与公共问责两种诉求的一种交换。以外部质量保障与内部质量保障的形式替代了传统的控制式和命令式的管理方式，而外部质量保障的目的是服务内部质量保障，外部质量保障的强度按照内部质量保障的状况做出相应的调整。同时，外部质量保障也涉及从准入程序、院校自评、外部评估复核到风险管理的整个过程，准入程序、院校自评环节越是薄弱，风险就越大，外部评估复核的强度就越大。在外部质量保障中，可接受的质量水平可以通过认证手段来保障，而更高的质量水平则需要更多其他的评估复核措施。外部质量保障主要关注可外显的那部分质量，而日常改进过程中许多难以外显的质量工作则更多地依靠院校内部质量保障去承担。

要在没有惩戒行动担忧的情况下推广绩效问责的理念是需要付出特别努力的，因为院校倾向于把所有外部质量保障措施都看作是问责手段，尽管有些外部质量保障措施的设计本意是支持院校内部改进。传统的外部质量保障活动往往也确实是聚焦于问责和认证的比较多，而现在如果要真正做到支持内部改进，那就需要在提供相关的咨询和培训、传播最佳实践案例和协助院校完成相关出版任务等方面给予更多专业的支持。留在原地不能算是改进，有时即便是留在原地也需要不断地奔跑(因为别人也在奔跑)，而实施改进往往需要飞奔和跨越。改进不只是做到院校计划要做的或者外部要求你做的，也不只是物有所值或者不令其变得更坏，而是要做得更多、更好、更快，还要更便宜，做到物超所值、超越计划、超越期待。

当然，不能把外部的驱动目的与院校的质量强化动机和内部改进机理混为一谈，也不能把评估委托者的评估目的与评估者的目标及工作原则混为一谈。院校能跑多快、能走多远最终主要是靠自身的积极性和主动性。作为一种带着与生俱来的压力和敏感性的社会活动，评估往往容易被人们看成是面目狰狞的洪水猛兽，尽管如果使用得当它本也可以是和风细雨和阳光雨露。所以，我们在通过评估服务院校内部质量保障的过程中需要对其因过多不必要的压力而带来的风险始终保持警惕。一项好的外部评估能够在一种比较宽松的诚实反思和学习交流的氛围下，帮助院校显示优势与不足，为改进提供指引；引起相关方面的重视，争取必要的资源；增强内部的团队精神、认同感和凝聚力；使利害相关人更好地理解内部质量保障的重要性并更加关注质量保障，促进质量保障活动的开展；通过收集和推广最佳实践，整体提高学校教育质量；同时进一步完善教育管理信息系统。

在构建一个更加具有透明性、问责性、参与性和平等性的社会的过程中，教育的外部质量保障也将更多地强调多元的、平等的民主参与。作为质量主体，院校是质量保障的最主要的利害相关者，他们的参与是至关重要的。外部质量保障措施无论怎么说都是某种来自外部的介入和干预，尽管外部质量保障机构总一厢情愿地将其评估说成是一种改进措施，但是院校则倾向于将之看作是外部的一种问责手段，起码他们有这方面的顾忌或担忧。尽管我们也一再听到院校的领导在公开场合甚至私下场合谈及自我评估不是为了应对外部评估，也不排除不少领导声称的“我要评”是真诚的，但是从实际的自评过程重满足短期达标要求、轻寻求长期专业支持来看，他们对外部评估的目的还是有一定的疑虑的。因此，外部质量保障应有一个淡化问责的宽松的制度安排，少用简单的排名，不要动辄与拨款及奖罚挂钩，信息公开遵循规则并征得院校的认可，这样才能使外部评估真正成为一种赋权增能、咨询决策和服务发展的能力建设和学习提高的过程。

作为外部质量保障核心措施，评估活动属于社会专业服务活动，它给服务对象提供具有附加值的公共服务，是一种为其增加某种资产、带来某种利益、可在某种市场按社会规约进行交易的服务产品。但是，不宜将教育评估机构简单地看作是一种评估研究机构或者是社会中介机构，更不能将之当作一种民间评估社团机构甚至是一般私营企业（非专司教育质量保障及评估业务的政策研究机构、院校协会、行业组织和其他评估服务提供者另当别论）。美国和菲律宾的院校协会不是我们理解的评估社团组织，丹麦评估学会实际上也是政府成立的负责整个教育系统评估的独立机构，英国的质量保障署也不是我们所理解的中介机构或者一般意义上的公司，澳大利亚的第三级教育质量标准局（由 AUQA 转型而成的 TEQSA）更是一种超级的监管部门，其他国家的教育质量保障机构也大多是独立的、专业的权威部门而不是我们一直以来理解的那种社会中介。① 芬兰的高教评估理事会（FINHEEC）、挪威的教育质量保障署（NOKUT）、新西兰的大学学术评审署（AQA）、泰国的国家教育标准与质量评估办公室（ONESQA）、印度的国家评价与认证理事会（NAAC）、马来西亚的国家认证委员会（LAN）、埃及的质量保障与认证计划署（QAAPA）等均是如此。其中 NOKUT 虽属依法成立的独立公共机构，但除了独立开展评估活动外，还承担教育部对突出的高教质量工作的年度评奖。瑞典国家高教机构（HSV）本身就是被授权负责高教评估等的政府机构。有些国家（如冰岛）还在教科文部内部确立专门单位负责院校等评估。即便是一些行业性比较强的专业认证机构也不宜被称作社会中介。

目前国内不少地方将评估机构理解为“institute”是不恰当的，因为它们不是学会，主要业务也不是研究；同时将“agency”理解成中介也是不合适的，因为英文中的“agency”具有“受特别的委派从事专门工作”的意涵，所以许多国家的质量保障署均被称为“agency”。

香港地区与教育质量保障相关的机构有质素保障局（QAC，为大学教育资助委员会下辖的一个半独立的质量保障机构）、香港学术及职业资历评审局（HKCAAVQ）、香港品质保证局（HKQAA），其中的品质保证局也使用了“agency”一词。尽管“agency”确有受委托为他人办理某种业务之意涵，但在教育质量保障机构中，它更多的是指“行使权力或达到目的所通过的人或物”“政府的一个部门或行政单位”等。②

教育评估机构作为独立的、专业的权威部门，它有一套专业的标准，遵循规范的程序，对其服务对象理解但不迁就、适应但不随意、帮助但少干涉、坚定但少强制，这样才能真正完成好政府及其他利害相关者委托的特定评估任务。评估机构的这一身份应该通过立法和正式的制度化安排予以保证。目前国内主要的教育评估机构均是政府教育主管部门下属的事业单位，其中个别机构为参公管理，今后应参照国外的普遍做法并结合自己的国情，努力建成能够承担起外部质量保障的专门责任、具有准政府（quasi-governmental）和准管理（quasi-regulatory）职能的更为独立的专业权威部门，

① 李慧仙：《“教育评估中介机构”概念质疑》，《现代大学教育》，2003 年第 4 期。

② 王同亿主编译：《英汉辞海》，国防工业出版社，1987 年，第 95 页。

按照介于专业技术类和行政执法类之间的适当公务员职位类别进行监管。

当然,在顶层设计中积极借鉴和吸收境外相关经验的精髓与始终坚持适应国情的同时,也要坚持与时俱进。其实在境外也有不少人是不满意他们的外部质量保障体系的,甚至是非常失望的,不少地方也在不断地进行修正和改革。如澳大利亚已经采取激进的立法步骤将原来的大学质量保障机构转变成了具有监管职能的机构;美国也有人批评认证机构的失败,目前正在反思认证制度的缺失并探讨其他的可能性;英国则有人抱怨 QAA 不按照标准进行测量,目前已经改变了原有院校质素评审模式而进一步强调国家标准和风险评价。芬兰、挪威和印度等国的质量保障体系也在不断进行改革。总体而言,学校内置的质量机制与外部质量保障措施还没有平衡协调地发挥作用,院校认为目前的外部质量保障活动还是"太贵、太耗时、太具有侵入性",而政府和社会也还有不尽满意之处。所以,外部质量保障机构及保障体系的建设不可能一蹴而就。在讨论外部质量保障架构的顶层设计时,无论是对于独立性的定义还是自主权的划界,均要少一点把评估当权利的领地内排他思维,多一份把评估当专业服务的共同责任合作分担情怀。有一个底线是要始终坚守的,那就是在有效落实外部问责要求的同时,院校的自主管理、自我保障能力不仅不能被削弱,而且应有更好的保证。

三、服务院校内部质量保障:评估增强权威性的本质要求

评估工作的权威性不只是由其独立法定地位所规定的,更是在其通过专业性的提高和其服务过程及产品质量的提高而形成的专业地位所决定的。有为才能有位,评估对于其服务对象有多少附加值,才会有多高的专业权威性。评估作为外部质量保障的核心环节,其专业方面的作用大小从根本上来说是要看其在帮助其服务对象过程中所带来的改变的多少。作为承担外部质量保障主体责任的教育评估机构,其基本职能除了履行对政府及社会的责任外,主要就是支持院校的内部质量保障及质量持续改进。外部评估如果使用得当(如避免掉官僚体系对学术环境的侵蚀),可以对强化内部质量保障起到很大的促进作用,不仅在帮助院校建立质量环路及质量体系结构等方面极大地降低交易成本和试错风险,而且在相关的专业咨询、培训、合作出版和传播最佳实践等方面协助院校提高整体教育质量。① 尽管外部评估也总会带来诸如增

① David Woodhouse. Achievement and Progress: Individual & Collective. INQAAHE 2011 Conference, April 2011.

强质量意识、改善办学条件、促进教学管理等总体性影响，但外部质量保障的根本目的或者说主业是支撑院校内部质量保障及其持续质量改进。通过外部评估强化内部质量保障不应被看作是外部质量保障的一个副产品，而是其核心任务和最基本的目标要求，因此评估的专业地位及其权威性归根结底主要是看其服务院校内部质量保障和质量持续改进的能力与水平。作为外部质量保障措施，评估活动应该以一种很高的专业眼光与水准去核查教育机构的质量保障政策与策略、战略及运作层面的管理，以确定院校职责范围内的质量活动是否有效及内部质量保障机制已发展到何种阶段。

外部评估可以为院校完善内部质量保障做很多工作，通过建立在公开对话和相互信任基础之上的专业支持，能够帮助院校达到持续质量改进的目的。外部评估除了确认院校的雄心水平(level of ambition)及质量工作的信心水平(level of confidence)、发展阶段(stage of development)或成熟程度(degree of maturity)外，还可以为院校带来同行的不同视角及其自身的最佳实践案例，可以带来业内的专业基准和可供参照的一流标准。院校质量就是在内外的共同努力下不断提升的一个连续体。在院校质量持续改进的这样一个连续体中，外部评估除了可以通过独立的观察和评审发现院校值得赞扬的方面、可向同行推介的做法和堪称业内最佳的实践外，还能针对院校不足的方面提出改进建议，更能够面向院校质量改进实践中面广量大的、正在进行中的努力(包括动议、首创精神、创新实践及针对问题提出的解决方案)做出正面的肯定和相关的断言，特别是要针对院校自身已经发现的问题与不足之改进思路和相关路径表达同行的认可、赞同和代表来自特定专业领域的某种首肯。这些都是外部评估可以为院校持续质量改进的连续体追加的价值(见图3)。

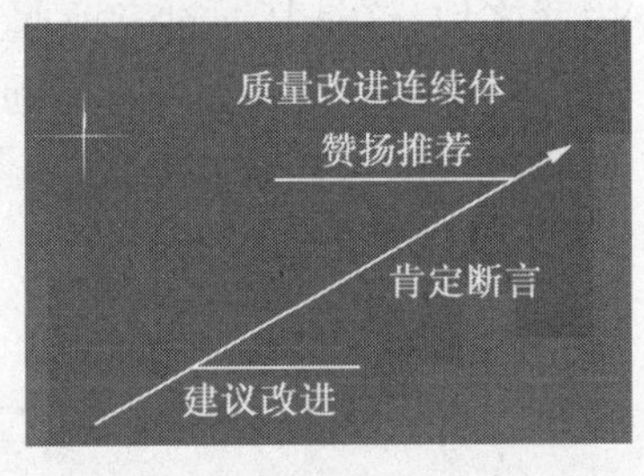

图3　院校持续质量改进的连续体

质量是外部质量保障机构和院校的共同责任，但首先是院校的主体责任。所以，外部评估的权威性必须建立在尊重院校的独立性及自主权的基础上。外部评估必须充分尊重院校的质量主体责任和主体地位，必须与院校的质量改进努力相契合，绝不能将之变成一种对院校自主权的侵入和非法干预，绝不能忽视院校本身的努力从而破坏其创新力。从本质上来说，质量及其保障均是专业性质的活动而非管理性质的活动，试图通过管理手段进行控制而离开了专业的介入和投入并不能达到维持和强化质量的目的。新西兰大学学术评审单位(NZUAAU)规定的院校质量体系遵循的原则包括:学术(含学业)质量在其责任尽可能地靠近研究、教学和社区服务的学业/学术过程时得到最好的保障;质量保障是一个连续的、主动的和应答性的过程;质量体系在其带来有质量的教学和有质量的成果及成就时是有效的;高等教育的有效质量保障需要使用外部的学术和专业参照点。① 新西兰大学学术评审单位规定的评审原则中也强调与院校的合作伙伴关系,强调变革的过程由院校拥有,强调强化内部质量保障的外部努力要围绕院校已经建立的改进程序而不是从另一个背景中去强加一个别的程序。

外部质量保障的任何努力都应当建立在院校的现实基础之上。尽管外部评估要在一定程度上独立于院校的影响以维持其超然地位,但是评估机构建立其专业权威的主要途径却是旨在服务院校的业务交流和同行对话,除了评后出具正式的评估报告和评估期间的专家反馈与交流外,评估机构还可以通过多个环节来加强与院校的专业互动,如评前培训、预访程序、评估主题协商、进校专家名单协商、评估报告核对、评后研讨会、进展报告、改进回访等。由于一直以来院校章程和规划的缺失、院校入门审批的不足、政府事无巨细的外部管理的强势地位及现代学校制度的不完善等原因,目前我国院校的内部质量保障机制还极不完善,而随着院校质量主体责任和主体地位的回归,内部质量保障必将提到更加重要的议事日程上来,因此院校在这方面十分需要来自外部的专业支持。在这样的背景下,评估机构大有用武之地,这是其通过专业服务建立评估权威性的极佳机会。

对照 ISO9001 管理中的质量体系运行原理(见图 4),我国院校现有的内部质量保障机制还存在着诸多问题,包括:没有思路清晰的、可以引领学校

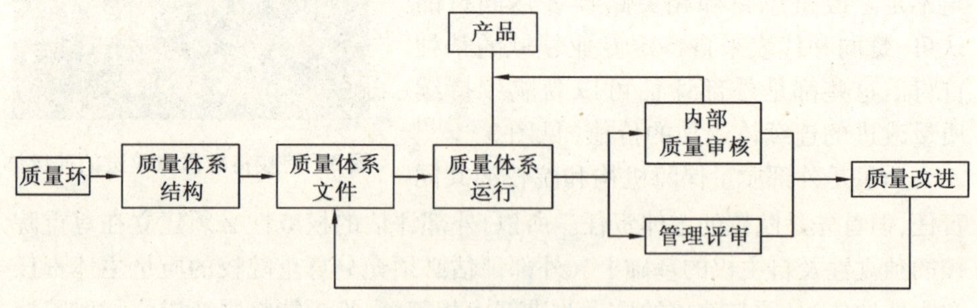

图 4 ISO9001 管理中的质量体系运行原理

① New Zealand Universities Academic Audit Unit. Academic audit manual for use in Cycle 4 academic audits,2007.

质量工作的质量环路；没有合理的、可实际执行的质量体系结构；没有完备的质量体系文件（包括标准和政策等）；质量体系的运行没有实效；相关质量评审及管理评审活动尚未很好地开展起来；持续质量改进机制尚未确立。就拿质量环路来说，绝大多数院校没有建立真正的环路，不仅没有理清相关的思路，而且不少用词并非质量管理的专业用词，而是中国式的传统管理用词。再拿质量体系结构来说，绝大多数院校建立的繁杂的质量体系尽管看起来已具备相应的系统结构，但是从质量原理和可行性上来看均有明显的缺陷，既未反映质量管理的一般规律，也无实际的可操作性，往往只是一张可以挂在墙上的漂亮图案。这些图案中显示的由不同线条和箭头表达的系统架构和结构关系是不合逻辑的，不少用词是不专业的或过于传统的。最大的缺陷是其形式的完美后面看到的是混乱的架构和不合理的关系，如果不看这些图案还可能大致知道质量如何管理的话，那么看了这些图案后便是大脑一片混乱或者空白。这样的环路和体系结构对于院校内部质量保障及持续质量改进是有害无益的。

相较于我国，西方国家在院校内部质量保障机制建设方面已先行一步了。欧洲大学协会（EUA）于 2010 年 2 月至 4 月对 36 个国家的 222 所高等教育机构进行的一项网上调查显示，90% 的高等教育机构有院校层级的质量保障战略性政策文件，其中 2/3 有单独的质量保障政策的高等教育机构陈述，1/4 在战略性规划中有质量陈述；95% 的高等教育机构建有校级信息系统；内部质量保障的组织结构则是多种多样的；过半数的高等教育机构有校级领导专门负责质量工作，成立校级质保单位，有校级层面的质量计划；在系级以上层面建立相关职责和配置质量保障人员的高等教育机构也占到一定的比例；57% 的高等教育机构是在 2000—2009 年建立质量保障体系的，27% 是在此前建立的。由此可见，1999 年提出欧洲开展质量保障合作和 2005 年建立欧洲质量保障标准准则是两个重要的时间节点。

应该看到西方国家的大多数高校均已建立了内部质量保障的程序，大多数院校人员也意识到并接受一套更强有力的质量保障制度的存在，大部分学生也认可质量保障体系的存在并在一定程度上参与到内部质量保障中去。多数院校采用 PDCA 质量环路，如阿姆斯特丹大学在学校、学部、学院/研究生院、专业和课程 5 个层面均采用了 PDCA 循环（见图 5、图 6）。也有一些高校建立了具有自己个性的质量环路，如我国的香港科技大学（见图 7）。

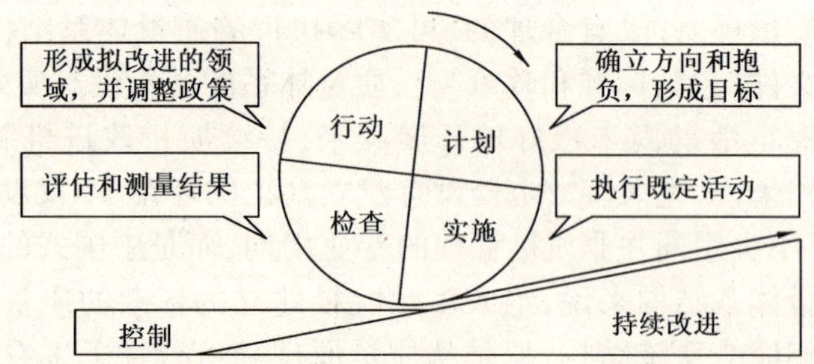

图5　阿姆斯特丹大学基于 PDCA 循环的质量持续改进路径①

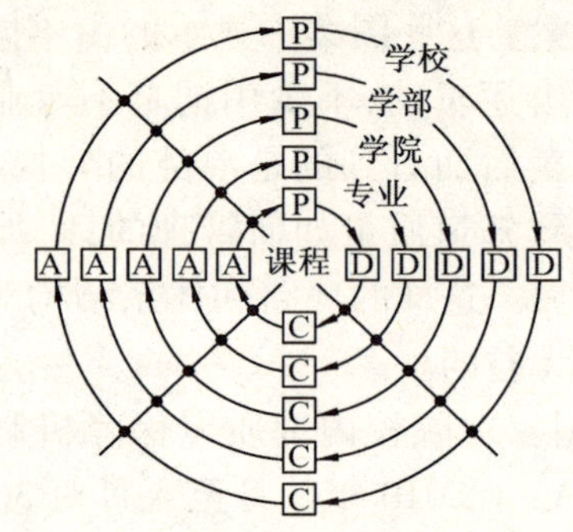

图6　阿姆斯特丹大学的各组织层级的 PDCA 循环②

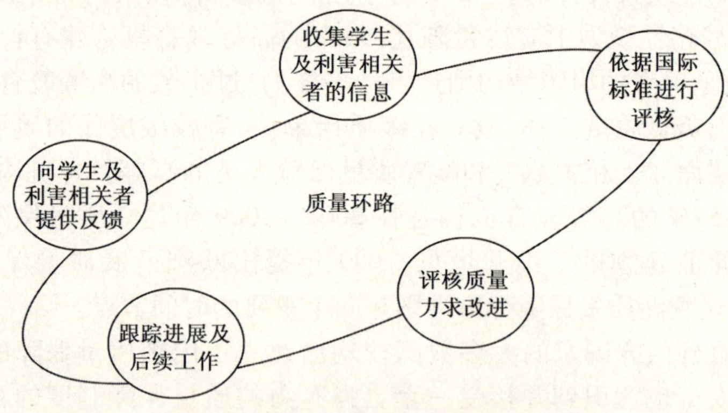

图7　香港科技大学的质量环路③

① University of Amsterdam. Quality Assurance Framework. http://www. uva. nl/en/ about-the-uva/uva-profile/mission-and-identity/policy-documents/quality-assurance-framework/quality-assurance-framework. html,2014－09－12.

② 同①。

③ 焦磊:《香港高等教育规模增长及质素保证探微》,《高教发展与评估》,2012 年第 2 期。

从现有的实践经验来看，内部质量保障需要回应外部问责的要求和外部专业的要求，同时考虑院校作为质量主体本身的背景、特征、现状、需要和可能。信息化、经济全球化、高教国际化和高教大众化对高校的质量方面的竞争力提出了要求。同时来自外部的变化和要求需要与院校内部的价值、标准和实践相适应。院校在质量保障中的主体责任应得到进一步落实。政府与社会应支持院校建立、培育和强化内部质量保障机制，同时院校也应通过内部的运作建立起外部可以理解的质量策略，使院校的自我分析和外部的同行验证成为可能。尽管质量改进的方法与策略千变万化，不同院校的质量保障的机制及基本政策却总是极其相似的。质量保障体系的完善程度均应包括组织结构的合理性、质量评审活动的活跃性、自我评价的持续性、信息系统的完备性、利害相关者参与的多元性和质量强化过程的有效性。完善的质量保障体系总是应该通盘考虑策略、质量的拥有权、持续改进、资源、评价和评审活动等。

外部质量保障措施不可避免地会在一定程度上对院校教职员工产生由外及内、自上而下的影响，因此避免表面化的服从，真正在院校的具体情境下鼓励改进并倡导质量文化建设就显得更为重要。要帮助教职员工更好地落实外部对于院校完善内部质量保障的要求。外部质量保障机构有义务帮助院校完善内部质量保障机制，但是院校内部质量改进则主要是院校自身的直接责任。外部过度的问责往往会制约院校内部的改进，有时外部越是过度关注内部改进，内部改进就越难以真正得以落实，反倒增加了表面化服从和消极应对的风险。过于强势的外部要求还会侵蚀院校原有的同行诚实反思的文化氛围。与外部质量保障措施和程序不同，内部质量保障更多地需要从质量文化层面切入质量工作，而质量文化往往同个体及集体的责任精神和质量精神有关，需要在一个相当长的过程中通过专门的质量保障活动和其他相关的活动逐步地培育出来。在理想的状态下，质量的追求应该成为自然的文化现象而非强制的工作要求，质量是每个人的共同责任，是责任而非承诺，是现实而非假设，是行动而非说教，是习惯而非事件。在高校现实环境中，要强化质量意识与自觉，对行为心理和组织变革所涉及的因果关系和知识行动间的关系进行调适，处理好学业质量与学术自由之间的关系及制度构建与具体运作之间的关系，必要时调整利害相关者之间的权利关系，使水平面以下的矛盾、紧张、冲突得以纾解。

所以，要处理好外部质量保障的普遍要求与院校实际的关系，保护院校的自主权和多样性，必须有一个非科层式的、开放兼容的、比较宽松的内部质量保障框架；同时，还要避免出现组织过于刻板、结构过于复杂、程序过于烦琐、系统过于庞杂的内部质量保障体系。根据“崔西定律”，任何工作的困难度都与其执行步骤的数目平方成正比，如果完成一件工作有 3 个执行步骤，则此工作的困难度是 9，而完成另一工作有 5 个执行步骤，则此工作的困难度是 25，所以必须简化工作流程。内部质量保障体系建设要防止陷入形式主义、官僚体系和烦琐哲学的泥坑。在这方面，西方高校有许多可供我们借鉴的经验，如昆士兰大学的质量管理与保障框架就是一个很好的范例（见图 8）。

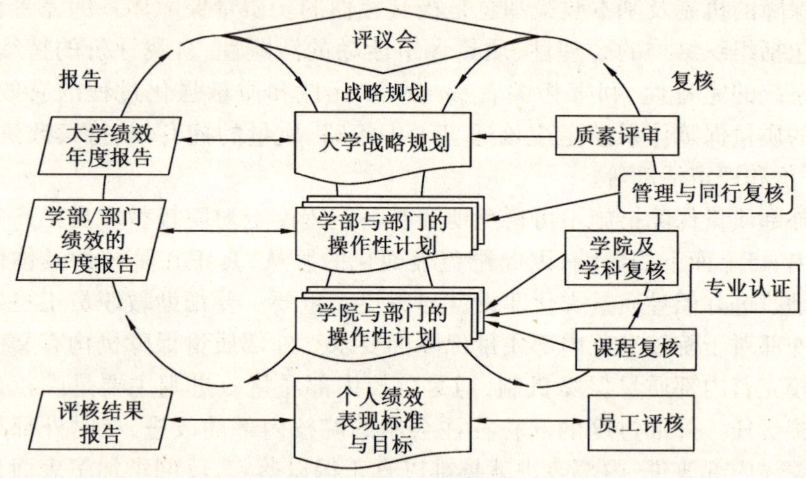

图 8　昆士兰大学的质量管理与保障框架①

内部质量保障体系的建构是以职责界定和活动设置为基础的。要鼓励国内院校成立专门的校级质量保障单位。内部质量保障单位应负责使用各种反馈来改进教与学的过程，有效实施各项政策与程序以落实大学的四大功能（主要是教学与研究功能，目前在我国主要是教学功能），开展各种自我评价，确保系科制订课程及专业明细并报告执行情况，监测学生就业情况，在教职员工中传播质量文化，提供各种必要的培训，安排外部力量参与内部评估。质量保障的具体实践可包括：编制质量手册，安排课程协调人，制订课程及专业明细，制作课程档案，检查备课计划和工作日志，提供相关资讯，进行学生评教、学生评课，公布考试成绩，为困难学生提供学业支持，开展专

① University of Queensland. Quality management and assurance. https://www.library.uq.edu.au/about-us/quality-management-and-assurance, 2015-10-05.

业与课程的外部评估,评价校内行政部门,发挥好校内现有各种委员会的作用,成立课程发展委员会,召开教职员工和系科会议,建立个人绩效评价标准及目标,实施教师专业发展等各种改进计划,实施自我评价,处理学生抱怨,吸纳利害相关者的看法。院校的自我评价应涵盖学术标准、学习资源与课程设置、教员录用、教学实施、学生学习及生涯指导、治理与行政支持、研究、社区服务和质量管理等。

目前,内部质量保障活动还面临很多现实的制约,如人力资源的不足,利害相关者中漠视的态度,对其重要性及功能认识的不足,现有质量体系结构中交叉的角色分工和经费、时间、资料收集等方面的困难。但正是在这些方面,独立的、专业的、权威的教育评估可以更好地发挥其特有的作用。

当然,只有基于文化层面的质量保障才是最可靠的保障。金·卡梅隆(Kim Cameron,1999)和韦斯利·塞恩(Wesley Sine,1999)在组织性质量文化研究中提出由低到高的四种质量文化:不重质量的文化、差错检测文化、差错预防文化、创造性质量文化,也可以称为质量管理的四个时代。① 第一个时代以按照过去的惯例来管理质量为特征,质量没有作为一种优先领域,没有被系统地测量,也没有与组织战略相连接,组织不重视顾客的反馈,在大部分情况下质量作为一个主题往往是与培训、研发或订单输入不加区分的。第二个时代以督导和质量控制为特征,主要关注避免错误,减少浪费、返工和修补,检测问题,迅速、准确、有效地回应顾客的抱怨,事后评价满意度,聚焦顾客的需求和要求。第三个时代以质量保障与战略管理为特征,主要关注差错和错误预防,以期实现零瑕疵,要求每个人负起责任,聚焦过程和问题根源,满足并超越顾客期待,事先消除问题,让顾客参与产品设计,重视顾客的偏好及希望看到的产品特征,强调初次就把事情做对。第四个时代则以内化顾客偏好和预测顾客需要为特征,主要关注持续改进和提升标准,注重一贯做对事情,强调突破,聚焦供方的改进、顾客和过程,期待顾客终生的忠诚度,取悦顾客并给予其惊喜,预测期待并创造偏好。我们应该上升到后两个更为先进的质量文化层面上对内部质量保障体系的建设加以理解和予以强化。

(《高教发展与评估》2016 年第 1 期)

① Cameron, Kim, and Wesley Sine. A Framework for Organizational Quality Culture. Quality Management Journal,1999,6(4):7 - 25.

院校评估如何支持院校质量改进

【摘　要】以评"促"建的院校评估原则及定位所带来的过多负面压力和"评估焦虑",妨碍了院校真正需要的以评"助"建、为学校提供专业服务的评估目的之实现,结果是强制与高压代替了凝聚与和谐。教育的和谐发展呼唤和谐的院校评估,特别是呼唤现代评估中相关评估主体之间的更加和谐的互助关系。

【关键词】院校评估;质量改进;评估压力;以评助建

我国目前的院校评估还没有成为学校所需的一种专业化的服务和有效的学校教育质量外部保障措施。学校往往必须面对外部评估产生的巨大压力,而得不到评估技术、相关信息服务和同行专业交流等方面的足够支持。结果是,以评"促"建代替了以评"助"建,强制与高压代替了凝聚与和谐,不仅评估结果充满争议,而且评估的形象也大打折扣。院校评估迫切需要改变其目标定位,应少给学校一些压力,多给其一些支持。

事实上,外部的压力并不能自动促进学校内部质量的改进,而且如果压力过大,容易使外部质量保障措施偏离其应有的轨道。学校只有在适度的压力和更多的服务支持下,才能够促进学校内部质量的改进,实现学校的自主发展、错位发展、特色发展、创新发展及协调、和谐、可持续的发展。其实,学校在内部质量改进和事业发展的所有方面都需要外部的各种支持、配合和服务,外部评估程序本来就应该是支持学校自我改进和自主发展的保障措施。

一、评估压力扭曲学校目标

外部压力很容易导致学校追求短期的利益,而忽视长远的内涵发展;很容易使学校评估浮于形式,而脱离教与学的实际内容;很容易成为对学校、校长和教师的一种检视,而不是与学校的一种合作;很容易因外部过度的压力造成消极应对和弄虚作假,而不是通过同行交流和专业支持带来学校的知识增进和价值提升。

(一) 以评"促"建妨碍了以评"助"建

当前院校评估中最根本性的矛盾是外部以"以评促建、以评促改、以评促管、以评促发展"为名过多地干预学校职权范围内的事情。评估作为教育工作中的一个方面和管理过程中的一个环节,很容易被当作一种管理手段、行政部门的抓手和某种权力的延伸,甚至沦为行政管理的附庸。这实际上干扰了正常的办学活动,违背了评估作为服务学校的专业活动的本意。

(二) 定向运作制约了各得其所

外部指标体系的要求被提高到了不恰当的位置,替代了学校本身的定位及规划目标,学校被迫在优良等级的追逐中与别人比高低,而不是与自己比发展。由于学校的背景、条件不同,其定位和规划目标也不同,因而学校在同一项评估中获得的收益本来应该是不同的。但是,如果不能将学校各自的背景情况、办学思路和自我规划目标作为外部评估的起点,而是把外部的指标和标准作为衡量学校好坏、优劣的主要依据,不仅会使各校在评估中的实际收获大打折扣,而且很容易带来"种瓜得豆"的风险。如果针对不同的院校专门制订各不相同的评估方案、指标和标准,以此评估不同类别的学校,将进一步强化这种外部标准主导的定向运作。由于指标体系的兼容性必将进一步削弱,学校的办学定位和目标仍然不能(实际上更难以)真正成为外部评估的出发点,学校同质化和行政化问题将有增无减。

(三) 外部干扰侵害了自主发展

那种夸大评估作用的"应评教育"倾向是片面强调外部干预的思想基础。用外部划一的硬性要求不适当地强行介入学校的发展,也挤压了学校自主发展的空间。消极应对、被动敷衍代替了主动思考和自主改进。政府宏观指导、社会多元参与、学校自主发展的评估架构和格局无法形成。政府过多地介入社会化专业评估服务领域,干预甚至干扰学校内部质量保障过程,"我要评"变成了"要我评",这并不利于学校的自主发展。评估属于高利害度、高敏感性的社会活动,加之其目标定位很高,学校就只能屈从于外部压力,调整自己的优先领域、原有议程和工作节奏,以迎合并不一定有利于学校发展的外部要求。

(四) 事实判断挤压了价值提升

由于关注点是在外部标准的达成、规定等级的获取和评估焦虑的纾解等问题上,专家审查代替了同行交流,强调结果反映事实的倾向实际上影响了价值的提升。所以,总体而言,评估在促进组织性学习,在知识增进、认识提高和价值升华方面所做的工作不多。其实,学校作为一个培育人的机构,更加适合于用质性方法去定性，而非用量化手段去描述，因为数字在描述复杂问题时难以胜任；同时也更适合于用人际沟通的方式去交换价值，而非片面强调结果反映事实，因为事实在价值面前也显得苍白无力。

现代评估已经从事实描述和价值判断的阶段走向了同行交流、共同建构的阶段，追求学校质量状况的水落石出不应影响质量保障工作需要的水到渠成和所有学校整体办学水平的水涨船高。改进工作是学校每天都在做的事情，事实上做得怎么样，这其实也是学校最清楚的，外部同行的复核和专业支持可以帮助学校更好地认清事实，但主要是为了通过一起交流增进知识、提高认识、提升价值。

（五）"授之以鱼"代替了"授之以渔"

由于事实判断多于价值提升，评估过后能够给学校留下些什么、内部质量保障的能力提高了多少，还没有成为现有评估关注的主要问题。评估工作在赋权增能方面没有很多收获，学校在评估过后没有明显地变得更强、更自信、更懂得如何保障质量和提高绩效。学校的质量主体责任被抽掉了，主体地位被架空了，评估后外部专家留下的结论和建议似乎主要是外部强加于学校的别人的意见和解决方案，显得与学校的未来发展不怎么相干，外部质量保障措施基本变成了"隔山打炮、隔靴搔痒"，不能较好地、实质性地帮助学校解决内部的质量改进问题。

（六）优良等级掩盖了实际问题

由于"好面子"和"好人主义"的心态，加之评估本身科学性的不足和专业性的欠缺，也迫于某种社会压力，尽管院校评估一开始有"兵临城下"的感觉，但结果往往是皆大欢喜，甚至评估结论中的具体意见往往会被抛在一边。既然都是"优良"了，有问题也不至于有多大。因此，热热闹闹而来、悄无声息而去，学校恢复常态，一切依然照旧，最后使以评"促"建的功夫和兴师动众的"功劳"都大打折扣。

二、压力不能带来质量改进

对于学校绩效的社会问责、教育服务消费者的权益保护、法律范围内的必要干预和对于学校教育质量的关注，应该主要通过对学校是否达成最低质量标准和是否存在质量的自我改进机制的认定及评估专业服务以外的其他质量措施来逐步落实，而不是借助于一个高压力、高密度、高难度、高利害度、高风险、高曝光率的评估项目来解决。在现实的院校评估实践中，压力并不能带来所期待的学校质量的改进。过度的竞争压力只会带来倒退的行为和相反的效果（如应评教育或弄虚作假）。

（一）"非诚勿扰"才是质量管理的正确定位

质量改进工作是一项很复杂的工作，只有立足于真诚地帮助学校，落实其质量主体地位，减少外部过度的不必要压力，强化主体参与、组织性学习、自我规划和自主发展，调动学校主动负责内部质量保障与改进的积极性，才能将"要我评"变回"我要评"。正确的评估定位有利于教育质量拥有权和主体责任的回归，有利于学校主动改进教育质量，也有利于缓解评估者与被评者之间的紧张、矛盾和对立的关系，避免弄虚作假，从而达到评估效应的最优化。

正如负责英国首届教育理事会的大臣詹姆斯·凯·夏土沃斯爵士在1840年鸦片战争那年对他的督学们所说，"你们访问（督学到学校）的主要一个目的是在他们可能需要你们协助的所有改进努力中给其提供支持。但你们绝不能干预学校的制度、管理或秩序，或者是将他们不愿接受的建议强加于他们……"，外部的监督指导"……本不是作为实施控制，而是作为提供支持的手段；它不应被看作是限制，而应被看作是鼓励基层努力的运作"。外部评估者确实应做到"非诚勿扰、非邀勿进、非请勿劝"。

（二）"外俊内秀"才是质量标准的合格要求

要使"买到够"不再成为评估的主旋律，就必须调整评估的重点。数量、结构和比例是办学质量的必要条件，但不是充分条件。教育输入的质量总是必须由过程质量来保障，并由输出质量来确认。对输入性指标的关注点应该放在现有资源是否有效利用和能否基本满足学校自定义的目标及计划要求这一方面。目前评估中对外在条件的重视实际上超过了对质量和内涵的关注，对输入性条件的要求超过了对实际学习质量管理过程和学生就读体验等的强调。其实，输入性条件问题往往由外部造成的比较多，而质量和内涵问题才是学校的根本责任。过多的压力往往会使学校以外修容貌代替内修涵养，更多地从外在条件方面突击性地追求短期效果，而忽略长期的内涵建设。

（三）"两相情愿"才是质量评估的主体关系

评估对学校的支持，主要看事后给学校质量建设工作留下了什么，看学校是否在评估人员离开后，对内部质量保障变得更自信、对未来质量改进的愿望变得更强烈。其实，外部评估指标及标准只是学校自我对照的一面镜子，是学校主动寻求外部支持的一种工具和自觉促发内部变革的催化剂。外部评估指标及标准不仅要很好地反映整个大学教育的基本规律，而且要为所有单个(而非某类)的学校树立共同的标杆,为全体学校逐步地提升各自质量、提高各自绩效、达成各自目标服务。只有外部质量标准具有很大的兼容性,学校的办学定位和规划目标才能找到与外部标准的良好的对应关系和相匹配的尺度。

评估本身肯定是带有一定的压力的,没有一点压力,有时就没有动力。但是,只有内外两个评估主体结成质量保障工作的合作伙伴,才能你情我愿地把外部评估工作做好。没有内部动因、主动参与和教育自觉,外部的压力始终只会是压力,不会变成动力。

(四)"水到渠成"才是质量保障的正常过程

质量与内涵建设是要花时间的,是涉及学校内部逐步改进的一项细活,也需要多方长期的支持,不能仅通过外部的一次次评估活动来以评促建。在参与方式和参评时间上,也要给学校更大的发言权。为迎合外部的评估要求而赶进度,只会妨碍学校的内涵建设,甚至产生弄虚作假的问题。外部质量保障是所有学校都需要长期参与的、逐步制度化的、越来越多的工作主要由学校来承担的日常活和本分活,而外部评估则是变得更加校本化的、不需要过多行政干预而需要大量专业参与的细致活和辛苦活。教育质量的真正意义上的较大程度的改进往往是学校几代人才能成就的,并不是一蹴而就、一抓就灵的,它需要时间、过程、耐心和细致,需要学校的主动性、责任感和真心投入。大凡关于质量和内涵、关注学校内功和底蕴的功夫活和复杂活,都需要长时间深入学校,与学校人员沟通与交流,其效果最终要体现在广大师生的未来行动中。评估也是这样,需要较长时间的艰苦卓绝的工作,才能在一个评估周期中真正为保障学校质量做些春风化雨般的事情。

(五)"相敬如宾"才是质量改进的有效策略

评估定位设计中不尊重学校的主体地位却施加了过多的压力,严重地影响了评估的正当性、适切性和有效性。对于评估这样一种依据事实和证据进行价值判断的活动来说,教书育人和社会诚信的重要性是荣誉和面子无法比拟的,甚至是一般意义上的学校发展也无法相比的。如果在一个教书育人的地方明目张胆地弄虚作假,甚至要求广大师生参与作假,则是无论如何也不能容忍的。教育改进必须最终体现在育人的成效和教学的有效性上,如果教学的有效性没有测出多少,却把诚信的品德素养评丢了,那就得不偿失了。

因此,外部评估者与学校之间亟待建立一种相互信任、相互尊重的平等合作关系,落实将评估作为同行交流的心理建构活动的现代评估理念,消除评估过程中的人际沟通障碍，为优质评估和学校质量改进扫清道路。评估者与被评者较好地做到同行交流、平等对话，在相互尊重的氛围下同时把改进的建议提出来，使评估结论更容易被接受、评估发现更容易被运用。有了主体的有效参与，评估活动取得的成果才不再是表面性的，而是学校质量改进实践的真实的、深层次的反映。它将提高学校的参评积极性和主动性，降低评估的社会及校内成本，改进评估的有效性和声誉。

（六）“可长可久”才是质量建设的根本目标

评估中到底有哪些发现、得出了哪些结论、留下了哪些意见和建议，还有哪些问题认识不够深入而需要在未来的院校研究中去探讨，所有这些都是很值得学校内部成员和外部的相关人员去研究的。评估要取得实效，除了在评估过程中加强同行交流外，克服功利思想和浮躁心态去潜心研究评估结论也是十分重要的，这时的任何发现和领悟都是焦虑、忙碌和等待过后对参评者最好的回报。但是，目前评估结论的分析和评估结果的使用存在很大的问题，如轻描淡写或重拳出击后往往没有足够的评估后续活动安排。因为外部压力消失了，评后的改进也就很快被忘却了。

三、评估如何支持院校改进

外部评估的最根本目的就是要保证学校内部质量的有效改进是可以期待的、改进过程是会发生且会逐步达到目的的，至于如何达到、何时达到目的则更多的是学校自己的事。这便是院校评估作为外部质量保障措施的最本质的含义。

（一）院校改进需要内外合作

只有教育同行及评估专业人士在充分尊重和依靠学校的基础上，与一线的学校教育工作者一起合作，才能从办学者的理念、目标和思路出发，真正比较深入地了解学校教育的真实状况和办学轨迹，发现学校的特长和优势，分析存在的问题和不足，帮助学校改进工作。院校评估的任务总是繁杂而布满荆棘的，只有学校主动、全面、有效地参与才能保证评估的顺利进行。在外部评估中，尤其要注意发挥自评的作用，鼓励院校通过自评程序找出需改进的领域，采取相应的补救措施，并确立未来的发展方向。外部评估的标准只是帮助学校自我诊断问题的工具，而非强制学校接受的药方。

学校评估都会带有一定的外部压力，但最终还是需要学校内部正确地来对待和转变这种压力。如果评估者不做管理的爪牙而成为学校的帮手，那么学校就不会承担那么多人为的不必要的压力，评估就有可能成为比较受欢迎的服务，起码是成为不那么受人指责的活动。如果哪天评估者开始乐于做医生、护士和社区志愿者那样的排忧解难的工作，真诚地上门来帮助院校，那么长期困扰我们的评估形象问题就有可能得到根本改善。学校会有各种各样的问题，但是如果评估者的来意就是挑毛病，那么学校在许多情况下很难配合并说出真情，因为担心病不一定能治好却坏了名声，甚至带来一系列后遗症。这就是为什么许多评估到头来总是被可悲地演变成展示优点和掩盖缺点的把戏。

因此，评估定位和外部介入学校质量保障的策略的采取必须是十分慎重的。外部评估指标及标准的设定应该注重诊断性、兼容性而非限定性、拉动性，以允许学校自我定义自身问题的性质并寻找量身定做的解决方案。院校自身对于质量建设的方法创新终究是其面对不断变迁的社会经济环境的最有效的对策。院校评估认证应该比专业认证更强调宽泛的课程框架和宽松的评估范围。如果说教育政策制定者容易把外部评估作为强势的绩效问责工具，社会公众更期望其始终成为推动卓越质量的简单工具，而学校则把它作为自我保护前提下争取外部支持内部改进的工具的话，那么对于一个评估项目的设计者来说，就不应使外部评估成为任何一个方面的使用工具，而要更多地考虑外部的高要求和内部的有条件改进意愿如何在一种有效的评估方案中融合，使共同目标真正实现，特别是使学校自身的潜能真正能够发挥出来，为提高学生的学业成就水平及素养服务。

（二）院校改进需要主体参与

学校评估可能给学校带来的好处包括：良好的声誉、工作的改进、人际和谐与共识、知识的增进与价值的提升、更好的未来规划和更多的校际联系等；可能给个体带来的好处包括：师生的收获、相关人员之间联系的加强、评估人员的专业发展等。不过，尽管谁都认为评估是必要的，也应该是有益处的，但是在具体实施时，包括学校在内的利害相关者往往会把评估看作一种令人不快的甚至是可能对他们构成威胁的行为。因此，评估者经常被看作知识技能不足却自以为是且具有很大企图心的、乐于干扰别人工作的“敌人”。

造成以上现象的原因当然主要不是评估人员的能力和素质的问题，而是评估的定位设计没有允许学校主动、全面、有效地主体参与。既然学校应该对学校教育质量负责，它便首先对围绕质量所做的决定具有最终的发言权和控制权。然而，学校自我控制、自我调节和防止外部干扰的正当要求往往没有得到评估项目设计者的充分考虑；按照学校需要、议程设计评估时序和帮忙不添乱的思想没有得到体现；责权利相统一、外部保障与内部改进相结合、外部提供条件保障而不宜过细地介入学校职权范围内的事务的理念没有得到落实；让学校自主特色创新发展，让学校做最好的自己，允许学校在探索过程中犯错误并自我承担风险，允许学校按自己的目标和方式行事的思维还没有真正被普遍接受。

但是，内因是变化的根据，外因是变化的条件。外部评估要解决现实中的一系列问题，首先必须解决好学校这个内因问题。学校成员的思维情感系统里面有层层“防护墙”的覆盖和掩护，他们面对外部的压力时总有自己的自卫反应机理，不是外部强加什么，他们就能接受什么。

对学校的判断不仅涉及事实，而且涉及价值；不仅涉及数量，更涉及质量。如果说事实和数量可以通过外部采取科学方法予以认定，那么价值和质性的东西则更需要通过外部与内部之间的人际互动才能予以确认。如果说事实与数量属于有待于揭示的客观存在，更多地涉及事物本身的状况，那么价值与质性的东西则属于可供选择性判断的主观范畴，更多地涉及个人的意愿和好恶，必须依靠学校的主体参与才能做出正确判断。评估人员需要有放下架子，与教师结为合作伙伴、相互尊重、相互学习和共同服务学生的勇气。

（三）院校如何主体参与、内外合作

落实学校主体参与，首先要在评估项目的目标功能定位上做到少一些压力，多一些支持。不要把评估项目的目标和功能定位无限拔高而让其承载过多难以担当的责任。评估不可能被有效地用来解决许多紧迫的社会问题，也不可能代替学校来解决许多学校教育问题，它能够做的只是通过与学校一起发现部分问题（不可能回答和解决所有问题）来强化学校的自我认同和增强学校内部质量保障能力建设的信心，最多只是在学校的组织性学习过程中做一些出谋献策和添砖加瓦的服务性工作。评估本可以成为帮助别人的行当。① 评估不是针对学校的管理抓手，而是支持学校的专业助手；评估不是可以自封的生产力，而是可以努力成为学校自主发展的助推力。院校评估不要利用外部强势的影响力将各种不尽合理却肯定令人不快的要求强加于学校事务，不要以所谓专家指导和科学诊断来挑战学校的现实诉求。外部评估越是强势，学校就越被动，越没有自信，越不敢敞开胸怀来与评估

---

① Michael Barber & Mona Mourshed. How the world's best-performing school systems come out on top. McKinsey & Company,2007.

者合作。

如果学校对外部评估有了合理的期待和正确的参评动机，评估人员进校后又能以恰当的身份展示自己的专业素养，学校也不用担心挨批评、失自尊或损利益，那么学校即便仍是报喜多于报忧，也没有必要搞太多的形式主义甚至弄虚作假，学校即便从评估中受益很少甚至无受益，起码也不会受到伤害和打击。外部评估不必成为评估者和被评者之间相互应对和应付的政治博弈或猫捉老鼠式的游戏，而完全可以成为同行间的坦诚相见、真心交流和互利合作。当学校觉得评估成本可以承受、评估过程不过于麻烦、评估结果不会打击和削弱学校时，学校才能够以平常的心态来对待评估，起码不会消极抵触。在我们强调完善现代学校制度和实现教育科学发展、社会和谐发展的今天，这已经不只是一种面向未来的理想境界，而是一个十分迫切的现实命题。教育的和谐发展迫切地呼唤着和谐的院校评估。

要提高外部评估标准的兼容性，把各个学校的自我定位和自主规划目标作为评估的主要依据和起点，并在评估过程中强化学校内部人员的主体作用。① 标准及指标像是一把刻度比较粗略的“尺子”，更像是一面没有任何刻度的“镜子”。

但是，不管依据什么标准，我们始终要牢记：每个孩子的成功是学校成功的最高标准，而合格教师的不断改进的教学过程是通往孩子成功之路的唯一途径。一个教育系统的质量不会超过其教师的质量。② 我们也需要牢记：质量改进来源于能力建设和调动学校及教师已有的动机和积极性，成功来源于竞争，更来源于合作。检验一个评估项目好坏的终极标准是评估人员能否与一线教师有效地合作，以更好地服务于学生的学习质量和未来成功。

学校是最重要的评估主体，学生是最重要的利害相关者。不论谁来评、怎么评，都应使教育受益，让学校得实惠，最终使学生得到最大的好处。没有针对所有人的、所有情况的、永远最佳的标准和实践模式，因此，制定标准和实施评估的人都应当带着一种谦虚、包容的态度去对话和协商。他们为着与学校的同行去交流的目标开展工作，而不是作为真理的化身、道德的捍卫者去压制别人的意见和声音。评估人员应是学校可以信赖的、有用的帮

① 袁益民：《跳出一元思维，推进评估改革》，《中国高等教育评估》，2007 年第 1 期。

② Stewart Donalson. Overcoming our Negative Reputation: Evaluation Becomes Known as a Helping Profession. American Journal of Evaluation, 2001(3).

手;帮助学校应是评估者的根本出发点;学校本身的定位和规划目标是评估的起点;自评程序是整个评估项目的主要程序;自评报告是外部同行复核的基本依据。外部评估者以有判断力的朋友、合作者、咨询员、研究者的身份,完全出于真诚协助和学习交流的目的来参与评估过程,可以解除学校的"武装",起码降低其戒备程度,为基于事实和证据的价值判断和心理建构创造条件。

为了避免评估活动成事不足、败事有余、物无所值、劳民伤财,避免牵扯学校太多精力却带来学校同质化、继续发展动力衰减、诚信下降和教职工不满等后遗症,院校评估亟待通过元评估及时调整评估方案,不断地对整个学校评估项目的设计进行评价和修正,提高自身的信誉度,为优质评估提供保障。通过不断改进的评估实践,一方面更多地给学校赋权增能,另一方面努力实现评估成本与风险的最小化。

(《高教探索》2011 年第 1 期)

跳出一元思维 推进评估改革

质量及质量视角的多元化并不意味着评估的多样化和多元化。高校的多样性及高教质量的多元化并不需要评估的多元化与之相适应；相反，过多的评估（尤其是过分多元化的评估）不仅不利于促成质量多元化，而且还容易造成多元质量及院校办学个性的丧失。

多元评估观的一个主要基点是评估的多元有利于质量的多元，并非指多元的质量需要有多元的评估主体的多元参与，而是指评估主体应该针对不同的评估对象设计不同的评估内容、标准和方案等。这样的多元评估实质上仍是指政府单一主体主导的多样化的评估，只是在质量多元的背景下用多样的评估种类、标准和方案来维持单一主体的评估体制，因此属于技术层面多样化而体制层面具有单一主体性质的评估。而高教质量多元化所需要的是允许办学者主体参与和社会多元参与，真正有利于高教大众化背景下适应和促成质量多元化的评估体制。

一、跳出一元思维

随着高教质量的多元化，用一个标准来评估不同学校的外部评估显然是不合适的，这会对不同评估对象缺乏适切性。而面对现代学校制度下教育质量责任的回归以及学校主体参与和社会多元参与诉求的提出，政府单一主体的评估越来越缺乏正当性，对多样化的评估需求也越来越难以招架。这就提出了一个问题：政府在教育质量保障与改进及院校评估中应该扮演一个什么样的角色？

过去，政府在管理上强调“一竿子到底”，教育的一切事务均由政府全面负责，有些本应该属于学校和社会的责任，政府也包办代替，揽下了所有事务的权利，同时也包揽了一切责任。学校也习惯于政府的大包大揽，如果要把学校推向社会、推向市场，学校就会不适应。这样一来，那些政府管不到或者管不了的、学校也不能管或者不想管的方面，就成了管理的真空。这种管理的真空和责任的缺位主要应归因于政府角色定位方面的偏差。

在高教评估中，政府不应该直接干预院校的质量保障与改进工作，而应履行自己的宏观管理和间接管理责任。只有跳出政府主导教育评估的一元思维,才能使教育质量责任的拥有权得以回归学校、社会多元参与得以落实,质量多元化才有可能实现。政府如果不顾及院校的情况而用同一个标准去要求它们,院校的办学个性将被扼杀,高等院校教育的同质化现象将会趋多,多元化的质量将无法实现。同时,如果政府将不同的质量要求强加于不同的院校,将会出现外部质量标准扭曲院校内部价值追求的问题,产生"种瓜得豆"的现象。所以,利害相关者的参与特别是被评学校的主体参与对于高等院校教育质量,特别是多元化的质量的保障与改进是至关重要的。

在高等教育评估中,强调学校的主体参与起码有以下好处:(1)院校教育质量问题的所有权、参与权和责任归属得到落实,使评估更具正当性、适切性,减少弄虚作假,避免标准扭曲和价值失真。(2)学校熟悉情况,反应快速,便于资料收集,获取信息更便捷,减少重复劳动,降低人力资源成本,提高地方资源利用的效益,有利于降低评估整体成本,评估质量和效率也得到提高。(3)缓解了评估者与被评者之间的紧张、矛盾和对立的关系,增强了主人翁精神、凝聚力,促进人际关系和谐,调动了学校积极性,使学校更容易接受和支持评估方案与评估结果。(4)全程参与有利于被评学校的组织性学习和相关成员的专业发展,有利于评估结果使用效益的最大化。(5)有利于学校自我规划、自主发展,促进现代学校制度的完善。

二、防止二元对立

在我国当前的院校评估中,科学性的不足和人文性的缺失并存,而科学性和人文性之间的分裂、排斥和对立更是随处可见。被评学校往往处于一种任人摆布的位置,而作为外部评估者的领导和专家似乎就是科学的化身和质量的守护者。评估过程中,那种以专家自居、居高临下、自以为是、暗箱操作、脱离实际、粗糙运作、排斥参与、拒绝协商、武断决定、草率公布、不重影响、不顾感受的情况相当普遍。人文性的缺失导致评估活动目中无人、见物不见人、讲情面、搞关系,不按评估规范办事等问题也相当普遍。结果是做表面文章、弄虚作假、消极应付等现象滋长。在这样的情况下,教育质量得不到保障,更不用说保障多元化的质量了。

现实中的评估总是一种基于证据的实践,它强调在充分占有信息的前提下进行判断。但在有些情况下是没有证据的,即使有证据也不能说明问题。因此,评估容易产生在没有足够证据或者错误解读证据的情况下匆匆得出结论的偏差,甚至证据有时还会不恰当地被用来支持某种隐藏其他动机的决定。人们似乎更加关注结果和影响,不太关心过程中的机制。人们有时还担心努力寻找和提供证据得不到鼓励反而遭到惩罚。

当前,我国的教育质量和教育评估受到了前所未有的重视,但也导致了“评估万能论”的倾向,具体表现为评估实践中过多地强调评估的促进作用,似乎教育中的所有事情只要有了评估就能办好,这是一个很大的误区。其实,只有那些具有正当性、适切性和有效性的评估才能促进或首先保障教育的质量。过去,我们在评估中只做加法,不做减法,对于评估的促进作用看得较多,而对于许多负面影响看得较少,甚至视而不见。但实际情况是,我们在促进一定范围的教育投入和一定程度上规范了管理以外,仍有许多方面没能改变或者很少改变,而且还需要付出某些代价,如现代学校制度的欠完善、学校同质化现象、教育的不公、评估的劣质作风和腐败等。

在强调评估的促进功能时,往往会对不同的对象采用同样的标准去评估、去“促进”。其实,该评的,适时去评能够促进,不该评的不去评,给学校应有的发展空间同样能够促进。我们评完重点评示范、基地、精品等,现在又有人主张评合格、评特色等,这会带来很大的偏差。合格是行政审批和在未来的认证中需要解决的问题,不是现在的评估应该解决的问题。特色主要是学校自我规划、自主发展和长期历史积淀的结果,不是外部评估应该干涉的事。要是去评特色,早晚会把学校已有的特色给评掉。学校真正需要的是更多自主发展的空间。

由此可见,有效的评估不仅需要解决本身的目标、功能定位和指标问题、方案和方法问题,而且还要解决人的信任和信心问题、参与和干预问题,兼用科学性和人文性确保其有效性。我们不仅需要有系统的研究和足够的能力,还需要维护真实和诚信,坚持对人的尊重,履行社会责任。外部评估者不是强势的影响者,更不是利益侵害者,而是协作者和服务提供者。

三、推进评估体制改革

解决了一元化的评估思维和学校主体参与的人文性问题后,还需要政府的介入,形成政府指导、社会参与、学校自主发展相结合的评估体制。在教育评估中,政府、社会、学校要合理分工,各负其责:对于政府来说,评估是间接实施宏观管理的手段,不能把它看作是一种行政权力的延伸,更不是权力的变相集中;对于社会来说,它是一种公开化的社会专业服务;对于学校来说,它是在外部协助下的一种质量自我保障的机制。

在教育评估领域,政府应该主要管政策、体制、资格认定与监管和交流促进。政府不直接组织评估活动有利于避免因权力因素过多、专业因素过少、管理幅度过大及"射程太远"而影响评估的正当性和有效性。政府关注评估的目的在于加强宏观指导,确保高等教育发展的基本质量。

在中国,以宏观评估为主的政府评估与以微观评估为主的社会评估相互分离、相对独立、互相配合、互为补充的良性互动关系将逐步形成。独立于政府之外的教育评估专业机构已改变了教育评估的版图,将会发挥越来越大的作用。学生的学业评估、教师评估、学校的评估认证等具体的教育评估工作将主要由现有的及即将培育出来的具有社会化服务性质的教育评估专业机构承担。专业评估机构接受政府的资格审查、认定和管理,在国家规定的政策范围内开展评估活动,可接受政府委托或自主承接评估项目,独立组织评估,并对评估结果负责。要规范和引导评估机构严格按照国家规定和要求为评估对象这一发展主体提供公正、可信和良好的服务。

作为被评学校,应该在维护学校的自主权、保持办学特色与个性的同时,强化自评机制,积极利用外部评估,保证质量,促进发展,为服务对象更好地服务。要处理好外部评估与内部评估的关系,在强调内部质量保障、校本评估、办学自主权、民主参与评估的同时,积极寻求同行参与和专业支持,以促进学校自我规划、自主建设、健康发展。

四、以一元标准和方案对多元院校和质量

跳出一元思维,防止二元对立,推进评估改革,有利于高教质量的多元化。但是,摆脱政府包办,强调学校主体参与和社会多元参与的评估并非自动地就能保障高教质量和促进质量的多元化。那么,是否实现高教评估多样化就能促进质量的多元化呢?不是!对不同对象采用同样的标准去评估和对不同对象采用不同的标准去评估,都不能保障教育质量、促进质量的多元化。其实,只有外部同样的基本质量标准与不同学校的办学目标和质量要求相结合,才能真正地保障院校教育质量、促进高教质量的多元化。

那么,在高教大众化、高教质量多元化背景下,管理者应如何来观照高教质量的多元化、学校的多样性和个性呢?一是要落实政府宏观管理,推动学校的自我规划、自主发展,让学校自己定义目标和行动计划;二是要将外部质量保障的标准与院校内部的目标和办学定位相结合来评估学校。评估学校的条件和要求是不是有这两个方面的依据呢?是的!外部质量保障机构所用评估标准是衡量学校办学质量的基本尺度和基准,而院校内部自我定义的目标和办学定位是衡量学校是否达成目标的主要参照和依据。那么,外部标准与内部目标定位是不是两套评估标准呢?不是!前者是尺度,

后者是参照点。

质量问题的多元视角并不妨碍我们达成关于质量定义、质量管理、质量保障与改进途径的共识。院校类型和层次的多样化并没有否定存在一种共同的质量标准。这一质量标准是不同类型院校共同遵守的、基本的质量准则。这些质量标准体现在诸如目标的适切性、资源的有效利用、满足消费者现实的和潜在的需要、教职员工的满意度、学生友好型的学校与学习环境等方面。

当前,学校作为主要利害相关人,没能有效地参与评估的主要过程,虽然许多学校已建立相应的内部质量保障制度,但制度尚未健全,且并非院校的自觉之举,而是为了应付政府评估之急,还处于“要我评”而不是“我要评”的阶段。外部评估在评估指标的选择上应寻求不同类型院校存在的共性、基本的质量标准,以确保高等院校达到基本的办学水平。院校质量的多元化发展是院校自身的内在诉求,是由其本身的办学定位和目标追求所决定的,政府不应涉足,更不应干预。政府应更多地在行政审批时把好“合格”关,并关注绩效问责和质量保障的宏观政策与体制方面的问题。

学校评估将更多地从行政人员主导的评估和所谓的专家为主的评估回归到由外部专业支持的教育同行评估的本位上来。评估活动将更多地成为同行之间的交流与对话及相互学习和共同成长的过程。发展主体的自主规划及其行动的自我定义将得到尊重。居高临下式的、外部强制性的评估将被民主评估、人性操作和结论共商所替代。以内部评估或者自我评估为主、以外部评估或者他人评估为辅的被评估者与评估者之间的关系将逐步确立。评估主体将紧密地与发展主体结合,为发展主体提供专业服务。以发展主体为核心和主角的校本评估和人本评估的理念将越来越多地得到实践。评估活动将真正成为从被评者开始也在被评者处结束的有头有尾的自主发展过程,为学生的全面而有个性的发展、教师的专业发展和学校的自主发展服务。这种具有自主性、发展性、校本性和民主性的学校评估实际上便成了一种政府、社会和学校之间责任关系明晰、多方利害相关人之间可以实现良性互动的一元化的院校评估认证制度。

所以,我们并不需要也不应该用多元评估来应对多元质量,而是可以用一元的标准和方案来发展多元的院校和促进多元的质量。我国高等教育质量保障体系建设中的学校评估应向院校认证方向发展,因为这种认证完全符合一元对多元的构想。建立院校认证制度,应重构政府与院校之间的关系,明确政府与院校各自的职责与权力边界,转变政府职能,提高院校在自我发展上的自主性。同时有效协调内外质量保障机制，把自我评价与外部的监督与约束、院校自主与绩效问责有机结合起来，有效地保障和提高教育的质量。为了协助完成好这样的角色转变，应培育社会专业力量介入院校认证。

五、建立现代院校认证制度

院校认证的假设性前提是：合格的学校才能开办，学校是用纳税人的钱开办并应为公众服务的，所以必须通过认证确保学校起码是合格的，并通过公开办学情况维持公众的利益和建立公众对学校教育的信心。所以，所有学校都应主动参加相关评估认证。

院校认证是一种校本评估。其主要优点包括：(1) 它摆脱了学生学习成就和政府的控制性标准对学校评估的影响，评估的起点成为学校自身的条件、目标、计划和过程，使评估目标与学校发展目标高度契合。(2) 它解决了学校评估与学校教育质量保障之间的分歧，学校主导评估设计并参与评估的主要过程，评估计划更加可行，评估实施更有保障，内部质量保障的常驻机制得以建立。(3) 它消除了学校参评的后顾之忧，解决了学校评估的动力机制问题，调动了学校自我规划、自主发展的积极性，也使评估结果的后续使用更加落实、评估过程的影响更加深远。(4) 它缓解了评估者与被评者之间的矛盾，既能较好地解决外部绩效问责的问题，也能帮助解决内部质量保障的问题，还可以为同行之间的制度化的相互调研与平等对话搭建一个平台。

院校认证的要点可以归纳为四句话：自我目标参照、自主规划先行；突出主体参与、强调主动发展；重视评估过程、关注教育增值；倡导对话磋商、达成共同建构。院校认证的理想目标也可归纳成“四个过程”：一个帮助学校评价发展需要、识别发展问题和解决方案、检测政策和措施影响、不断做出合理选择、增强学校组织的能力和提升教育价值的教育变革过程；一个由专业服务介入的系统吸收改革与发展的经验和自评经验的连续的提高过程；一个从目标出发、不断追求和实现新的目标的自主规划、自主发展的自我实现过程；一个多重评估主体之间相互学习、平等协商的共同建构过程。

这样一来，院校评估就变成了从学校开始，也在学校结束的有头有尾的过程，也成为教育同行深入其他学校、沉下去沟通、真情善意地交流的过程。要通过评估过程切入发展过程，在学校常态下、在工作进行过程之中、在学习者身上、在课堂里去收集证据，去进行判断。要真正从学校的目标、校长的理念出发去了解学校的工作现状，把握学校的发展轨迹，寻找学校的办学特色，评估学校的教育质量，诊断学校的实际问题，最后以出具高水平的评估报告结束一个阶段的评估程序。这个评估程序必须基于一个以上的教育教学周期。

在中国，院校认证制度目前还不存在，建立这样的现代评估制度还有许多工作要做。

首先，校本评估的概念尚未被普遍接受，学校评估的动力机制和运行机制问题仍未解决。除了一些笼统的规定以外，学校如何评的具体要求还不是很清楚。目前，学校参加评估认证的法定责任还不够明确，学校评估往往是行政部门规定的应景式的、应付式的或应对式的活动。建立完善的教育质量保障和教育评估体系必须有完善的政策保障，考虑到中国目前的实情，在探索现代院校认证制度的同时，应着力改进以下工作：(1) 提高依法治教水平；(2) 进一步转变政府职能；(3) 强化学校的自主规划意识和能力；(4) 强化内部质量保障机制；(5) 提高评估专业水平；(6) 加强评估规范和伦理建设。

其次，评估作为一项社会服务的理念尚未深入人心，社会教育评估专业服务机构尚需要进一步培育。一整套涉及学校自主参与外部评估的权利和义务的规范尚未建立。当前首先需要尽快着手培育这样的专业服务机构，逐步形成分地区、跨省市、打破原有行政隶属架构的社会评估专业机构网络，逐步建立其专门的准入制度和行业规范，树立起其独立的社会人格，在保持其相对独立性的同时确立其专业性、公正性和权威性。

（《中国高等教育评估》2007 年第 1 期）

从“促建”到“助建”:评估者身份的蝉变

——对本科教学评估新方案的思考

【摘　要】《教育部关于普通高等学校本科教学评估工作的意见》的颁布标志着我国院校评估大变革、大转型的到来,是涉及评估者根本角色定位的灵魂深处的变迁。这一变迁的思想内核是学校“主体参与”,外部“以评助建”。具体表现为:学校减少了“要我评”的压力,增强了“我要评”的动力;评估者褪去了“督促者”的角色,确立了“服务者”的身份;评估工作充实了“以评促建”的方针,树立了“以评助建”的原则。

【关键词】 本科教学水平评估;评估角色;以评助建

《教育部关于普通高等学校本科教学评估工作的意见》(以下简称《意见》)颁布已经一年了,《意见》提出的新方案中的许多工作正逐步有序开启。[①] 无疑,这一新方案是在正确总结以往历次评估得失和充分借鉴国际院校评估经验的基础上提出来的,顶层设计立意之高远、制度框架结构之完整给人以耳目一新的感觉。对这一新方案描绘的新蓝图进行分析,可以保障我国迄今为止最彻底的一次院校评估改革不至于迷失方向,有利于正确理解《意见》精神并认真贯彻落实。新方案的颁布标志着我国院校评估大变革、大转型时期的到来,是涉及评估者根本角色定位的灵魂深处的变迁,这一变迁的思想内核是学校“主体参与”、外部“以评助建”。

一、学校减少了“要我评”的压力,增强了“我要评”的动力

随着政府角色定位的调整,我国正逐步改变政府大包大揽的做法,使其真正成为责任有限的服务性政府。在建立健全现代学校制度的改革中,国家教育大章程的变化,也正在使学校的小章程发生新的根本性的变化,学校的办学主体地位越来越受到重视和尊重。教育部的评估新方案除了顺应评

① 教育部:《教育部关于普通高等学校本科教学评估工作的意见》(教高〔2011〕9 号),2011 年。

估改革的趋势外,也同样反映了政府改革的方向。

在落实学校办学主体地位的过程中,政府应更多地承担教育公平方面的责任,社会应更多地承担保障方面的责任,而学校将承担教育质量方面的主要责任。教育质量成为学校首要的、日常的、终极的责任,而质量建设主要依靠学校内部的不断改进。

评估新方案充分体现并尊重了学校的办学自主权和质量主体责任,主要体现在以下几个方面:一是明确教学评估制度“以学校自我评估为基础”;二是“强化高等学校质量保障的主体意识,完善校内自我评估制度,建立健全校内质量保障体系”;三是“根据学校确定的人才培养目标……进行评估”;四是学校“在自我评估基础上形成本科教学年度质量报告,在适当范围发布……学校年度质量报告作为国家和有关专门机构开展院校评估和专业评估的重要参考”;五是“审核评估形成写实性报告,不分等级”,大大降低了外部评估的压力;六是“鼓励有条件的高等学校聘请相应学科专业领域的国际高水平专家学者开展本校学科专业的国际评估”。① 通过这一系列的制度安排,评估工作实现了从自上而下到自下而上、从由外及里到内外合作的重要转变,而学校则从“要我评”向“我要评”跨了一大步。

以往,政府过多地依赖于评估并将这一专业服务工具当作行政管理手段,将政治影响、政府主导、政策推动作为评估的主线。在政府的无限责任和社会化专业服务行业相对稚嫩的条件下,管理因素过多、专业因素过少,学校被动应付、疲于应付,造成了教育目标的扭曲和价值的偏差,阻碍了现代学校制度的进一步完善,并导致了院校评估的诸多问题。政府亟须从高利害度、高敏感度、高风险的评估中解脱出来,把这一专业服务的责任还给专业工作者,而后者要真正地把它作为一个专业来做,给学校少一些非专业的压力和“折腾”,多一些专业的支持和服务。

全面贯彻新方案后,以往因评估过多而干扰正常教学工作的情况将在很大程度上得到缓解。学校将能够更好地以平常心、常态化来对待评估工作,积极主动地开展自我评估,谋划建设教学质量保障体系。

二、评估者褪去了“督促者”的角色,确立了“服务者”的身份

评估新方案明确提出“建立与‘管办评分离’相适应的评估工作组织体

① 教育部:《教育部关于普通高等学校本科教学评估工作的意见》(教高〔2011〕9 号),2011 年。

系，发挥第三方评估的作用，由具备条件的教育评估机构实施相关评估工作"①，为评估这一社会化专业服务工作确立其本身应有的真正独立法人地位提供了制度条件。管、办、评分离后，政府真正站到了宏观管理和分类指导的位置，作为专业服务者的评估者站到了评估工作的前台。在教学评估的监督、保障和提高功能中，政府更多地转向基本质量的监督和基本条件的保障，把教学质量的提高和内部质量的改进更多地交给了学校自己，而协助政府决策咨询和服务学校质量改进的专业责任则落到了评估者的身上。评估者成了政府的管理助手和学校的专业帮手，不仅从"督促者"转变为"服务者"，而且自身也成为必须接受政府督促和监管的服务产品的提供者。②

评估本身淡化了督促，强化了服务角色，但这并不会在一夜之间使评估的专业服务水准得到提高，或者使评估活动变得毫无外部压力。要让评估服务于评估对象的理念深入人心，并不断提高评估质量，评估机构及评估者迫切需要明确评估的专业定位和服务导向。同时，凡是评估活动，都不可能完全摆脱压力，但是可以避免过多不必要的人为压力带来的焦虑和干扰，关键是如何强调专业支持、评估服务和外部帮助，尽量在减少外部干扰的情况下更多地为学校赋权增能。

评估者成了服务者，工作重心将发生较大的转变。除了数据测量和事实描述外，将更加注重价值判断和心理建构的过程；除了咨询决策和知识增进外，将更加注重价值提升和赋权增能；除了方案共同制订和过程共同参与外，将更加注重目标共同建构和结果共同协商；除了标准参照和常模参照外，将更加注重目标参照和背景参照；除了排除偶然和摸清已然外，将更加注重探讨应然和追求必然；除了评风端正和规避风险外，将更加注重专业规范和科学人文；除了掌握建设情况的水深水浅和推动质量状况的水落石出外，将更加注重办学水平的水涨船高和质量建设的水到渠成。

三、评估工作充实了"以评促建"的方针，树立了"以评助建"的原则

"以评助建"作为评估工作的原则和指导思想，意味着政府更多的支持、社会更多的服务和评估更少的压力，更有利于学校评建结合，搞好各项内部建设。"以评促建"的意思是催促着你立即走，你的目标、现状和条件不是考

---

① 教育部：《教育部关于普通高等学校本科教学评估工作的意见》（教高〔2011〕9号），2011年。

② 袁益民：《教育评估的体制创新》，江苏科学技术出版社，2007年。

虑重点;而"以评助建"的意思是根据你的条件和可能搀扶着你一起走,在你需要专业服务时再给把力,在这里,你的条件和主动是基本前提。对照元评估的四大标准(不包括后来提出的评估问责性标准),"助建"比"促建"的正面作用更大,负面影响更小,两者对于评估效果的具体作用和影响如表1所示。①

表1 "助建"与"促建"对元评估四大标准符合度的作用与影响

原则 标准	以评助建		以评促建	
	作用与影响	原因分析	作用与影响	原因分析
有用性	作用比较正面	专业服务内容充分考虑用户客观需要	负面影响较多	外部压力容易造成形式主义和弄虚作假
可行性	作用比较正面	服务对象主动参与使项目执行效果更佳	负面影响较多	被评对象被动参与使评估效果大打折扣
适当性	作用比较正面	各利害相关者得到尊重和平等的对待	负面影响较多	部分利害相关者容易感到焦虑和不安
精确性	作用比较正面	内部支持和外部帮助使数据充分有效	负面影响较多	被评对象防备心理使数据不足或不真

外部的评估总是带有其固有的压力,这种压力只有转化成学校自主行动的动力,才能对学校的建设真正发挥积极的作用。为了使评估新方案能够全面顺利地实施,应该深刻认识评估新方案的核心理念,为学校从"要我评"到"我要评"的转变、评估者从"督促者"到"服务者"的转变、评估工作从"以评促建"到"以评助建"的转变,创造良好的政策环境。

(《大学(学术版)》2013年第2期)

① D. B. Yarbrough, L. M. Shulha, R. K. Hopson, F. A. Caruthers. The program evaluation standards: A guide for evaluators and evaluation users (3rd ed.). Thousand Oaks, CA: Sage, 2011.

教育评估改革:以学校为主体,以质量为核心,以服务为导向

【摘　要】 在我国全面深化改革的大背景下,教育评估的未来改革不仅要进一步确立学校作为教育质量主体的地位,同时要以教育质量为核心,努力推动教育的质量内涵建设,而且要以专业服务为导向,建立健全科学人文的评估体系,为教育的综合改革提供强大动力。

【关键词】 综合改革; 学校为主体; 质量为核心; 服务为导向

党的十八届三中全会确立了进一步系统深化改革的蓝图。作为教育发展的重要支撑和教育改革的有力推手,教育评估在现代学校制度建设和教育现代化中的分量越来越重。对于保证教育健康快速发展来说,教育评估本身如何以更大的勇气和智慧全面推进改革已是当务之急。教育评估的未来改革不仅要进一步确立学校作为教育质量主体的地位,同时要以教育质量为核心,努力推动教育的质量内涵建设,而且要以专业服务为导向,建立健全科学人文的评估体系,为教育的综合改革提供强大动力。

一、教育评估改革要以学校为主体

在建立现代学校制度的过程中,随着教育质量的主体回归学校,政府将给学校下放更多的权力。但是,给学校放权并不能一放了之,而是要确保放掉的权力和与质量相关的责任要有人去接。一方面要留意放权带来的风险和负面效应,另一方面要掌握新赋予学校的权力的实际履行情况,最终要确认给学校放权后教育质量是否真的得到了预期的保障和实际的改进。这就给评估为教育决策和学校管理提供支持性服务提出了更高的要求,以确保学校的教育质量的主体责任真正得到落实。

当前最为突出的一个问题是,现有学校评估存在许多误区,严重地阻碍

基金项目:国家教育体制综合改革项目(10-110-106)。

了现代学校制度的建设，其中最显而易见的包括：外部的人为压力过大，专业服务和支持太少，造成学校评估的诸多弊端；评估方案缺乏适切性、标准缺乏兼容性，强化了“千校一面”或“百校一面”的学校同质化及内部自主发展动力不足的问题；教师的教育教学质量主体地位也没有得到充分尊重；学生的就学体验、感受、满意度及全面而有个性的发展没有真正被关注，导致评估目标对学校教育目标的扭曲。

学校教育系统作为一个繁杂的系统，其内部的要素之间相互影响、犬牙交错、交叉重叠，要想达成社会共识、实现技术层面的确定性均是很难的。这种系统的背景依赖性、活动松散性、因果关系的非线性、状况的动态性和结果的不可预测性等，均使问题的解决和质量的保障变得非常复杂。内因是变化的根据，外因是变化的条件。外部评估要想解决现实中的一系列问题，首先必须解决好学校这个内因问题。学校成员的思维情感面对外部的压力时总有自卫反应机理，并不是外部强加什么，他们就能接受什么。

根据本尼特（Bennett）的证据层次理论，证据有资源、活动、参与、反应、学习、行动和影响 7 个层次，随着层次的提高，关于效果的证据越来越充分，但是也越来越难以获得，因为这些更高层面的证据是更少外显的，不少仅存在于被评者“对是否管用心中有数”的直觉层面，所以这些证据的获得与被评者的积极参与直接相关。① 在评估作为保障功能的定位下，随着这样的积极参与的增多，教育机构及其项目的可评估性也将随之增强。评估政策的良好意图最终总是必须屈服于被评者内部的那些看不见的运作规则和他们的喜好，这种只能设法超越而很难规范约束的情况很不幸但却很真实。

另外，根据罗杰·哈里森（Roger Harrison）的组织发展干预理论，应审慎地选择组织干预的深度。他提出了选择组织干预深度的两条标准：一是干预水平不深于持续解决手头问题所需要的水平；二是干预水平不深于客户能量及资源能致力于问题解决和变革的程度。他还在其提出的“吃水线模型”（Waterline Model）中，对组织的结构、动态机制、人际沟通和个体要素之间的关系等进行了深入的分析，是我们在评估活动中确立如何与学校这一质量主体建立有效关系的重要参考依据。②

《中共中央关于全面深化改革若干重大问题的决定》对教育领域综合改

---

① Bennett C. Up the Hierarchy—A staircase to measuring Extension's impact. Journal of Extension, 1975(2):6－12.

② Roger Harrison. Choosing the depth of organizational intervention. Journal of Applied Behavioral Science, 1970(2):189－202.

革提出了新的举措，其中推进“管办评分离”、扩大学校办学自主权、完善学校内部治理结构和委托社会组织开展教育评估监测等成为新的亮点。为了使所有学校得到整体的发展，政府应在保障广大学校办学条件基准面的均等的基础上，为学校在公平竞争的平台上寻求自主发展、多元发展、错位发展、特色发展、创新发展留出、留足空间，并创造良好的政策及制度环境，其中包括有利于落实教育公平的评估制度环境。

今后，要在评估监测项目的定位中更多地关注有利于现代学校制度建设的教育均衡发展、内涵发展和多样化发展方面的问题；在评估方案的设计中，要突出评估监测的常态化诊断、咨询和服务功能；在指标体系的设定上，要多一些兼容性的质性指标，少一些不合理的量化指标；在评估主体的地位方面，要鼓励被评主体的积极主动的参与和其他利害相关人的多元参与；在评估程序、过程和方法等方面，要多一些交流和建议，少一些压力和高利害度的奖惩，使学校真正成为评估的主体。

二、教育评估改革要以质量为核心

在质量内涵建设已成为教育改革与发展重大主题的今天，评估与教育质量密不可分，正确地确立教育质量在评估中的核心地位显得至关重要。传统的评估往往过多地关注学校的外部条件，片面地强调升学率，没有真正地全面关注教育的质量和内涵问题。笔者认为，构建以教育质量为核心的教育评估体系应该从以下几个方面入手。

（一）应放在质量保障体系总框架内构建

教育评估要以外部质量保障措施服务院校内部质量保障为主线，充分发挥内外质量保障机制各自的优势和特长，做到内外密切配合，从而有效地保障教育的质量。在我们以往的教育评估工作中，外部质量保障措施往往是与内部质量保障的过程脱节的，基本上是你做你的、我做我的。结果是质量评估工作实际上是与质量本身相游离的，起不到最终很好地保障质量的作用。因此，教育评估工作应该首先将教育评估体系放到教育质量保障体系总框架内通盘考虑，做到内外部保障措施优势互补。

内部评估以办学组织自己为主来开展，其优点一般包括实施起来比较迅速、省力，评估结果非常可靠，整改措施可以立即执行，但缺点是专业性方法的使用受到局限，缺乏独立性和距离感，专业视野也相对狭隘。而外部评估以办学组织以外的人士为主来开展，其优点包括高度独立，专业性方法较强，有利于推动改革，其缺点是受限于评估者经验的多少，被评者容易产生防御性反应,外部人士提出的有些建议执行起来比较困难(Stockmann,2005)。

(二)应遵循质量内涵建设的内在规律

教育评估工作要更加注重以质量内涵建设的内在规律为依归,更加关注主体性,实现从外生性增长到内生性发展的转变;关注科学性,实现从行政管理导向到按教育基本规律办事的转变;关注人文性,实现从物到人的转变;关注协调性,实现从量到质、从快到好、从多到精、从点到面的转变;关注多样性,实现从简单划一的大一统管理到多元发展、错位发展和创新发展的转变;关注可持续性,实现从关注当前到关注长远的转变。①

教育评估的重心应当普遍下移,以更多地关注院校内部质量保障的过程和专业层面的质量管理,把评估的聚焦点放在教师的日常教学活动和院系及专业层面的质量建设过程,更加注重帮助院校及其教师面向社会和学生个体的需要,及时调整自己的定位、方案、目标和方法,以保证人才培养的质量更加符合社会的需要,也更加适合学生个体的特点和发展需要。

(三)应符合现代教育评估改革的方向

院校评价要以院校质量主体地位下的民主参与为价值追求,更加注重评估目标的共同建构、评估过程的共同参与和评估结果的共同协商。院校主体参与的评估活动不仅更受院校欢迎,也更容易取得评估共识和增强评建效应,而且能够更好地体现不同类型院校自身的办学定位与目标,引导高等院校各安其位的自主发展、错位发展、特色发展、创新发展。

(四)应基于对学生学习过程的监测与管理

教育评估要更加注重以学习性投入和就读体验为重要内容,关注实际学习过程,改进教学管理,强化对学生的学业支持和指导服务,提高学生对学习条件和学习环境的满意度,保证学生的学习效果。要广泛开展学生学业投入学情调查,关注学生的学习情况和师生的满意度,按照评估调查的结果及时调整教育教学方案。

(五)应重视对院校内涵建设绩效表现的评价

院校层面评估要以内涵建设为主线,更加注重以内涵建设绩效表现为基本内容,尤其是对难以量化的社会服务和文化交流及已过度量化的科学研究以外的教学工作的绩效表现进行评估研究。通过考察教学工作的条件保障度、教育产出与投入的匹配度(包括资源配置的经济性、资金使用的效

① 袁益民:《教育“质量”:是质性特征,还是量化程度?》,《高教发展与评估》,2012年第5期。

率和教学工作的有效性等)及人才培养的社会贡献度等,来评价院校内涵建设方面的绩效表现及整体办学效益。

(六) 应关注学生学业成果与社会需要的契合

评估指标及标准的设计要更加注重以改进学习结果为目标,一方面守住教育质量的底线,一方面使人才培养水平不断得到提高。要通过考察办学定位的社会适应性、质量保障活动及过程的有效性、学习目标的达成度和社会对毕业生的满意度等来掌握人才培养满足社会需要的情况,不断提高人才培养的质量,提高教育服务经济社会发展的水平,有效满足教育的终极用户的多样化需求。

三、教育评估改革要以服务为导向

教育发展的好坏和教育改革的成败,与教育改革发展的相关主体的责任的落实和积极性的调动密切相关。没有改革发展的责任主体的落实,改革将难以推动;没有变革者本身的积极参与,改革发展终将难以持续。改革发展的动力归根结底来源于相关主体的自觉。① 因此,教育评估只有充分尊重作为教育改革和发展主体的评估对象,充分体现和尊重学校、师生及基层政府在教育改革发展中的主体地位,才能通过建设师生满意的学校,最终办好人民满意的教育。

为了体现对学校、师生以及各级政府在教育改革发展中的主体地位的尊重,教育评估必须改变过去的行政性、管理型评估的思维,明确教育评估的专业服务定位,为学校教育教学改革服务,为咨询教育决策服务,为办师生满意的学校和人民满意的教育服务。要增强教育督导机构和评估机构的服务独立性和专业权威性,逐步建立完善以服务学校教育教学改革和服务教育决策为主要内容的科学的人文的评估体系,以专业的服务和专门的技术,为学校的自主创新发展、教师的专业发展、学生的全面而有个性的发展和各级教育的可持续发展,提供强有力的智力和技术支撑。教育评估只有回归其专业服务的本质属性,才能真正做到科学和人文。无论是评估学校、教师、学生,还是各级政府及其部门,都要支持和督促教育督导、评估机构以服务为导向,体现科学性与人文性的评估理念和方法。

---

① 袁益民:《论突破当前教育改革发展瓶颈的三大动力来源》,《常州大学学报(社会科学版)》,2013 年第 1 期。

（一）科学人文地评估学校

学校是办学活动的主体，办学质量的主体责任应当回归学校。只有充分尊重学校的质量主体地位，学校的自主发展、错位发展、创新发展、特色发展才能得以落实。因此，围绕院校及专业等层面的各类教育教学评估活动，均要在方案制订、标准研制和评估过程中充分考虑学校的条件、背景、需要和可能。要通过评估的服务定位和正确导向，使学校始终能够以平常心、正常态、学习心、开放态来对待评估工作。要减少高利害度的评估活动，增强评估的诊断、咨询和服务功能，少一些不必要的压力，多一些专业性的支持，使针对院校开展的各类评估活动真正做到“我要评”，而不是“要我评”，因为只有学校积极主动地参与，才能激发学校内部质量保障的自觉性和增强评建效应。

（二）科学人文地评估教师

对于教师质量和教学质量的保障，主要是通过教师资格认证、教师日常专业反思和有组织地支持教师专业发展来实现的。教师是人类灵魂的工程师，教师职业是阳光下最神圣、最光辉的职业。教师这个职业的性质和特点决定了对其从业人员的考核和评估方式与其他职业有很大的差异。师德规范的自觉履行、工作规则的模范遵守和教学质量的不断提升，更多地需要通过协约和自律、协商和沟通来解决。因此，各类针对教师及教学的评估，更要坚持科学性和人文性。评估教师要坚持低密度、低利害度，避免高利害度和强制性，要体现对于教师职业专长和教师人格尊严的尊重。要建立常态化的制度，主动邀请教师自觉开展自评，通过自评发现教育教学中存在的问题，不断提升自己的教育理念，改进教学方法。要充分调动教师在提高教学质量和人才培养水平方面的自觉性、积极性、主动性和创造性，为学生的成长和学校的发展提供最有力的保证。

（三）科学人文地评估学生

教育的质量不仅体现在学生的学习质量和学业进步方面，还体现在学生是否能够得到全面而有个性的发展及未来能否成功和能否幸福方面。因此，对于学生的评估应当是全面的、综合性的，应当是连续的、动态的。要从根本上改变一卷定胜负、一考定终身的弊端，把“对于学习的评价”转变成“为了学习的评价”和“作为学习的评价”，立足于将学生评到会以帮助其发展，而不是将学生评到不会以实现甄别和淘汰的目的。对学生的评估，要有利于学生友好型的学校与学习环境的营造，有利于学生全面而有个性的发展。学生评估不仅要评估其学业成绩，还要评估其学习的动机和状态，更要关注其成长过程中的问题、困难和需要，要通过既科学又人文的评估，帮助学生更好地成长、发展和成功。

（四）科学人文地评估各级政府及其部门

除了传统文化因素以外，片面追求升学率的倾向及学校和师生面临的升学压力实际仍然存在的一个重要原因是一些地方在教育政绩观和绩效观方面出现了认识偏差。因此，首先要克服教育 GDP 主义的倾向，为各级教育的持续、协调、和谐发展创造良好的制度环境。同时，要在区域评估中明确界定各级政府的有限责任，鼓励每届政府根据现有的基础和条件，努力与自己的过去比发展，而不是与别人的现在比高低。此外，对于各级政府及其部门的评估应是涉及一个区域的系统评估，要建立健全专业化的管理信息系统和常态化的动态监测机制，为科学决策提供强有力的专业技术支撑。当然，对于各级政府及其部门的评估不是越细越好，而是要根据各级政府各自的管理职责和权限，清楚地界定评估范围、对象和内容，区域性的系统评估应当建立关键绩效表现指标，以避免面面俱到或者“头痛医头，脚痛医脚”的情况。

（《常州大学学报（社会科学版）》2014 年第 1 期）

关注教育评价的真问题和大问题

【摘　要】　南京市鼓楼区近年来开展了以“双向细目表”测评学业质量的有益探索，充分尊重师生的学业质量主体地位，始终坚持服务发展的目标和宗旨，系统设计贯穿评价过程的技术工具，有效地拓宽了学校教育系统质量监测研究的视野，在一定程度上改变了当前区域性基础教育质量监测实践的版图。

【关键词】　学业测评；角色；价值；方法

南京市鼓楼区近年来开展了以“双向细目表”测评学业质量的实践探索，从评价的角色定位上充分尊重师生的学业质量主体地位，从评价的价值追求上始终坚持服务发展的目标和宗旨，从评价的方法使用上，系统设计贯穿评价过程的技术工具，初步显现了阶段性的评价改革成果。这一围绕角色、价值、方法三个教育评价的真问题和大问题的改革，不仅有效地拓宽了学校教育系统质量监测研究的视野，而且在一定程度上改变了当前区域性基础教育质量监测实践的版图。笔者为以“双向细目表”测评学业质量的有益探索“点个赞”，理由如下。

一、关注角色：以主体认同扩大参与

从本体论看，评价是个“生来就面目狰狞的怪兽”，总给人以与生俱来的压力。评价本身的性质就好比是一部分人合法但不受欢迎地到另一部分人家里去翻箱倒柜，离开以后还不好控制其说三道四，所以主人对这种往往带有强制性甚至入侵性的造访并不待见，甚至多有怨言。传统的教育评价不仅没有参透评价的这种本质，而且常常还给它追加许多不必要的人为压力，把一些专业以外的行政性的、管理性的压力强加给它。这样就造成了评价主体的缺失和目标的扭曲，使许多教育评价活动失真、失效、失范、失信。

南京市鼓楼区以“双向细目表”测评学业质量，倡导作为质量主体的师生的参与，强调“师生双方的认同”。“对学习的评价”不再是评价唯一的主题，“为学习的评价”真正走进了我们的视野。教师及教科研训人员过去的

“要我评”也开始转向了“我要评”。师生的真正意义上的自评和家长等的多元他评成了一种现实的可能。我们有理由相信，这一转变很有希望成为教育评价改革中的一种“哥白尼式”的中心转移，如果这一改革取得成功，最终将为最基层的区（县）这一级学校教育系统构建“基督教”（基础教育主管部门宏观指导、督导部门业务支持和教科研训部门组织实施）等多方参与的质量保障体系奠定坚实的基础。

二、关注价值：以赋权增能服务发展

其实，评价也可以成为“面相和善的美丽天使”，甚至是必不可少的“阳光”。就如人们只有从暗处走到明处才能看清彼此的高矮、胖瘦、美丑一样，我们只有在评价的“阳光”之下才能看到教育质量的真实面目。但是，传统的教育评价在处理问责与学习这两大根本的评价功能时出现了严重的重问责、轻学习的倾向，往往以“以评促建”为名片面地强调其问责功能，而忽略了评价本应有的“以评助建”的学习功能。① 而一旦确立了管理问责的导向，便会产生一系列的路径依赖，使服务学习的专业支持工作变得不再可能。

南京市鼓楼区的学业测评则以发展性评价理念为指导，重视评价的学习功能和服务导向，通过师生间的互动和各方利害相关人之间的交互作用，强化师生的自我评价能力，为学生的全面而有个性的发展、教师的专业发展及学校的持续发展赋权增能。测评强调形成性评价，关注教与学的过程，在评价中契入了学业支持和指导性服务。评价过程中的主体参与使各方利害相关人在评价中各得其所、各取所需、各有所获。各方利害相关人没有产生对失败的恐惧，反而激发了自身对于学习的渴望，不断增强自身未来持续发展的能力。

三、关注方法：以诊断比对咨询改进

角色定位和价值取向确定以后，还要有适当的评价方法及技术工具与其相匹配。在过去的教育评价活动中，我们在这方面曾经有过很多的教训。我们往往片面关注评价的目的而忽略选取和使用适当的方法，因此常常出现那种“拿着锄头吃饭”而“拿着筷子刨地”的做法，使我们的评价活动无法实现既定的目标。我们甚至还常常以评价不是为了证明而是为了改进为名，不去做好证明的工作而奢谈改进，使真正专业性的评价工作得不到很好的落

① 史国栋，袁益民：《高等学校审核评估的理论与实践》，高等教育出版社，2013 年。

实。但是,要真正有效地咨询改进,专业的诊断和“证明”是基本前提和基础。

南京市鼓楼区的学业测评则十分重视适当方法的使用及技术工具的设计,在数据的分析、问题的诊断、基准的比对和结果的使用等方面有比较好的安排。测评既侧重纵向的比较和诊断,又兼顾了横向的比对和分析,既鼓励与过去的自己比发展,也允许通过自己与别人比高低来进一步明确自己未来的发展目标,增强自身的发展动力。特别是通过纵向和横向的基准比对,诊断分析相关的因果关系,为师生的发展及教与学的持续改进提供可靠的依据,使评价真正成为靠证据说话、有几分证据说几分话的专业性的咨询服务工作。

总之,南京市鼓楼区以“双向细目表”测评学业质量的实践探索,较好地解决了角色、价值、方法三个教育评价的真问题和大问题。其对学业质量主体参与的倡导,通过调动师生的主动性和积极性,提高了评价活动的人文性和用户友好性,实现了评价责任向质量主体的真正回归;其对赋权增能的关注则集中体现了发展性评价的理念和价值,通过强调师生之间的互动性和交互作用,提高了评价活动的专业性和结果利用度,实现了质量评价的价值导向及功能定位向其专业服务属性的真正回归;而其对技术工具设计和开发的注重又提高了其所使用方法的科学性和结论的有效性,实现了评价之对象向学业质量本质的真正回归。

需要特别指出的是,由学生主体参与的学业评价、由教师主体参与的教学评价和由教科研训人员主体参与的教研评价“三位一体”的评价,是学校教育系统的三项最基础的评价。与区域或系统层面和学校层面的评价不同,其更关注一线的教育实践,更关注日常的教与学的活动,更关注实际的学业质量状况,可以预见,其对于切实推进课程改革、有效落实真正意义上的有质量的教育,必将产生深远的影响。

(《江苏教育·中学教学》2015 年第 6 期)

谈评估质量及其保证

【摘　要】 教育评估的质量是教育评估活动的生命线。教育评估只有保证了自身的质量,才能协助保障教育的质量。要保证教育评估质量,笔者认为目前须从服务导向、专业定位、公平公正、监测机制、主体责任、专门培训、信息技术、使用效益、科技含量和评风评纪等方面着手。

【关键词】 教育评估;评估质量;质量保证

在日常的评估工作中我们发现,人们往往只是关注被评者是否达到质量标准(包括是否合格、获得何种优良中差等级,或者是否通过),而对评估本身是否具有和达到质量标准(包括是否合理、是否可行、是否准确、是否有用等)却关心不够。似乎评估的质量从来也不是一个问题,似乎不论评估者如何去评估都是天经地义的。

其实,在现实评估中存在着导向不明、定位不准、暗箱操作、缺乏监督、责任不清、经验不足、技术不精、使用不当、不求甚解、风气不正等现象。这些现象实实在在地影响了评估的专业性、有效性、权威性和正当性,不仅使评估的实际效果大打折扣、损害了评估者形象,而且侵蚀了教育质量,毒化了教育环境。

教育评估的质量是教育评估活动的生命线。只有有了自身的质量保障,教育评估才能协助保障教育的质量。要保证教育评估质量,笔者认为目前须从以下十个方面入手。

一、坚持评估项目的服务导向

明确评估项目的目的是做好评估工作的前提。如果评估是为了贯彻政策,那么它就会带来服从和应对;如果评估是为了强化管理,那么它就会促成顺从和跟随;如果评估是为了赋权增能,那么它就会激发学习的渴望;如果评估是为了服务发展,它就会催生变革和创意;如果评估的背后另有动机,那么它就会诱发附会和作秀。

评估作为一种教育服务产品,其功能至今还没有被充分发掘,甚至还没有被教育工作者广泛认可。评估还只是一种管理手段和工作抓手,甚至是某种行政权力的延伸和附庸,还没有成为评估对象的专业帮手和服务助手。评估要服务于评估对象的理念远未深入人心,更谈不上如何提高评估这一服务产品的质量了。①

因此,评估机构及评估者迫切需要明确评估的服务导向,除了继续服务于教育主管部门的决策咨询外,还要更好地服务于作为评估服务对象的基层学校的一线教育教学改革,服务于学校教育系统的现代化进程。为此,各个教育评估项目的建立,都要经过充分的调查研究,广泛听取意见,特别是注意听取作为评估对象的基层单位的意见,以确保评估这一服务产品能够充分满足评估服务对象的需要。

二、强化评估工作的专业定位

正确定位对保证评估质量来说也是至关重要的。如果把评估定位为专业性的工作,那么评估的技术、专业的工具和科学的方法就不可或缺;如果把它定位为管理性工作,那么政策的目标、明确的结论和一定的压力就显得尤为重要。当然,两种不同的定位也会带来截然不同的结果。

评估本应是为教育提供的一种专业服务,然而目前评估机构的评估工作的专业性和不可替代性还体现得很不够。评估方案与行政部门的检查验收方案大同小异,评估指标及标准的制定也大多是借助于经验式的方法,评估程序及环节缺少一些真正专业性的规范,而行政化和随意性成分比较多。

因此,评估方案和指标体系等的制定都要经过严格的科学论证,包括借助于德尔菲专家调查法和各种分析方法等科学手段。对于重大项目或者效果难以预测的项目,要进行必要的试评估,在实践中取得经验后再逐步推广并不断完善。评估过程要严格遵循一定的专业规范,缺少专业规范的评估不可能成为有质量的专业性评估。

三、确保评估活动的公平、公开

在评估实践中,定向运作的、突击式的、粗线条的、暗箱操作的评估活动仍然居多,而专业服务导向的、常态化的、深入细致的、公开透明的评估活动还比较少。评估活动离公平、公开、公正还有相当大的距离,而做不到公平、

① Stewart Donalson. Overcoming Our Negative Reputation: Evaluation Becomes Known as a Helping Profession. American Journal of Evaluation, 2001(3): 22-25.

公开、公正,评估的质量是无法保证的。

评估的高利害度和高风险是这一社会活动与生俱来的,评估的结果往往同名誉地位、资源分配和未来发展密切相关。所以,如果离开了“阳光”,评估活动就容易脱离公平、公正的规范和程序,容易偏离专业化的轨道,就容易滋生腐败,容易产生权力寻租、形式主义和弄虚作假等现象。

因此,作为基于事实和证据的价值判断,教育评估要做到客观公正,必须坚持“有多少证据说多少话、有多少事实给多少分”,保证评估资料的可追溯性和评估结论的可信度。要通过事前公示、过程督促和事后检查,保证整个评估活动在“阳光”下运行。

四、建立评估过程的监测机制

目前的评估缺乏对评估本身的评估,对评估过程还没有一种有效的监测机制。对于评估评得怎么样、评得对不对及还有哪些方面需要改进等,缺少自我反思、自我检查、自我调整和自我完善的制度性安排,似乎评估就是完成任务,对于评估的真实效果关注甚少。

因此,要将迎评动员、材料复核、材料评审、专家遴选、行前培训、现场考察、过程联络、检查巡访、资料汇总、结论审核等环节及评估效果纳入全程、全员、全面质量管理范围。对评估的有用性、可行性、适恰性和准确性的元评估,要嵌入整个评估活动的过程。

五、落实评估质量的主体责任

当前,人们对于评估的质量具体应该由谁来负责是不清楚的,即便是评估者本身也并不明白自己应承担何种有效责任。往往是教育主管部门给相关评估机构下达评估任务,而只要是不出大的岔子,一般没有人会对评估质量进行具体的问责。但是,如果在评估机构缺乏内部过程监察机制的同时又缺少外部问责,评估质量是难以保证的。

因此,评估机构的负责人首先要强化质量意识,对评估质量切实负起责任。要在机构内部建立起相关科室主要负责、项目主任直接负责的工作制度。各个管理层次要分别就评估项目定位、方案和标准确定、条件保障和监督考核等明确各自的职责。此外,除了要评估机构承担评估质量的主体责任外,还要有评估行业的自律行为和主管部门的必要问责。

六、加强评估专家的专门培训

评估的质量有赖于评估专家的质量。在目前的评估活动中,针对评估专家的专门的专业培训是十分缺乏的,参与评估的专家往往缺乏评估理论、技术和方法方面的知识,缺乏对评估专业规范的理解,而只能依托本身的专业背景和凭借原有的经验切入评估过程,这必然会影响到评估的质量。

因此,建立一支数量足够、结构合理、水平一流的专家队伍是保证评估质量的基本条件,而抓好专家的评估理论、技术和方法等层面的专门培训,是落实评估质量的重要前提。在建立和更新专家库时,都要对相关专家分别进行各种相关培训,通过增强专家的评估能力来提高评估的质量和水平。

七、提高信息技术的支撑能力

在政府大力推进无纸化办公,学校也已提高了信息化管理水平的背景下,教育评估的信息化水平还显得相对较低,与其教育评判者的角色不相符合,与其专业服务产品的身份也不相匹配,与其依赖技术路径多渠道收集教育证据的需要更不相适应。

因此,要大力提升评估工作的信息化水平,实现网上评估的普及化、全程化。迎评、申报、材料复核、材料评审、现场考察、材料汇总和档案处理等都要充分使用网络平台和网上资源。要将网络平台和资源的实际使用情况作为对项目进行考核的重要内容。

八、放大评估结论的使用效益

评估工作存在的主要理由就在于它的有用性。但就目前而言,评估只是实现了其简单的甄别功能。评估对象只关心简单的结果,不关心具体的结论。评估也还不能提供足够的、可以供评估对象和主管部门使用的有用信息,在知识贡献和技术服务等方面效益不高。

因此,要积极发挥评估工作的咨询决策、服务改进、提升价值和赋权增能的作用。一方面,通过主体参与和结果共商,增强评估对象对评估结论的使用意愿和使用效果;另一方面,要提升评估报告撰写水平,把评估报告的质量作为考核项目质量的主要依据之一。

九、凸显教育评估的科研含量

评估的质量来源于一个好的不断改革创新的制度安排,也来源于评估人员素质的不断提高和理念的不断更新。我国的教育评估作为“外发后启”的专业领域，特别需要理论的研究和实践的借鉴，特别需要科研的支撑。但是，目前教育评估方面的研究成果还难以为评估质量的提升提供有效的支撑。

因此，要把加强评估的理论研究、转变评估的工作理念和提高评估人员的科研水平作为提高评估质量的重要途径。每个评估人员都要把评估工作作为需要研究支撑的工作、把评估过程作为研究的过程，先研究后评估，边评估边研究，不断提高自身的评估专业水平。在评估机构内，要把科研成果作为科室考核、项目考核和干部考核的重要依据之一。

十、严格评估人员的评风评纪

诚信是评估的最低标准，廉洁是评估的最后底线，离开了风清气正的环境，评估质量的保证将是难以实现的。然而，在当前的教育评估实践中，形式主义、弄虚作假和权力寻租现象还时有发生，诚信的最低标准常常还达不到，廉洁的底线还容易被突破。如果没有筑起评风评纪的坚强防线，评估扭曲教育质量目标、破坏教育生态环境和干扰教书育人过程的风险将始终是存在的。

从某种意义上来说，评估也是一种权力，特别是当它过多地被用作一种管理行为时，便容易演变成一种准行政权力或者是行政权力的延伸。既然绝对的权力带来绝对的腐败，那么就必须把这样的一种权力关在“笼子”里。

因此，所有评估人员都要严格执行廉洁勤政的各项规定，做到纪律严明、廉洁高效。要主动接受教育主管部门和基层被评单位对评估过程的监督，主动收集对评估活动的各项反馈信息，在年终考核和选优时，对于出现评风评纪问题的个人和在评风评纪方面投诉比较集中的项目，均实行“一票否决”制。

（《上海教育评估研究》2013 年第 1 期）

三、评估实践篇

Education

Quality

Assurance

and

Evaluation

审核评估:关注内部质量保障的院校评审

【摘　要】 教育部第二轮本科教学评估将采用的审核评估模式所参照的是国外院校质量评审,其概念、构念和理念值得我们在实施审核评估时充分借鉴。本文结合教育部本科教学评估新方案和国外的院校质量评审,对审核评估做一剖析。

【关键词】 本科教学评估;审核评估;院校质量评审

《教育部关于普通高等学校本科教学评估工作的意见》(以下简称"新方案")颁布以来,随着相关工作的逐步启动,作为新方案中一大亮点的审核评估,开始越来越受到广大高校和学界的关注。① 这项最能体现新方案核心理念和设计灵魂、最终将面向所有学校的院校评估项目,到底是一个怎样的评估呢?它的概念、构念和理念有哪些呢?本文结合教育部本科教学评估新方案和拟议中的审核评估实施办法及其所参照的国外院校质量评审模式,做一剖析。

一、院校质量评审的概念

伦敦大学副校长 Stewart Sutherland 教授在 20 世纪 90 年代初最早建议使用"评审"(Audit)一词,以区别于其他同行复核活动。我国内地曾译为"审计",2011 年教育部颁布的新方案正式采用"审核"的提法。② 为了区别于财务审计和行政审批前的审核,特别是强调专业性并更好地对应于院校质量(Institutional Quality)这一评估对象,使用"院校质量评审"的提法来具体说明它的实际工作性质也是恰当的。很显然,在高教学术领域使用的"Audit",它的工作内容及方式与财务审计和行政性审批活动都是大相径庭的。③

① 教育部:《教育部关于普通高等学校本科教学评估工作的意见》(教高〔2011〕9 号),2011 年。

② 方鸿琴:《评估新模式:英国院校审计》,《高教发展与评估》,2010 年第 5 期。

③ 袁益民:《教育评估理论与实践:概念、构念和理念的中外比较(上、下)》,《高教发展与评估》,2011 年第 1、2 期。

国外的相关概念包括“评审”“质量评审”和“院校质量评审”，基本上说的都是一回事，只有个别学者和组织对质量评审是内部机制还是外部机制，涉及项目、机构及准机构哪个层面及评审重点是质量保障系统还是质量管理系统或者是投入产出还是核查投入产出关系的过程等进行了区分。总体而言，学者和相关组织对评审定义的相同点多于不同点，在评审的管理幅度、工作对象和评估内容上的观点有高度的一致性。国外院校质量评审概念的定义如表1所示。

表1 国外院校质量评审概念的定义①

定义者及时间	概念的定义(要点)
BSI*,1989	对活动结果与计划符合度、安排有效性和目标适应度的系统独立考查
Green,1994	关注质量保障及质量管理系统的健全性，因此是院校自身的合法责任
Fraser,1994	外部小组核查大学核查投入产出关系的质量保障过程是否适当、正常
ISO*,1994	核查计划与目标符合度、活动与计划的一致性和活动对于目标的有效性
NSAHE*#,1996	有关质量执行过程的质量，旨在院校的质量强化活动
ETF*,1998	质量评审是对院校质量管理过程的评估
Woodhouse,1999	核查组织对于自身的显性的或隐性的主张，回答过程是否有效的问题
INQAAHE*,2001	对高校程序、过程和机制的评估复核，尤其是质量保障的程序和过程
CHEA*,2001	通过自评和外部复核其项目、员工和基础结构测试院校质量保障控制
Haakstad,2001	评估如何履行质量保障职责，但以处理内部能力、鼓励自改自学方式
Tempus,2001	确定质量行动及结果符合规定、规定有利目标达成、规定真正被执行

① Harvey L. Analytic Quality Glossary, Quality Research International, http://www.qualityresearchinternational.com/glossary,2004-9.

续表

定义者及时间	概念的定义(要点)
AUQA*,2004	对活动结果与计划符合度、安排有效性和目标适应度的系统独立考查
UNESCO*,2004	确认项目质量保障程序制度或系统总体质量保障程序足够且实际执行
QAA*#,2009	院校评审是通过同行复核来执行的一种基于证据的过程

注:带"*"者为组织名称缩写,未带"*"者为人名。带"*#"者定义来源于相关国家院校质量评审手册。

二、审核评估项目的构念

评估新方案是教育部关于高校评估工作的整体性顶层设计方案。它第一次真正将学校的自我评估作为评估制度的基础性、前提性的主体工作内容;其中的审核评估也是第一个评估结果不分优良中差和通过不通过却直取质量内核的评估项目。

评估新方案的特点主要包括:自我评估的基础性、质量保障体系的低重心、状态数据的常态化、评估形式的多样性、评估主体的多元化和评估结论的低利害度等。学校的办学主体地位得到更好的落实,真正从"要我评"向"我要评"跨进了一大步。变成"我要评"后,督促的责任减少了,对外部专业评估服务的要求却提高了。学校不需要、政府也不允许外部专业评估机构再去干扰学校的日常教育教学活动,而学校自评过程中所需要外部专业评估机构提供的大量专业性服务则需要去落实。因此,院校评估工作应尽快实现从"以评促建"到"以评助建"的哥白尼式的中心转移,加快提高评估的专业服务水准,更好地为学校的自我评估和自主发展服务,为政府的决策咨询和宏观管理服务。

无论是教学基本状态数据的常态监测,还是学校自评后的年度教学质量报告的审核,都需要技术的支撑和专业的介入,而通过审核评估形成写实性报告的过程更是一个专业服务的过程。当然,评估者希望学校的教学基本状态数据的提供和年度教学质量报告的起草达到专业水准,评估者起草的写实性报告首先要做到是专业的。同时,过去学校的自评报告和外部的评估报告大多以官样文章居多,而现在需要的是真正专业的评估报告。要起草这样的专业报告,学校和评估者都有很长的路要走。但作为评估者,理当率先垂范,责无旁贷。评估者必须肩负起协助学校开展好自我评估、参与好外部评估的专业责任。

回顾我国高校院校评估改革理论的十年探索，从分类评估到审核评估是从“一元多类”向“一类多元”的理性回归。① 总体而言，新方案实现了这样一种回归。一个时期以来因反对用同一标准评估不同类型学校而提出的“一个项目、多个方案”甚至“一类学校一个标准”（体现一元化管理体制下分门别类地建立多种方案和多种标准的思路）的压倒性的分类评估的强力主张，最终得以冷静下来，实际回归到或者说让位于更为科学、更加与国际接轨的“一整套评估制度体系包含多个评估事项”和“一个评估项目同时允许支持各类学校多元发展”的多元评估的理性主张。一方面，一套整体的制度设计包含了学校自我评估、常态数据监测、合格评估、审核评估、专业认证和国际评估等多个事项，形成了一个完整的顶层设计框架。另一方面，因为合格评估从本质上来讲是针对批准建设不久的学校的再次合格性审核，还不是完整意义上的专业性院校认证活动，所以新方案确立的院校层面的专业评估活动其实只有审核评估一项。最终，所有获得批准注册并经历了再次合格审核的院校都必须归并到统一的审核评估系统中来。

我们可以看到，新方案实际将分类评估狭义地理解为最终均须进入主流院校评审系统的所有高校按是否已经历上轮评估或本轮准入性合格评估而予以参加审核评估的时序上的分别对待。可以说，这样的制度安排为近十年来围绕分类评估的理论探索暂时画上了一个比较圆满的句号。它背后的深刻意涵是，最终体现评估必须允许支持各类学校各安其位地自主、多元、创新、特色发展的理念，使通过强调学校自评、常态数据监测、学校自我目标参照的审核评估得以落实，而不是简单地为不同类别的学校建立不同的指标体系甚至是不同的评估项目。更深层次的意涵是，在制订评估方案和标准时更加细分学校的类别并不会自动支持高校多元质量观的视角，甚至更加容易产生“种瓜得豆”的风险。多元质量的目标在评估中必须通过一套与高校自主发展目标不相冲突的支持性的外部保障措施来落实。新方案中的制度安排对这一意涵的体认，其理论意义和实践影响将是重大而又深远的。

从与国际先进的院校质量评审模式接轨的理想层面和结合我国实际适度调适的角度来看，审核评估的实施办法需要首先解决好以下几个问题。

第一，弄清“五式”差异，确立审核评估的模式定位。要了解审核评估是怎样的一种评估，首先就要弄清楚它是一种什么评估模式。目前可以确定

① 杜瑞军，等：《高等教育质量多元化与高教评估改革》，《高教发展与评估》，2007 年第 1 期。

其为院校质量审核模式。那么,院校质量审核又是一种什么模式?我们不妨对5种常见的教育评估模式(监测、评估、认证、评审、评价)做一对比分析。其中,监测(Monitoring)、评估(Evaulation)和认证(Accreditation)的比较如表2所示;认证(Accreditation)、评审(Audit)和评价(Assessment)的比较如表3所示。

表2　监测、评估和认证(简称MEA)的区隔①

监测		评估	认证
目的	完善执行过程	判断表现(成就)	判断可能的产出(潜能)
时间	项目执行全过程	过去(或现在)	过去、现在和未来
问题	项目活动是否按计划执行? 谁在项目中受益? 预期的成果/产出有进展吗? 得到的收益是否足够? 需要对项目做何变更?为什么?	目标至今已实现到何种程度? 项目的花费是否值得? 项目对服务对象已经产生了什么影响? 对于该项目应该做出什么样的决定?	使命和目标是否达成? 项目今后的发展可能会怎样? 应该对项目做何改进?

表3　认证、评审和评价(简称"3A")的区隔②

<table>
<tr><th>适当的目标</th><th>合适的计划(路径)</th><th>相应的行动(部署)</th><th>有效的行动</th><th>结果的测量和评核</th></tr>
<tr><td colspan="4">认证</td><td>—</td></tr>
<tr><td>—</td><td colspan="3">评审</td><td>—</td></tr>
<tr><td>—</td><td>—</td><td colspan="3">评价</td></tr>
<tr><td>?</td><td>?</td><td>?</td><td>?</td><td>?</td></tr>
<tr><td colspan="5">适合于目的</td></tr>
</table>

第二,明确"五度"机制,建立审核评估的基本框架。建立审核评估系统必须明确构成其基本框架的机制。要建立"五度"机制,包括入校频度、周期长度、内容宽度、调查深度和报告厚度。机制的主要构念内容如表4所示。

① 袁益民:《教育评估的体制创新》,江苏科学技术出版社,2007年,第131－132页。

② Hilary W. & Rob C. Regulation and Quality Assurance in Higher Education,2011－10－24.

表4 审核评估的“五度”机制

“五度”	机制的主要构念内容
入校频度	首轮3年,今后建议约5年为一轮,条件允许时,各校按实情分别对待
周期长度	建议允许至少18个月至2年的自评时间,预访为1~2天,实地评审3~5天
内容宽度	审核范围包含使命、价值、愿景、组织结构、质量保障活动及其有效性
调查深度	校级、行政、院系质量保障策略、程序及效果,专业层面只涉及其质量
报告厚度	写实性报告包含评审发现、称赞推荐、证实断言、劝告提议及信心水平

第三,坚持“五性”原则,把握审核评估的正确方向。为了保证审核评估沿着正确的方向顺利、健康、有效进行,要坚持主体性、实用性、发展性、专业性和服务性“五性”原则。

(1) 主体性主要包含了自主参与、多元发展和特色创新的成分,目的是帮助院校实现从外生性发展到内生性发展的转变。

(2) 实用性主要包含了目标的适切性、可评估性和达成度,以及主体性和引导性相结合、校本性与外部参照性相结合及学术性和管理性相结合等成分。

(3) 发展性主要包含了背景应答性、变革针对性、系统动态性和组织性学习的成分,在院校质量评审中也包含了共性与个性相结合、整体性与专题性相结合的要求。

(4) 专业性主要包含了实证研究、专业规范和常态制度的成分,以及独立性、权威性、保密性和透明性的要求,特别是强调评估者与被评者连续的同行交流与互动过程,不搞暴风骤雨式的突击检查,强调过程中的和风细雨、水到渠成,强调找因果关系、重数据说话,有多少数据说多少话。

(5) 服务性主要包含了支撑性、平等性、协商性、人文性等成分。一方面以评助建,实现从以外部压力促进其重视到以内部支持协助其发展的转变;另一方面,通过评审过程中的多元价值主体的充分支持和平等协商,特别是强调评审员以有判断力的朋友的身份为院校提供建设性意见,使院校变得更强、更自信、更知道如何改进。

第四,吃透“五维”定位,保证审核评估的项目质量。为了保证审核评估的质量,明晰项目的整体定位、保持构成项目基本定位的各维度之间的整合一致尤为重要。审核评估项目的定位概括起来可以包括自主参与、目标导向、背景参照、同行交流和结果共商等维度。这些定位项目的维度分别与主体性、实用性、发展性、专业性和服务性评审原则相对应。

在这“五维”项目定位下,所涉及的主要评审程序分别是自评与申报、预访程序及其协商环节、实地访问、报告撰写和后续安排等；所涉及的核心报告内容分别是自评过程描述、证实及断言、称赞及推荐、建议及劝告和进展报告；基本上相对应的元评估标准分别是适恰性、有用性、可行性、准确性和问责性；最可能产生的项目质量风险分别是院校把表面文章做给人看，院校与评审员搞暗度陈仓而其实另有动机，出现评审员走马观花、不求深入，院校借口推托，评审员逃避责任和评审报告文过饰非、隐瞒问题等现象。评审的结论可以用若干信心水平来表达。①“五维”项目定位与构成评审质量保证要素的概念框架如表5所示。

表5 “五维”项目定位与项目质量保证的概念框架

项目定位	评审原则	主要环节	报告要点	评审结论	元评标准	风险类型
自主参与	主体性	自评申报	过程描述	信心水平包括： 信心充足 信心有限 信心缺之	适恰性	表面文章
目标导向	实用性	预访协商	证实断言		有用性	暗度陈仓
背景参照	发展性	实地访问	称赞推荐		可行性	走马观花
同行交流	专业性	报告撰写	建议劝告		准确性	借口推托
结果共商	服务性	后续安排	进展报告		问责性	文过饰非

第五，落实“五公”要求，构筑审核评估的信誉防线。为了做好审核评估，避免项目信誉受损，要做到五个“公”，它们构成维护审核评估信誉的五道防线（见图1）。

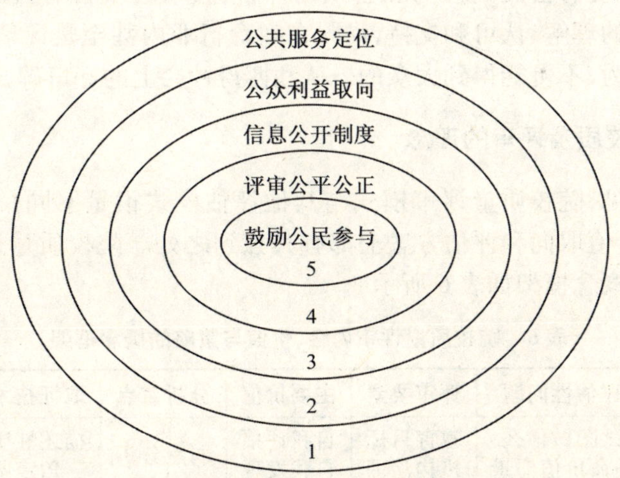

图1 维护审核评估信誉的五道防线

① Handbook for Institutional Audit：England and Northern Ireland. QAA. ,2009.

第一道防线是“公共服务定位”。作为官方背景机构代表公权力提供的公共服务,评估工作必须代表公众的最大利益,并接受公民广泛而又充分的监督。

第二道防线是“公众利益取向”。院校评审是公益服务事业也是专业服务产品,必须在道德上代表最严格的专业规范,在业务上体现社会上的最高专业水准,以使公众的利益达到最大化。同时,要坚守公共知识分子的良心良知和道德底线,不能让形式主义引起公愤,不能让弄虚作假成为公害。

第三道防线是“信息公开制度”。通过评前公告、法定数据的合理公开和评审结论以学校认可的方式公布,确保评审过程的公开透明。如果公开性不够,那么即便是毫无隐瞒必要的正大光明的事,也会被误认为是暗箱操作。

第四道防线是“评审公平公正”。一方面遵循统一的评审方案和评估准则,力求做到评审真实、客观;另一方面,针对各不相同的具体的学校,坚持因校制宜,维护其自主性和办学个性。

第五道防线是“鼓励公民参与”。如果说教育圈内外对于上一轮评估依据统一指标、分出优良中差和带来形式主义等弊端有意见,那么在评估新方案没有统一指标、不分优良中差和强调主体参与后,是不是又会出现评审标准不明确、判断准则不具体和主体参与不深入等问题呢?无论是什么评估模式,终究都要有公民的参与和公众的评价,大众心中自有公断,所以要争取社会各方的理解、认可和支持,局限在教育行业内甚至是评估小圈子内的自娱自乐行为,不可能得到大众的公认和博得社会上的好口碑。

三、院校质量评审的理念

综上可见,院校质量评审模式与其他评估模式很是不同,在管理幅度、角色定位、价值取向和评估方法上都有其独到之处。院校质量评审内容、价值与策略的概念框架如表 6 所示。

表 6 院校质量评审内容、价值与策略的概念框架

审核维度	评估性问题	评审要素	主要价值	分析重点	取证技术	结论性质
目标路径	试图做什么 使命价值愿景	教育目标 机构治理	自我评估 自我发现	弱点分析	描述性质 三角定鉴	证实断言 值得肯定
落实措施	试图如何做 组织结构活动	组织决策 资源支撑	识别传播 最佳实践	优势分析	分析性质 痕迹追踪	称赞推荐 理想可取

续表

审核维度	评估性问题	评审要素	主要价值	分析重点	取证技术	结论性质
实施结果	如何才有效 活动结构达标	相关功能 是否有效	风险鉴别 继续发现	威胁分析	评估性质 抽样调查	劝告提议 咨询建议
质量改进	如何能改进 变革改进途径	改进承诺 质量文化	进展报告 后续行动	机遇分析	合成性质 观察访谈	评估问责 必须必要

院校质量评审关注的重点是院校内部质量保障机制的有效性,它不直接评审质量,但它调查计划的质量程序与所陈述目标的适恰性、实际质量活动与计划的符合度及活动对于实现所陈述目标的有效性。因此,要围绕活动及相关结果是否与计划安排一致、安排是否有效落实及是否有益于目标达成,收集足够的证据。①

作为外部对于院校内部质量保障机制的一种系统的、独立的考查,它必须保持一个平衡:既要满足公众对于院校的独立权威的、真实可信的、科学严谨的详究细查的需要,又要承认院校本身才最有资格来给利害相关者提供有效、可靠的实时信息。因此,评审员既要保持中立性和超然地位,又要坚持发展性和服务性,与被评审院校真诚合作,为院校强化质量管理和质量标准提供支撑。

院校质量评审的最重要价值包括学校的自我发现、对于质量保障的最佳实践的识别与传播、相关风险的专业鉴定及对于质量改进的支撑。因此,除了内外部质量标准和准则的参照,要因校而异地确定聚焦主题并进行深入的评审,并选定相近类型和层次的伙伴院校作为开展相关分析时的同行参照基准。

鉴于评审对象是质量这一相对模糊的、动态的概念,对于它的评估需要注重一定的方法、策略和技巧。除了一些分析手段的使用外,还要善于从多种信息来源收集证据,以交叉印证质量的实际状况。同时,对于评估发现的可靠性、质量保障系统的信心水平与评估结论的内容及性质之间的对应关系,要始终保持高度的敏感,切实保证质量评审本身的质量,真正做好院校质量评审工作。

四、更新评估工作的观念

为了保证审核评估的顺利实施,避免在未来若干年内产生新的问题,把

① Audit Manual Version 6.0. AUQA,2009.

好制度、好项目、好方案真正落实好,应从根本上更新我们传统的评估工作观念,以切实保证质量评审的质量。一些我们曾经忽视甚至还没有真正去做的工作需要被切实重视起来,在审核评估中予以强化。鉴于过去工作中的经验教训,我们需要特别注意以下几个方面的问题。

第一,克服盲目的本土化和方案的随意性,重视项目的先进性和方案的科学性。要充分吸收国际先进的评估理念,真正抓住院校质量评审的完整精髓,科学制订评估项目方案,尤其关注审核范围、评审主题、自评与预访程序、自评报告基本结构、进展报告、结论协商和评审报告陈述规范等的设定,特别注意方案的完整性和有效性,避免出现不伦不类的四不像的情况。

第二,避免无谓的高压力和工作的高风险,坚持定位的正当性和运作的适恰性。除了坚持专业服务定位和合理性、适切性以外,在具体运作方式上要充分考虑被评对象的需要、可能和特点,充分尊重被评对象对进校时机、评审主题和后续安排等的看法,做到科学性和人文性相统一,在自主性和透明度之间保持平衡,既尽量降低迎评负担,又吸引更多师生广泛参与,切实提高学校对评估工作的满意度。

第三,杜绝环节的不当性和证据的虚假性,关注程序的可行性和结果的准确性。在保证评估对象的可评估性的基础上,要关注各评审环节是否切实可行。同时,重视评估证据的可回溯性和评估发现的有效性,真正做到基于事实和证据做出准确的价值判断。确定证据收集范围和证据来源的指导框架,如表7所示。写实性评审报告要准确提交评估发现、准确呈现相关证据、准确定义信心水平、准确给予赞扬意见、准确做出相关肯定和准确提供改进建议。

表7　确定证据收集范围和证据来源的指导框架

评审范围	证据性质	管理环节	评估模式	证据理论	证据来源
目标	计划	决策	背景	资源	使命、价值、愿景、计划
路径	策略	规划	投入	活动	方案、工程、政策、制度
实施	行动	实施	过程	参与/反应	组织、进展、程序、做法
结果 改进	成果 建议	反馈 再决策	产品	学习 行动/影响	产品、效果、影响、反馈、 问卷、访谈、比对、档案

第四,消除细节的粗线条和形式的烦琐性,确保结论的有用性和项目的美誉度。将评定“优”“良”“中”“差”等级改为撰写写实性评审报告以后,更要强调评估工作的实效性。要努力避免出现形式主义,严格禁止做官样文

章，通过结论共商、多元参与、信息公开和元评估等实现评估者与各利害相关者的良性互动，确保评审结论的有用性，同时不断改善评估项目在同行和公众中的口碑，从根本上改变社会对教育评估工作的观感。

第五，提防项目的行政化和功能的扩大化，落实工作的服务性和目标的有限性。审核评估要明确自己的业务边界，把它作为一项专业的、服务性的工作，对其演变为过度行政化、事务化工作与随意扩大项目功能和裁量权等风险，持续保持足够的警惕。“Audit”一词最早起源于拉丁文，意思是“to hear”（听证），在现代美国英语中仍有“旁听”的意思。在审核评估服务学校内部质量保障的过程中，外部评审员只是旁听生，他们所要做的一切是围绕质量证据展开一场听证，主要任务是协助院校进行事实性核查，他们所提的核心问题是“什么”和“如何”而非“为什么”。审核评估给院校留下的应是有限的、分析性的、反思性的和有判断力的意见，更应该是院校的自主、自信和自强。

（《高教发展与评估》2013 年第 3 期、国务院发展研究中心信息网收录）

审核评估:引进院校质量评审的模式创新

【摘　要】 审核评估作为与国际通行的院校质量评审接轨的一种评估模式,除了需要保持国际院校评审的基本特征外,也需要维持中国的一些本土特色,还需要允许各地坚持自己的地方特点,更需要支持院校质量建设的各种特例。

【关键词】 审核评估;国际特征;中国特色;地方特点;院校特例

在高教评估中首次采用审核评估方式,标志着我国第一次在教育实践中系统地借鉴国外的评估模式。因为审核评估所参照的院校质量评审是一种国际通行的评估模式,因此我们在实际借鉴时必然要比较完整地保持其基本的国际特征。同时,由于其首次在我国内地进入实践,它需要努力与中国特色的治理结构和管理文化相适应,这必然会维持中国的一些本土特色。此外,鉴于我国各地的高等教育及经济社会发展水平存在着极大的差异,在审核评估的具体实施过程中有必要允许各地坚持自己的地方特点。最后,审核评估的宗旨是服务学校质量内涵建设,特别是质量保障体系的建设,因此应当基于一校一类、一校一面、一校一例的思维,支持院校的自主性、独特性和在许多问题上的唯一性,真正允许学校立足于与自己比发展,而不是与别人比高低,真正服务于学校的自主、特色、错位和创新发展。

一、保持国际院校评审的基本特征

国外的学者及相关组织对“院校质量评审”的理解是非常明确的。如,经合组织(OECD,2010)把“Audit”(评审)定义为“旨在增值和改进组织运作的一种独立的、客观的保障活动。它通过使用系统的、严肃认真的方法评价和改进风险管理、控制和治理过程的有效性来帮助组织达成其目标”。它还对“关注与相关地位及法规的符合度的合规性(财务)评审,和关心适切性、经济性、效率和有效性的绩效表现评审”进行了区分。①

① OECD. Glossary of Key Terms in Evaluation and Results Based Management. [2013 - 10 - 12]. http://www.oecd.org/development/evaluation/dcdndep/39059671.pdf.

由此可见，质量评审是一种具有独立性、客观性、系统性和权威性的评估活动，其对象是院校质量保障活动的适恰性、健全性、活跃性和有效性，其关注重点是风险的防范、管理、控制和治理，其目的是帮助院校实现其组织目标、宗旨、愿景和使命。它可以是一种合规性评审，但更多的情况下是对院校绩效表现的一种同行复核活动过程。

每一种评估模式都有其固有的一些基本特征，审核评估必须保持国际院校评审的基本特征，才能成其为审核评估。除了目的、对象和重点的一致性外，基本的程序、方法和评估报告结构也应当保持大体上的一致，如预访的程序、协商的方法和以不同信心水平为结论性意见的报告内容等。对于有些常用的技术方法和评估工具，我们甚至可以直接拿来使用，如三角定鉴与痕迹追踪的技术（分别见图1、图2）。同时，实施方案、评审准则及评审员角色定位等方面的许多先进理念也值得我们借鉴，如“独立透明、基于证据，尊重被评、主体参与，围绕专题、深度剖析，同伴比较、鉴别风险，分享智慧、结果共商，以评助改、传播经验”等，以在肯定成绩、咨询服务和挑战现状之间保持良好的平衡。

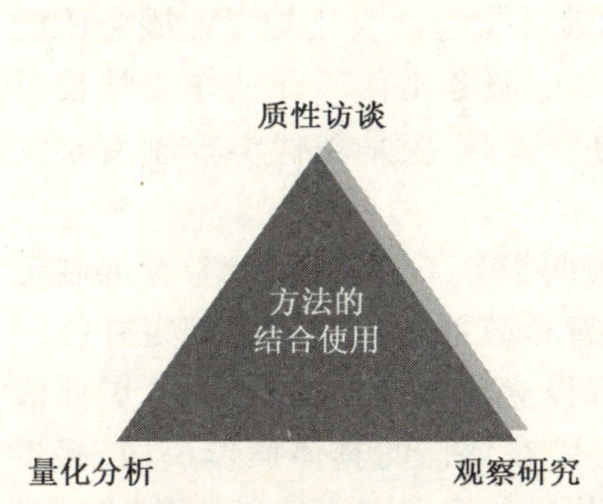

图1　三角定鉴的方法

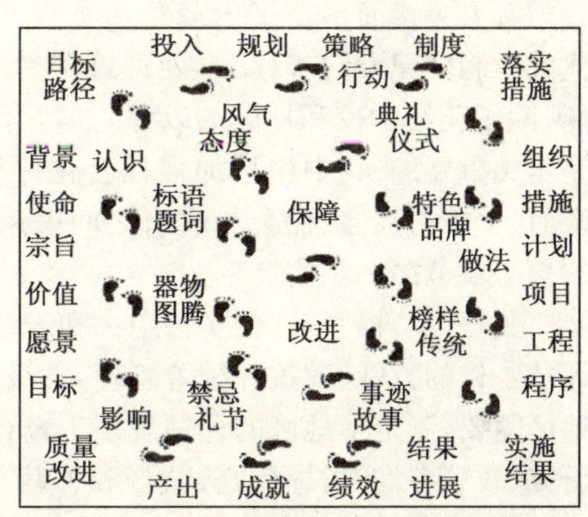

图2　痕迹追踪的方法

在国外的评估模式被引进和调适的过程中，受传统评估思维的束缚和本土管理文化的影响而出现水土不服的现象是难免的。评估项目的功能定位、操作办法和结论使用之间出现首尾脱节的风险也是始终存在的。上一轮评估的影响不会一下子全部散尽。因此，在模式引进时既要保持与国际基本特征的一致性，也要努力保持该评估模式各要素和各环节之间内在的一贯性，避免出现“橘生淮南则为橘，生于淮北则为枳”的现象。

二、维持中国审核评估的本土特色

现阶段政府、学校和社会的边界还没有划得很清楚，现代学校制度和社会化专业服务机制还不够成熟，政府在评估方案的制订和项目的监管方面发挥较多的作用，而相关专业机构在政府指导甚至是主导下相对独立运作的情况还会维持相当长的一段时期。与国外成立专门机构完全独立开展评估活动的状况不同，我国相关机构的专业性、独立性、权威性及服务能力还不够强，机构的地区分布也还非常不均衡。因此，目前采取政府教育主管部门和半官方的相关专门机构分工负责，在部分专门机构的服务还难以顾及的地方暂时多发挥政府教育主管部门的作用，这种情况可能也会维持相当长的一段时期。在政府治理方式改革完成之前，在评估专业力量和专门部门培育到位之前，这种制度安排相对合理。

首先，学校与政府和社会之间的大章程还没有落实，学校的小章程的制订是有困难的。所以，明确高教质量保障与现代大学制度的关系非常关键。政府放权给学校和社会后，如何保障基本的质量，守住质量底线，使放掉的权力有人去接而不至于出现管理真空，这就必须使质量保障制度建设与现代大学制度建设同步，切实处理好两者之间的关系。把政府放掉的部分职能（除了还给学校和社区的以外）如何合理地转化为社会化的专业服务职能是至关重要的，其中包括加强社会化评估专业服务工作。评估作为学校与政府、学校与社会、社会与政府之间关系的平衡器，应是现代学校制度建设的核心环节之一。

其次，本科教学评估实行中央和省政府两级分工管理模式，教育部制定评估工作的方针、政策并统筹管理，省级教育行政部门依据国家规定并结合地区需要，制定本地区的评估规划。教育部设立评估专家委员会，开展评估研究、政策咨询、指导检查、监督和仲裁等。① 在评估的具体操作层面，起步阶段的院校申报、信息统计、专家培训、结果公布等方面可能都会维持相对集中化的处理方式，学校与国家状态数据库要求对接，项目管理员也要对评审员的工作方案和预审意见进行一定的审查。评估费用将主要由相关专项经费支付。结合我们的国情，教育部还提出自评报告中不少于三分之一的部分要写自己的问题、原因和改进措施，专家中至少有三分之一必须来自于

---

① 教育部:《教育部关于普通高等学校本科教学评估工作的意见》(教高〔2011〕9 号)[2013 - 10 - 12]. http://jys. fjut. edu. cn/readnews. asp? NewsiD = 487.

外省等要求。可能百分之五或百分之十的院校要由教育部抽评,也可能每省第一所院校将由教育部的评估中心来评估。

同时,与国外具有完善的资质框架、院校注册标准、学业标准、质量保障准则和绩效表现指标等不同,我国的教育质量标准建设相对滞后。因此,在指导思想上强调"对国家负责、为学校服务"就更为重要。除了坚持现有的少量底线标准和借鉴国外的一些现有标准外,我国的审核评估恐怕更多地还要借助于院校各自现有的标准。评审员进入学校,首先就要看学校自己定下的目标,看学校自己是怎么说的,看学校做了什么,然后看学校是怎么做的,再看学校做的效果怎么样,特别是看学校是怎么知道学校的做法是有效的,看学校的成绩、经验和问题在哪里,看学校对后续的改进有什么想法和打算。所有这些工作都是要基于事实和证据进行评估的。因为本尼特(Bennett,1975)的证据层次理论在我们日常的话语体系中比较难以理解,所以我们可以对它做一点适当的转换(见表1),以便我们在实际工作中去具体落实好证据。

表1　对本尼特证据层次理论的转换①

证据层次	本尼特证据层次	经过转换的层次
层次一	资源	认识
层次二	活动	行动
层次三	参与、反应	做法
层次四	学习	结果
层次五	行动、影响	影响

最后,对评风评纪的强调在我国也是十分重要的。国外在教育行业规范和评估伦理方面已经有非常成熟的制度,评估人员对相关专业要求和工作规范的约定与执行是自然而然的。而我国在目前的管理文化和社会风气下仍须继续加强评估行业自律,规范评估人员行为,完善评估过程监督,为评估工作的开展创造一个风清气正的环境。

三、坚持各地审核评估的自有特点

在设计和实施审核评估时,各地应该坚持自己的特点。首先,省级结合

① Bennett C. Up the Hierarchy—A staircase to measuring Extension's impact. Journal of Extension, 1975(2):6–12.

本地区高教发展需要制订本地区的评估规划并组织实施，是教育部关于普通高等学校本科教学工作评估的意见中规定的责权。在我国不同地区，高等教育及经济社会发展水平存在着极大的差异，各地开展审核评估的具体工作目标应当和当地的高教发展战略、高教改革重点及高教系统的中心工作相结合。审核评估的年度评审主题及相关院校的具体评审专题，可以与系统内的其他相关工作合理衔接。当然，也要注意避免评估功能扩大化，对夸大评估的作用、模糊评估的边界的行为始终保持警惕，使审核评估保持其纯粹的、有限的专业活动的本色。

其次，各地的教育评估机构的建立情况也各不相同，在培育评估力量和评估能力建设方面存在极大的差距，因而在确定评估主体和具体实施评估工作等方面肯定会有不同的要求。如：评估方案主导者不同，各相关方面的角色关系不同，实际评估主体不同，具体实施过程和方式不同，费用承担办法不同等。各地应因地制宜地制订好自己的方案。

同时，要鼓励各地进行统一模式下的方法创新。一个标准、一种要求往往意味着一种质量、一种结果，只有允许探索和创新，才会有真正的发展、真正的特色、真正的质量。各地可以根据自己的需要，在与国际接轨和创出自己的亮点方面有不同的考虑。如：增加预访程序和结果协商环节；开展师生满意度等方面的调查；综合性的评审和专题性分析相结合；对同类型同层次伙伴院校的基准参照；结构化的、分专题式的写实性报告的撰写；分层次审核结论标识及其评审细则；三角定鉴、痕迹追踪等技术的使用；质量保障最佳实践经验的识别与传播；评后进展报告制度的建立；邀请学生评审员担任观察员；等等。

最后，在确定结论性意见方面，各地也应当进行大胆的探索，以尽快建立在我国实施审核评估的有效范例。确定对质量保障机制的信心水平等，是写实性评估报告的一个非常自然的有机组成部分，而不是一种评估等级。它只有在与具体的证实断言、称赞推荐和劝告提议结合在一起时才是具有实质意义的、有说服力的。在确定这种带有一定的结论性的评估意见时，应非常慎重，要与被评院校协商一致。而一旦给定具体的意见后，也不宜做过度解读和人为炒作。要真正以一种平常心态来看待这样的意见，把更多的情感和能量转向评后的改进。确定结论性评估意见要基于合理的、详尽的评审细则，但这些细则是质性的“镜子”，而不是有刻度、可度量的“尺子”。当然，在评估者内部可借助百分制、五分制或者其他等级制，以更准确地界定结论性意见的层次,具体过程及细节不对外公布。① 结论性评估意见不得与优惠政策和院校名誉等挂钩,更不能采取惩戒性措施对学校"打板子",这是保证审核评估健康开展的关键。各地确定使用怎样的具体结论性意见(按五分制,分别对应于4.5~5分、3.5~4.4分、2.5~3.4分、1.5~2.4分、0~1.4分),可视当地情况的不同采取不同的选择(见表2)。这些可供选择的结论类型中,信心水平和达标程度最具总体的概括性;信心水平除了具有院校质量保障对社会负责的含义以外,还最具有必要的模糊性;风险水平、绩效表现水平和发展阶段对实际状况进行具体描述,最具实证性;接受程度和满意程度最具主观性;整改水平、回访周期和结论性质是对评估后的后续质量改进的不同要求和期许,一般不适合直接作为结论性意见,但是可以配合其他专业性评估结论意见,作为院校自身或教育主管部门用以推动后续改进的建设性意见。如果为了显示行政推动力度而将最后的三种意见作为评估结论意见,则要对评估项目的管理风险保持足够的警惕。

表2　审核评估结论性意见的多种选择

结论层次 结论类型	层次一	层次二	层次三	层次四	层次五
信心水平	信心充分	较有信心	尚有信心	信心有限	缺乏信心
达标程度	达成目标	基本达标	部分达标	尚未达标	远离目标
风险水平	未有风险	风险较小	有些风险	风险较大	风险很大
表现水平	高度有效	较为有效	正在发展	正在出现	处于空白
发展阶段	全面完善	较为完备	发展之中	刚刚启动	未有开启
接受程度	完全接受	基本接受	尚能接受	较难接受	无法接受
满意程度	十分满意	比较满意	还算满意	不太满意	很不满意
整改水平	无需整改	自我改进	局部整改	必须整改	全面整改
回访周期	10年以后	8年以后	5年以后	3年以后	1年以后
结论性质	理想可取	值得肯定	咨询建议	必须必要	评估问责

① 袁益民:《审核评估:如何有效使用专业的评审方法及技术?》,《高教发展与评估》,2014年第1期。

四、支持院校质量建设的各种特例

评估是一种涉及价值判断的活动，而价值体现的是现实中人的需要与事物属性之间的一种关系。价值具有两大特性：主体性、多维性。一方面，由于价值关系的形成是以主体的需要为主导因素的，因此客体对于主体的意义就会因主体及其需要的不同而不同。另一方面，表现为一定的整体的任何一个层次的主体，其价值关系都具有多维性或全面性。因此，无论是发展的适应度和条件的保障度，还是目标的达成度、保障的有效度和用户的满意度，都要从学校的质量主体地位出发去理解、去把握。同时，上一轮评估的关注重心是院校一级，这次的审核评估应该重心下移，更多地关注质量保障机制在院系一级的实际运作，最终要指向师生层面的质量维度。为此，全体教职工应以平常心、正常态、学习心、开放态积极参与，这对于审核评估的顺利、健康、有效实施至关重要，不可掉以轻心。

既然院校的自我目标参照是审核评估活动的出发点，那么以校为本的理念就应当被贯彻始终。评估目标达成中的目标是学校的目标，确定目标是否已经达成的证据是学校的证据，最终达成目标所体现的也是学校的质量提升，因此，学校的目标愿景、实施策略、绩效表现和特色创新始终是关注的重点，也是评估后提出结论意见和改进建议的主要依据。最后，整个评估活动定位得准不准、规划得周密不周密、实施得有效不有效，主要是要看你对学校所说、所做和所获能否有一个比较精准的把握，看你给学校画的“像”到底“像不像”，看你是否带动了学校的组织性学习、满足了学校的期待、得到了学校的认可。服务学校质量内涵建设，使学校更强、更自信、更知道如何自处，是审核评估工作的最后依归。

审核评估的审核范围已经具有比较好的兼容性和通用性，为主体目标导向、通用标准参照、院校背景分析和同行伙伴比对等提供了现实的可能性。接下来就是要用这样的具有兼容性和通用性的质量标准来核查各不相同的学校的各不相同的目标、条件、情况、需要和可能，真正地做到一校一类、一校一面、一校一例。只有这样，才能充分发现各校的个性化做法，才能反映各校的最佳实践，才能找到针对自身问题的各校自己的答案，才能让学校真正以一种平常心、正常态、学习心、开放态来欢迎外部的介入和帮助。

哈维(Harvey,2002)曾对评估的威胁性与开放性之间的关系进行过有说服力的研究，得出的结论是威胁性与开放性成反比关系，只有降低威胁性才能给诚实反思提供机会，才能提高评估的实效性。① 因此，审核评估应当降低威胁性，提高开放性，充分发挥学校对于自评的自觉性、主动性和积极性，让自评的各种管理风险降到最低，让校内的各种学业风险能够真正得到暴露，让自评过程中积聚的动能和势头在外部评估前后得以延续。要从教师的专业经验和学生的就读体验出发，有效地发挥广大师生在协助外部评估、参与质量建设和推动校内变革等方面的作用。要对照审核范围，充分了解院校各自的经验；要围绕引导性问题，充分认可学校的不同答案；要围绕评审专题，多把脉、诊断，不开处方；要针对学校的问题，多出主意、提建议，少出难题，少“打板子”，多些交流，少些“指导”。评估工作要想做到让人心服口服、无话可说，首先要能够让其有话想说，甚至无话不说。

院校内部质量保障策略及体系的独特性、唯一性，与其适恰性、健全性、活跃性和有效性同样重要。目前，许多院校实际上已经搭建起了自己的一个内部质量保障的框架，有的看上去还十分精致、十分完美。但是，形式的完美后面，其对于质量强化、质量改进、质量文化建设到底能起到一个什么样的作用，还没有人能够给出完美的答案。在这样的背景下，要在自评过程、参评时机和自我改进等方面多给学校一些自主空间。不要急于去规范、去约束，要给创新更多的空间，给特例更多的理解，给学校更多的时间，给质量更多的机会，使审核评估成为真实有效的、真正专业的、真情操作的评估。

（《高校教育管理》2014 年第 3 期、《高等学校文科学术文摘》收录于 2014 年第 4 期、国务院发展中心信息网收录）

---

① Lee H. Quality assurance in higher education: Some international trends. [2013 - 10 - 12]. http://www.qualityresearchinternational.com/Harvey papers.

审核评估:如何有效使用专业的评审方法及技术

【摘　要】审核评估作为院校评估改革的创新成果,要实行分校立项、分类参照,还要做到分项评审、分层举证,以具体的评审细则、综合的评判尺度、先进的评估准则和科学的技术方法支撑专业化的评估。

【关键词】审核评估;评估方法;评估技术;价值评判

院校质量评审作为一项专业化的教育服务产品,不仅需要专业规范的约束,而且需要专业手段的支撑。在过去的评估中,因迎评压力太大、专业支持太少,被评学校对评估工作大多是持应景、应付和应对的态度。除了项目定位把评估的利害度设得太高以外,其中一个主要原因是缺乏专业评估方法和专门技术工具的支撑,缺少对学校的专业化的诊断、服务和咨询,学校和评估者都干了不少体力活,但吃力不讨好,最终使被评学校从成本收益来看,普遍感觉负担太重、收获太少。

审核评估作为院校评估改革的创新成果,已经有了一个很好的项目定位,如果再有专业方法和专门技术的支撑,将有可能克服传统评估的诸多弊端,成为学校真心欢迎、教育系统内外都能普遍接受的专业化服务工作。审核评估的关键是要做到"四分":既要做到"分校立项、分类参照",又要做到"分项评审、分层举证"。而使用好数据收集的步骤和方法,是落实"四分法"的基础性工作。

一、分校立项、分类参照

审核评估的方法创新首先体现在"分校立项、分类参照"上。一方面,针对某一个学校,成立一个专门的项目组,负责完整地谋划和实施对该校的整个评估工作,做到"一校一项、一校一案",真正体现"一校一面";另一方面,在参照学校自我目标来开展评估的过程中,要求学校不只是孤立地看待和评价自己,而是要主动地寻找同类型、同层次院校的质量基准,作为自己质量建构的参照系。

1. 分校立项

按照教育部本科教学评估的新方案,审核评估将充分尊重学校的质量主体地位,强化学校质量保障的主体意识,在评估工作中坚持主体性原则,真正做到以自我评估为基础和前提。外部评估主要依据学校自身的目标定位、办学条件、运作状况、改革措施和工作成效,去评价学校的目标达成度,最后形成写实性的报告,不分等级,真正聚焦于只同自己比发展。这样便使"一校一类、一校一标"的目标在评估中得以现实,也使理想中的"一校一面",以及学校的自主、创新、错位和特色发展真正成为现实。

因此,在评估的实际运作过程中,便要按照"一校一项""一校一案"来谋划和实施评估的过程,以充分体现对于学校独特性的尊重。在总体方案下面,针对每一个学校,单独成立一个项目组,单独协商进校评估的合作细节,单独策划具体的工作方案。被评学校真正地变成了一个单独的、独一无二的、专门的评价研究对象。在这样的评估安排中,除了国家统一的最低质量基准的底线参照和同类型、同层次学校的同行质量基准的比对参照外,更多的是要参照院校的自我标准,以其所说,看其所做,评其所获,从院校自身的情况出发,关注其自身的目标与定位、背景与需要、条件与可能。

2. 分类参照

当然,国家统一的最低质量基准只是底线要求,学校达到这样的最低标准是远远不够的。如果学校自身的目标不能与时俱进,学校就会迷失方向,因此,学校不能永远与自己的过去比发展,不能陶醉在自己的成绩中,不能把头埋在沙子里却对同行的进步不看不问。相反,学校需要随时与别人的现在比长短,密切关注同行的动向,拿国内外同行的质量基准来加以比对,从而进行不断的自我反思和自我激励。审核评估采用通用性和普适性很强的审核范围,不再要求在院校之间分出优良中差,也不是把学校按不同类型和层次分类进行评估,因此,同行之间主动进行基准比对显得尤为重要。

在评估过程中鼓励院校质量标准的分类参照,让学校对照相同类型和层次的院校的相关数据进行质量基准的自我比对,有利于院校准确地把握自身的优势和问题,也有利于自我反思,挑战本身的传统惯性思维,防止工作中出现自满和懈怠。分类参照有利于院校之间最佳实践的经验分享,促进同行交流和组织性学习,激发组织内部的进取心和凝聚力。鼓励院校按照类型和层次进行质量标准的同行参照及基准比对,有利于院校关注自身培养目标的实现程度,关注本校学生的学习成果,关注自身在同类学校中的办学绩效水平,从而激励自己进一步优化学校质量环境,改进教学过程,改善学生的就读体验。

二、分项评审、分层举证

审核评估的方法创新同时体现在"分项评审、分层举证"上。按照"分项评审、分层举证"的要求建立评审细则,然后根据相应的评判尺度和评估准则确定评估结论,为审核评估真正成为专业化的工作奠定坚实的基础。

1. 评审细则

进行"分校立项、分类参照"后,对于学校有没有达到自身的质量建设目标及同行院校的质量建设水准,还需要对照审核项目及其要素和要点进行分项评审,并从学校的相关认识、行动、做法、结果和影响等层面提供足够的证据,进行分层举证。首先,建立评审细则(如表 1 所示),不仅分层次提出质量证据要求,同时参照"零缺陷之父"Philip Crosby 的管理成熟度方格来分维度建立各层次质量达标的程度;然后,根据评审细则,对照审核项目及其要素和要点逐条进行评判。这样,质量构建的目标、过程和结果都被纳入评审的视野,审核评估的目标定位便可得以全面落实,使具有最大限度的通用性、普适性的审核范围与每个学校内部质量保障的实际情况真正地对接起来,使相关质量要求真正得到落实。

表 1　质量保障的证据层次和达标维度:评审细则的具体解读

层次	维度				
	达成目标	基本达标	部分达标	尚未达标	远离目标
认识及态度	认为质量是管理系统中不可或缺的基本组成部分,没有质量就没有完整的管理;知道为何无质量问题	参加活动,完全了解质量管理基本原则,并充分认识个人在持续改进中的角色;了解缺陷预防是日常工作的一部分	参与质量改进,对质量管理有较多认识,比较支持;经过管理层的承诺和质量改进活动,已能发现并解决问题	认识到质量管理或许有价值,但不愿投入时间或金钱;开始自我反思总有质量问题是否是必然的	不理解质量是管理的工具,将质量管理方面的问题归咎于质量部门;还不知道为什么质量方面会有问题

续表

层次	维度				
	达成目标	基本达标	部分达标	尚未达标	远离目标
行动及安排	质量部门相关负责人可以列席董事会；预防成为基本工作重点；质量被认为是先导性的工作，得到优先安排	质量部门负责人成为重要的人员；能及时有效地报告工作情况，采取预防措施；积极组织与师生有关的质量改进行动	质量部门向管理层负责，所有评估结果纳入正式报告；质量部门负责人在管理层有一定的地位，能够推动质量改进的相关活动	已经任命了强有力的质量部门负责人，但他的基本任务是使管理顺畅，只是教学或其他部门的一部分而已	院系或相关部门相互推卸质量责任；质量管理部门组织能力不强；质量改进活动很零散
做法及步骤	有一系列完善的做法；质量改进是日常的、持续的活动；除了一些极少的例外情况，问题都已被预先防止了	问题在发展初期就能被发现；继续实施改进行动，并开始走向组织成熟；所有部门都接受公开改进建议并适时开展改进行动	建立通畅的纠错活动沟通渠道，公开面对并有计划地解决问题；内部不相互推诿；开始了解并具体落实每一个改进步骤	工作小组来解决重大问题，却没有长远的整体处理问题的策略和方法；兴趣所致时会尝试一些短暂的改进活动	无解决问题的方案和清晰的质量标准；不组织质量活动，也不了解这样的活动；组织内部互相攻击
结果及收获	质量目标有效达成；内部质量保障机制相当完善；报告的质量成本很低，同时实际的成本也很低	质量目标均已达成；内部质量保障机制基本建立；报告的质量成本相对更低，而实际的成本相对也更低	质量目标部分达成；质量保障机制初步建立但不够完善；报告的质量成本相对较低，而实际成本也较低	质量目标尚未有效达成；质量保障机制问题较多；报告的质量成本很低，而实际的成本却很高	离质量目标甚远；还没有一个像样的保障机制；报告的质量成本未知，而实际成本很高
影响及优势	质量改进带来的直接结果以外的知识、态度、价值观和行为上的改变很大；质量保障方面有丰富经验和明显的优势，同行认可，社会知名	质量改进带来的直接结果以外的知识、态度、价值观和行为方面的改变比较大；质量保障方面有较多经验和一定优势，同行知晓，社会上有一定影响	质量改进带来的直接结果以外的知识、态度、价值观和行为方面有一些改变；质量保障方面已取得一些进展，校内普遍知晓，社会上也有一定的知晓度	质量改进带来的直接结果以外的知识、态度、价值观和行为的改变不大；质量保障方面虽然做过一些探索，但机制还建立得极不成熟	质量改进未带来直接结果以外的知识、态度、价值观和行为的改变；质量保障方面未建立内部机制，也没有看到这方面的努力

“分项评审、分层举证”对于审核评估的成功实施至关重要。如果把通用性与普适性很强的、宽泛的审核范围放在一起笼统地进行评判，眉毛胡子一把抓，将无法充分体现该项评估对院校质量建设方面的具体要求；如果把学校内部质量保障的完整过程割裂开来，片面地强调某一个层面的证据，将无法准确反映院校质量保障的实际情况。我们要从目标定位、资源条件、保障过程和学习成果等多个方面来整体把握质量目标的达成情况；我们也总是需要从认识与态度、行动与安排、做法与步骤、结果与收获及影响与优势等多个层次来具体地确认每个方面的质量目标究竟是如何达成的，是否已达成或者已经达到什么程度了。比起工业产品，教育服务产品的质量认定，总是需要更多过程性的证据来加以佐证，需要更多不同层次的质量证据来进行交叉印证。因为教育质量建构的过程就是如此：当作为教育结果的学习成果方面出现问题时，对于教育质量的补救为时已晚。我们不能轻而易举地从一目了然的学习成果中看出教育的质量，而是被迫去关注质量建构的具体过程，甚至是被评者的认识、态度、感受和反应等质量建构的过程中的细节。

2. 评判尺度

目前的院校内部质量保障体系大多是围绕原本各自为政的部门的职能和管理环节并基于现有的质量管理的相关活动而建立的，还没有很好地形成一个有效的质量环路。尽管各个学校在内部质量保障工作方面实际所处的发展阶段各不相同，但是总体上仍然处于一个探索和培育的初始阶段，最多只能说是初具雏形，在要素结构和建设内容上还不完善。① 用更为详尽的评审细则去对现有的内部质量保障体系进行考察认定，是一种诊断把脉，也是一种“叫醒服务”。它可以帮助学校本身及外部评估者更深入细致地了解质量建设的实际状况，更准确地评判院校内部质量建设所处的阶段，使院校质量评审的工作更有说服力，也更具实效。依据评审细则，评估者根据评判尺度进行逐项赋分，最后得出总分，作为确定和写实性地报告达标程度和得出评估结论的基本依据。内部赋分作为专业技术环节，其过程及细节不对外公布。这种实实在在、深入细致的实证工作不可或缺，因为质量保障机制本身就是比较难以琢磨的。评判尺度实际上是通过院校规划层面的发展适应度、计划符合度、条件保障度和安排有效度，管理过程层面的活动整合度

① 魏红：《我国高校内部质量保障体系的现状分析与未来展望》，《中国高等教育学会教育评估分会2010年学术年会论文集》，2010年，第103－104页。

和管理成熟度，结果层面的组织性学习成熟水平（组织完善度）、质量目标的达成度、直接服务的对象（师生）和间接服务的对象（用人单位）等教育服务的终极用户的满意度及存在的风险的等次等，来综合界定内部质量建设所处的阶段，为评判院校质量目标的达成情况提供了一面立体的、多维的镜子，为内部赋分提供了有效的尺度。具体评判和赋分方法如表2所示。其中，计划符合度、安排有效度和质量目标达成度是最核心的评判尺度，应获得最多的关注。组织完善度是最综合的评判尺度，可以作为对院校教学工作及整体质量建设情况做出综合评估的主要依据。①

表2　质量保障的成熟水平和达标程度：评判尺度的综合运用

成熟度	达标度				
	达标度一	达标度二	达标度三	达标度四	达标度五
发展适应度	完全适应	比较适应	初步适应	不很适应	很不适应
计划符合度	非常符合	较好符合	基本符合	不够符合	很不符合
条件保障度	充分保障	较有保障	基本保障	保障不力	没有保障
安排有效度	切实可行	操作性强	具可行性	可行性弱	无可行性
活动整合度	有机融合	有效整合	初步磨合	勉强凑合	机缘巧合
管理成熟度	成熟期	智慧期	启蒙期	觉醒期	不成熟期
组织完善度	信心充分	较有信心	尚有信心	信心有限	缺乏信心
目标达成度	达成目标	基本达标	部分达标	尚未达标	远离目标
用户满意度	十分满意	比较满意	还算满意	不太满意	很不满意
风险的等次	未有风险	风险较小	有些风险	风险较大	风险很大
评判的尺度	81～100分	61～80分	41～60分	21～40分	0～20分

内部质量保障机制的建立是一个相关活动从机缘巧合、勉强凑合和初步磨合到有效整合和有机融合的过程。完善的内部质量保障机制不是质量保障活动的机缘巧合，不是一些不甚相干活动临时拼凑在一起的勉强凑合和被强行搅和在一起的初步磨合，而应该是在一个阶段以后的有效整合和相互充分交流后的有机融合。

3. 评估准则

审核评估如何才能称得上是一项优质的评估，审核评估报告如何才能称得上是优质的评估报告呢？国外评审活动的专业标准可以为我们提供有

① 袁益民：《审核评估：引进院校质量评审的模式创新》，《高校教育管理》，2014年第1期。

益的借鉴。新西兰卫生部门使用6项指标来评估评审活动的质量,并使用7项指标评估评审报告的质量。① 优质评审活动的6项指标包括:(1) 评审小组符合评审要求;(2) 证据得到三角定鉴、交叉印证;(3) 证据包含客户访谈和(或)亲属访谈;(4) 标准陈述与标准相符;(5) 证据与给予的达成度等次相符;(6) 抽样调查包含痕迹追踪的方法。优质评审报告的7项指标包括:(1) 评审报告的规定范围内容是完整的;(2) 评审报告不要求重新提交;(3) 所使用的语言是明确的;(4) 证据与风险等级相符;(5) 证据有量化;(6) 证据进行分层;(7) 证据使用及时。

三、数据收集的步骤方法

审核评估要做到"分校立项、分类参照",特别是要做到"分项评审、分层举证",除了状态数据的申报、复核和使用外,实地访问过程中数据收集的步骤和方法对于准确地确定评估的结论也是至关重要的。实地访问过程中数据的收集是直接与审核范围、审核项目、要素及要点相对应的,与评估结论的确定直接相关。数据收集和使用的最基本的原则可以采用澳大利亚第三级教育质量与标准局(TEQSA)的三大原则:管理必要性原则;反映风险的原则;适度管理原则,既要避免不必要地干扰被评院校,又要充分揭示学业及质量管理问题,还要严格按照存在的问题做出适当的处理。②

具体来说,数据收集要把握的方面包括:根据评估目的收集最低限度的必要信息,不应偏离评估目的收集无关信息或者过多不需要的信息;根据信息来源的可能和技术方法的特点确定具体的证据收集方案,注意信息源与技术方法的匹配度;尽量使用已有的现存信息,从文档中便可确认的信息无须再使用其他方式重复收集,网络平台可以捕获的可用信息不再要求院校提供纸质原始数据;同一个人不重复收集同一信息来源的相同信息,多人到同一信息来源收集信息,最好采取集体组织的方式,以避免对正常教学秩序造成不必要的干扰;用不同方式收集的不同来源的不同信息,可以与评审组内其他成员分享,相互交叉印证;综合利用各种技术方法,提高评估工作的

---

① Ministry of Health. Audit quality indicators and definitions. http://www. health. govt. nz/our-work/regulation-health-and-disability-system/certification-healthcare-services/information-providers-healthcare-services/audit-quality-indicators-and-definitions.

② Australian Government. Tertiary Education Quality and Standards Agency Bill. Tertiary Education Quality and Standards Agency(consequential amendments and transitional provisions) Bill 2011. A guide to the exposure drafts. CanBerra: Department of Education, Employment and Workplace Relations.

效率，不应因资源和时间的压力牺牲数据收集的质量；使用其他问题和环境分析方法可以支持数据分析并辅助数据收集，要善于从碎片化的量化信息和零散性的事实数据中寻找完整的故事。

同时，要清晰地认识到数据收集本身具有局限性，特别是在学习成果和管理有效性等方面的信息的收集。我们往往难以获取足够信息来公平有效地监测绩效表现；难以从个体、项目（专业）和院系的成就信息中综合出院校整体成效；也难以用质量目标来对应过程质量和结果质量、用资源来对应活动和产出。我们总是需要使用多种主要的调查式和非调查式方法，同时还需要使用三角定鉴、痕迹追踪的方法和其他问题与环境分析的辅助性方法，来同时关注目标、主体、过程、活动和结果中的证据。即便是充分、规范、有效地使用了这些方法，我们仍然需要极大地借助于评估者本人的经验和智慧，并且花费足够的时间和精力，才能收集好、使用好相关的数据，为真正专业化的评估服务提供支撑。

1. 数据收集的基本步骤

证据收集的基本步骤包括：(1) 制订数据收集的计划，明确目的和问题及数据来源和数据收集方法；(2) 识别需要及信息来源，明确用何处的何信息来回答何问题；(3) 找出评估性问题；(4) 做好描述性、反思性、观察性记录；(5) 做好资料的整理分析，对资料进行归档、编码、分类及归纳分析；(6) 评估发现的呈现，包括过程和方法的描述，以独特的方式标识引用信息，以适当的叙述方法尽可能真实再现具体的情况与故事、观点和思考，并清楚说明评估发现和评估结论的局限性。

2. 数据收集的技术方法

决定采用哪种或哪几种技术方法进行数据收集，主要取决于以下几个方面：(1) 针对评估项目的目的，需要收集哪些方面的数据，应该采用哪种或哪几种数据收集的技术方法，该评估项目的性质属于基于目标的评估还是同时基于过程和结果，往往基于一个方面的评估需要更少的信息和相应的技术支撑；(2) 评估对象及其他利害相关者对于评估信息的需要及出具评估结论对评估信息的需要影响技术方法的选用；(3) 评估信息收集、分析和处理中对于信息的宽度和深度的要求也影响技术方法的选用，往往聚焦较窄的范围和较浅的层次，对技术方法的依赖就较少；(4) 信息的宽度和深度之间存在矛盾，需要确定偏重宽度还是深度，不同的偏向对于技术方法的选用也是有影响的；(5) 评估项目所提供的资源允许采用哪种或哪几种技术方法，资源越少，能够采用的技术方法就会有越多的限制；(6) 评估者的经验和水平等无疑会影响技术方法的选用；（7）评估对象的可评估性及评估信息的可获得性和现存性，包括评估对象的背景、条件、态度和要求等，也是重要的影响因素；（8）评估项目的效率要求和运作方式也会影响技术方法的选用，评估的时间长度和工作时序也是决定技术方法选用的影响因素；（9）评估机构及项目管理者的意志也会极大地影响技术方法的选用；（10）具体采用哪种或哪几种数据收集的技术方法，归根结底要根据这些技术方法的特点（包括其基本用途、相对优势和相关风险）来做出取舍，主要信息收集方法的特点如表3所示。

表3 主要信息收集方法的比较①

技术方法	基本用途	相对优势	相关风险
问卷、调查、检查清单	以没有威胁的方式快速简便地向人们收集大量信息	能无记名完成；操作费用低；易于比较分析；可对许多人同时实施；能获取大量数据；已有许多样本问卷	不能获得细致反馈；用词可能曲解客户回应；与个人无关联；调查需要抽样专家；得不到完整故事
访谈	用以充分理解某人的印象、经验，或更多地了解他们对于问卷的填答	获得全面、深度信息；与客户发展关系；对客户比较宽松	可能花许多时间；难以分析比较；可能花费多；访谈者可能曲解客户的回应
文档复核	通过复核申报材料、财务报告、备忘录和会议纪要等，以在不干扰项目的情况下获取其运作方面的印象	获取综合历史信息；不干扰项目或客户的日常工作；信息已经存在；很少对信息产生曲解	常常花许多时间；信息可能不完整；须相当清楚在找什么；缺少获得数据的手段；限于现存数据
观察	用以收集项目实际运作的准确信息，特别是关于过程的信息	在项目实际运作时看其运作；可以适应事件出现时的具体情况	难以解读所见行为；为所见归类较复杂；可影响参与者的行为；可能花费较多

① Carter McNamara, MBA, PhD, Authenticity Consulting, LLC. Basic Guide to Program Evaluation (Including Outcomes Evaluation). http://managementhelp.org/evaluation/program-evaluation-guide.htm#anchor 184773.

续表

技术方法	基本用途	相对优势	相关风险
专题组	用以通过小组讨论深入探究一个主题,如关于一项经历的反应或建议、理解共同的抱怨等	快速可靠地获取共同印象;在短时间内获取大范围内深度信息的高效方式;能传递项目关键信息	难以分析回应;为确保安全和主持讨论,需要一位好的召集人;难以一起安排人们的议程
个案研究	用以全面理解和刻画客户在项目中的经验,通过个案交叉比较进行综合验证	全面刻画客户在项目投入、过程和结果方面的经验;是向外部人员描述项目的强有力的手段	汇总、组织和描述往往很花时间;代表深度而非广度信息

问卷。问卷法可以用来测量事实或客观事件及主观状态方面的问题。与访谈法相比,问卷法所能获取的关于敏感话题的信息更为可靠。问卷设计要考虑主客观方面的因素,全面关照调查目的、调查内容、样本性质、资料处理分析使用方式、调查经费和时间等。问题设计包括开放式和封闭式,语言使用和提问方式要求尽量简洁明了,避免使用模棱两可的、带倾向性的、误导性的问题。问卷使用前要进行信度、效度检验。参与者和(或)关键被调查人问卷(量表,调查)均可以是适当场合当场填写的,也可以采用班级集中填写、网络在线填写、面对面拜访或邮寄等各种可行方式。回收问卷后,要进行必要的校对、整理、录入及数据统计分析。

访谈。访谈法的目的是深入了解情况,深化对问题的理解。访谈的内容可以是结构性访谈,也可以是非结构性访谈。参与者或关键被调查人访谈均可以采用群体、小组会面、单独面谈、电话、网络在线等方式,可以是个别式访谈,也可以是集体性座谈,可以是叙述性访谈,也可以是引导性访谈。访谈的问题也包括开放式和封闭式。要事先设计好访谈提纲,访谈中要建立良好的沟通方式,包括使用恰当的语言。

文档复核。它也称文献分析法、文献查阅法、文献调查法,是一种根据评估目的、任务、范围和要求对文档进行收集、鉴别和整理,并通过对其内容的阅读、分析和研究而形成对相关事实和证据的价值判断的调查方法。复核的文档包括纸质、电子与声像等各种材料。文档的查阅与复核的程序一般包括浏览、选择、精研、判断和记录5个步骤。文档复核的任务包括对文献及先前经验的回顾总结,对非专为评估收集的档案纪录,对项目活动的图片、录像、录音及专为评估制作的其他档案纪录的文本分析。

观察。它也称实地观察法,从观察方式来看包括参与型观察法与非参与型观察法,从观察内容来看包括结构性观察与非结构性观察。观察法作为一种专业的评估方法,应有目的、有计划地进行,要事先明确观察的对象、范围和内容,对时间、地点、事件、手段与方式等均要做出提前安排。通过观察主要是要回答谁、为什么、在何时、在哪里、如何、做什么的问题。使用实地观察法时,要认真思考,并及时做好记录,要注意避免主观片面性,避免眼见为虚,避免走马观花。理性、相对、客观、可重复和可证伪是科学的观察法的特征。

专题组。它也称焦点小组、专题小组,是参与者(或关键被调查人)参加的围绕特定课题展开的深入的集体性讨论活动。活动过程中要由一位主持人在不限制自由表达的前提下,保持讨论内容不偏离主题,保证每个活动参与者都能积极地参与。专题组应保持群体动力、开放讨论、定性数据和探究目的4个特点和优势。专题组属于一种质性研究,组员会在交流的环境中被问及或与其他组员自由谈论他们对于某一产品、服务、概念、宣传、想法和包装的认识、观点、信念和态度。在社会科学中,专题组允许面谈人在一对一面谈中更自然的会话模式下研究人。与参与型观察法相结合,专题组能用来了解小组及他们的交流方式。①

个案研究。它也称案例研究,是一种介于具体的数据采集方法与技术范式之间的研究方法,是一种研究策略,也是对现实生活背景中的现象的一种实证调查。在社会科学中,个案研究是一种对某一个人、一组人、一个事件、一项决定、一个项目、一项政策、一个机构或一个系统的描述性、探究性或解释性分析。个案研究可以是前瞻性的或者追溯性的。研究者要清楚地了解研究的目的和问题,并收集和处理相关的数据,用经过交叉印证的具有不同信息来源的证据,来支持相关的理论主张、理论假设。个案研究设计要包括5个要素:(1)研究的问题是什么;(2)如果有理论主张和理论假设,它们是什么;(3)分析单位是什么;(4)怎样把数据与理论主张、理论假设联系起来;(5)诠释数据的标准是什么。② 个案研究可以指一个或多个案例的研究,依赖多重证据来源,并得益于先前的理论假设。个案研究不能混同于质性研究,它可以包含量化证据。个案研究的主题一般可以包括关键

---

① Wikipedia, the free encyclopedia. Focus group. http://en.wikipedia.org/wiki/Focus_group.

② Yin, R. Case Study Research—Design and Methods (2nd Edition). Thousand Oaks: Sage Publications, 1994: 24.

案例、异常案例和熟知案例。其中关键案例是由其相对于普遍性问题的战略重要性决定的。一个关键案例允许做如下普遍化概括:如果此案有效,则所有(或很多)情况下均有效;如果此案无效,则所有(或几乎所有)情况下均无效。

此外,还有一些方法属于问题综合分析和内外环境分析的方法,它们同时也具有某种证据收集的辅助性功能。这些方法包括 SWOT 分析方法(Strength, Weakness, Opportunity, Threat)、PEST 分析方法(Political, Economic, Social, Technological)、7S 分析方法(System, Structure, Strategy, Style, Staff, Skill, Shared Values)、三层次四领域分析法(个体、群体和组织;技术、结构、资源、文化)、成果逻辑模型绘制(Outcomes Logic Model Drawing)和利害相关者评价研讨会或咨询会(Stakeholder Consultation/Assessment Workshops)等。

(《高教发展与评估》2014 年第 1 期、国务院发展研究中心信息网收录)

审核评估：如何真正做到正确认识，确保平稳开展

【摘　要】 目前，审核评估工作在试点基础上即将在全国全面展开。然而，学界、院校甚至是省级组织实施部门在解读教育部的顶层设计方案和具体理解审核评估的理念、价值和方法时，仍然存在诸多误区。一方面，体现审核评估核心理念和价值的一些重要问题还没有真正做到正确认识，在为何评、谁来评、评什么等问题上还存在明显的误读。另一方面，对审核评估这样一种模式到底是什么套路和做法缺乏真正的了解，在应该做些什么、怎么去做、如何才能做好等方面还存在明显的曲解。因此，需从问题聚焦、角色定位、价值导向和方法使用4个方面加强对审核评估的本体性研究，对审核评估所聚焦的内部质量保障这一核心问题、多元主体这一基本定位、赋权增能这一价值导向和综合系统这一方法，真正地做到正确理解，以确保审核评估的平稳开展。

【关键词】 审核评估；核心议题；角色定位；价值导向；评估方法

一、引　言

《教育部关于普通高等学校本科教学评估工作的意见》和《教育部关于开展普通高等学校本科教学工作审核评估的通知》的发布，为我国普通高等学校本科教学工作审核评估的组织实施，提供了一个很好的顶层设计，方案较好地反映了国内外教育评估改革的大趋势，与国际评估发展的方向基本吻合。然而，对评估试点、业界讨论及学术研讨过程中反映出来的一些重要问题，我们需要予以特别关注和进一步明确。一方面，审核评估的核心理念、基本要素乃至整体思路的有些重要方面还没有很好地进入审核评估的工作视野，如伙伴基准比对与外部参照点使用、学业风险框架与主题评审、

正式的预访程序、分层次审核结论标识及其评审细则、三角定鉴和痕迹追踪等技术的使用、学生参与(担任评审员或提交书面意见书等)、中期跟踪、进展报告制度、最佳实践识别与传播等。另一方面,也有一些认识的误区和潜在的风险已经露头,如果处理不当,将在不同程度上影响到项目实施的效果。如认为审核评估"不分类型、不设标准、不做结论",认为评估报告只包括"值得肯定、需要改进和必须整改"三个方面的意见而无须给出达标情况的描述和对于总体情况的综合判断,认为专家需要"把脉、诊断、开处方",审核评估是"基于目标、基于自评、基于事实"等。应该看到,参与相关讨论的许多人的观点是不符合院校评估改革趋势的,也与国际通用的审核评估模式的基本定位相违背。如关于审核评估"不分类型、不设标准、不做结论"的提法,就不符合国际审核评估模式本身的定位和多国开展该项评估的实际做法。有些学者认为,这"三不"是为了减轻评估压力和功利化倾向,但事实是,压力是评估这个行当与生俱来的,功利性问题本来就是在各种模式的评估中都要通过科学人文的设计去尽量规避的,而不是"不分类型、不设标准、不做结论"就能解决的。不分类型就没有攀比之心、不设标准就没有功利化倾向、不做结论就能没有评估压力的简单化思维方式,这其实与上轮评估的有了统一标准和分等结论就能促进建设的思维在本质上是一样的。可见,如果在这轮评估的具体运作过程中出现偏差,很可能就是在这些问题上。

其实,审核评估模式的选择是由评估目的决定的,而选择这一关注内部质量保障的院校评审以后,许多关键的要素应该是相对比较确定的,与国际通行的普遍做法在基本面上应该是比较一致的。但是,目前这些要素和做法在我们的具体工作方案中还残缺不全,甚至有严重的曲解。而且,至今尚未有人对这一涉及审核评估未来走向的核心问题做出系统的梳理和澄清。如果对审核评估的理解一开始就出现大的偏差,且又不及时纠正,那么,尽管本轮评估已经有了一个比较好的顶层设计,但在具体的执行和操作过程中仍然很容易出现不可预料的风险。从以往的经验来看,如果不能及时地识别和规避评估项目的潜在风险,项目将不能得到很好的实施,也就更不可能较好地服务于院校通过识别和规避学业风险切实保障教育教学质量的核心任务。

与此同时,在与院校同仁进行座谈和调研的过程中我们也发现,目前评估者与被评者对于该如何正确认识审核评估以及审核评估如何平稳开展更是存在一些模糊理解,甚至可以感觉到其明显的茫然和一定的顾虑,这些都增加了未来项目实施过程中的不确定性。如有的人认为,审核评估就是分类评估中的一种;而有的人则认为,审核评估不再是强调院校分类的评估,甚至同类型同层次院校的情况也与被评院校无关了。有的人认为,院校的目标定位而非计划路径才是审核评估的起点;而有的人则认为,若干个“度”而非整个内部质量保障机制才是关注的焦点,甚至内部质量保障机制就体现在那么几个“度”上。有的人认为,审核评估没有评估标准,只有审核范围;有的人则认为审核范围就是审核评估的标准,甚至是最主要的基本标准。有的人认为,每个学校自身的标准的达成情况是最重要的;有的人则认为,一个省的工作重点和发展主题才是最要紧的,甚至把应用型人才培养定位等专题作为整轮评估的主题。有的人认为,状态数据应该突出关键绩效指标数据,有的人则认为状态数据越细越好、越全越好,甚至国家级数据也要如此。有的人认为,在评估前、评估中和评估后,专家的进校活动应该常态化,应允许突访性考察;有的人则认为,多进校就是多干扰学校,甚至境外普遍正式采用的预访程序也不得安排。有的人认为,写实性评估报告除了肯定院校的优点外,还要就需要改进和必须整改的方面开出处方;有的人则认为,评估工作不再需要等级的描述,甚至评估者内部也不需要有赋分的过程和优劣的标识。有的人认为,在强化院校自评、状态数据监测和发布质量报告的前提下,应该只向被评院校或在一定范围内全文公开写实性评估报告;有的人则认为,应向社会无条件全文公开报告内容,甚至不用事先征求被评院校的意见,也不要有任何保密条款。有的人认为,如果评估不分等级,学校就会松懈,师生的参与也难以保证;有的人则认为,如果在内部质量保障机制上动真格、下真功夫,评估服务的重心必然进一步下移。有的人认为,现场访问期间要加大校内外利害相关者满意度调查;有的人则认为相关的调查可以留给学校自己平时去做,甚至现场访问过程中也不需要关注满意度。有的人认为,除了评后的信息传播和经验交流外,应该增加后续评估程序以强化评后整改;有的人则认为发布写实性报告后,评估工作应告一段落,甚至将内部改进的工作完全交给学校自己,无须再有进展报告。有的人认为,评估机构应在“管办评分离”的原则下实现相对于行政主管部门和国家级评估机构的独立性;有的人则认为,行政主管部门和国家级评估机构要进一步加强监管,甚至在一些方面仍包办代替。从方案整体上看,有的人认为,审核评估作为全新的评估模式可以避免以往评估的所有弊端;有的人则认为换汤不换药,传统评估的痕迹难以根本去除,甚至认为,到头来这无非就是另一轮评估而已,不会带来任何根本性改变，等等。

目前围绕该评估方案进行的现有研究，仍有必要加强对审核评估模式的本体性研究，对该项评估的问题聚焦、角色定位、价值导向和方法使用4个基本项目构件做出系统的梳理和澄清，以真正做到正确认识，确保其平稳开展。其中，问题聚焦需要回答评估的最主要目的是什么、要解决哪个最核心的问题、最本质的评估性问题是怎样的等元问题；角色定位需要回答谁得益（为了谁）、谁来评（谁为主体）、谁参与（以何身份）、依据谁的标准、谁决定结果、结论告知谁、谁使用评估结果与结论等元问题；价值导向需要回答使用哪种或哪几种评估定位（问责、发展、学习等）、是强调自我发展还是强调外部帮助、以何种标准去评估、方法多些科学性还是多些人文性、是倡导独立性与客观性还是鼓励多元参与、结果与结论的利害度高些还是低些、评估信息的公开性大一些还是小一些、是用科学的语言来向大众突出其可信度还是用大众的语言来提高科学评估的使用性等元问题；方法使用则需要在问题聚焦、角色定位和价值导向确定后选择相应的方法，仍需要回答重质性分析还是重量化判断、重事实判断还是重价值引领、重过程还是重结果、重外部数据还是重校本数据、重专家还是重科学工具等元问题。① 如果这些元问题在方案制订和组织实施过程中能得到基本的回答，并得到院校的支持和配合，就能够给本轮评估带来实质的改变，为学校教育教学质量的改进提供切实的保障。

二、问题聚焦：关注内部质量的保障

审核评估的核心问题是如何实现院校内部质量保障机制（包括管理标准及质量工作等）的综合性、完整性、透明性和有效性，包括计划的可行、组织的健全、实施的严密、措施的有力、活动的活跃、方法的可靠、信息的准确和结果的有用等，立足点是绩效表现的整体改进。围绕这一核心问题的评估性问题，是对于质量的状况和质量保障是否有效是怎么知道的，具体包括目标路径是否明确、执行措施是否落实、结果是否是目标路径和执行落实的后果、如何改进是否知道4个方面，如图1所示。

① 袁益民：《教育评估的体制创新》，江苏科学技术出版社，2007年，第116－117页。

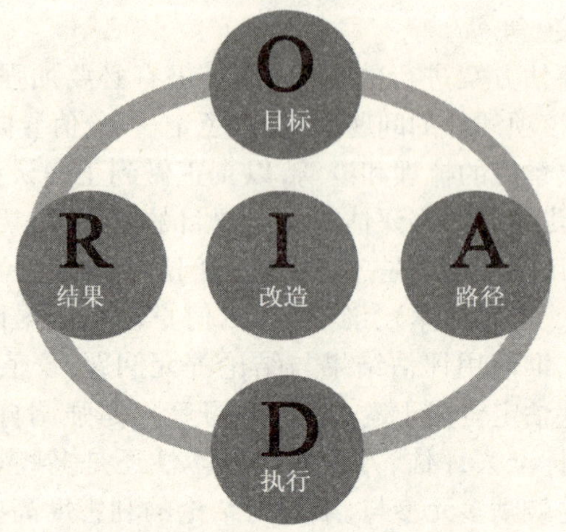

图1　澳大利亚院校质量评审的 OADRI 模型①

院校内部质量保障机制、能力及体系应该被作为一个整体来看待，不能相互分离或者与教育目标的制订、教学活动的过程和学生学习的结果割裂开来。内部质量保障的运作安排、组织水平和制度设计是相互关联的，以其所说、看其所做、评其所获也必须是一个连贯的过程。根据迈西（William F. Massy）的质量评审流程图（图2）所示，在投入、教与学的过程和学习结果三个要素中，正向的箭头刻画出投入是如何激活教与学的过程，教与学的过程随后又是如何产生出学习结果的。但是对于质量评审这样一种复核活动来说，反向的或者说"反馈"的箭头是最重要的。为了保障教育质量，如箭头 A 所示，教师必须持续地测量学习结果的质量，将其与目标加以比较，然后按照需要调整教与学的过程。同时，如箭头 B 所示，过程的自我反思及同校内外最佳实践案例的比较，也能带来教与学的过程的调整。最后，如箭头 C 所示，过程的调整会促发所需投入的类型、数量和质量的变化。没有反馈的过程，质量是必然会

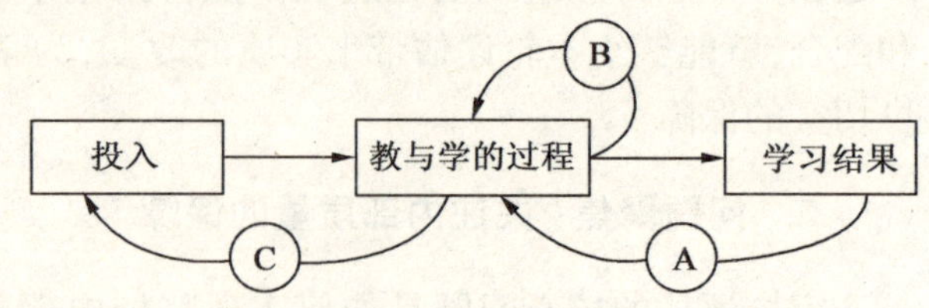

图2　教育质量评审流程②

---

① Hilary W. & Rob C. Regulation and Quality Assurance in Higher Education, 2011－10－24.

② William F. Massy. Education Quality Audit as Applied in Hong Kong. http://www.unc.edu/ppaq/docs/audit/Audit.html, 2014－07－11.

下降的，因此，反馈是维持质量的基本保障。

境外的院校质量评审范围各有侧重，有的更多地关注质量工作的覆盖面，有的更多地关注质量活动的有效性，有的更多地关注质量的后续改进，但无一不是对于质量工作和质量保障体系的一个综合的、整体的架构，强调各项质量活动之间的关联性和整合一致，如表1所示。尽管这些院校质量评审的范围略有不同，对于质量保障机制或质量工作的理解也略有差异，但是，在聚焦质量保障机制或质量工作这一点上是完全一致的。

表1　多国院校质量评审的标准对照

国别	质量保障机制与程序	质量保障的参与	评价与信息管理	目标	学习机会	复核与后续
丹麦	质量工作的策略与程序；质量工作的覆盖面和组织	内部利害相关者的参与；外部利害相关者的参与	公共信息；信息系统与数据收集；信息与数据的使用；对学生的评价	质量目标	学习资源与学生支持	专业和学位的批准、监测与定期复核
瑞典	质量保障过程的执行策略；院校所有活动中质量工作的整合一致	与利害相关者的合作；教职员参与质量强化与保障	外部专业关系	学业领导力	国际化；性别平等	评估与后续活动
芬兰	质量保障的综合性；质量保障体系与管理指导的相互作用；文档，包括质量保障政策的制定和程序、责任人及责任的定义	教职员、学生和外部利害相关者参与质量保障；质量保障信息对外部利害相关者的适切性和可获得性	质量保障体系生成信息的使用；质量保障信息的适切性和可获得性	质量保障体系的目标、结构和内部一致性		质量保障体系的监测、评估与持续发展；质量保障程序及结构的效率
挪威	教育质量工作如何成为院校战略性工作的不可或缺的部分；质量工作如何贡献于资源管理和院校优先领域（人力，基础设施，服务）；质量工作如何与各层指导和管理相连接	质量工作如何日常组织，如何测量保证广泛参与，有工作不同阶段明确定义的职责和权威的分配	如何系统提供对于质量工作目标达成情况的信息和评价的分析；院校如何找回和处理对所有学习单位做出令人满意评价所必需的数据和评估信息；信息如何在高层得到积累	院校质量工作的目标是如何定义的	体系如何保证聚焦于整个学习环境和学生积极参与质量及整个学习环境工作	给董事会上报年度质量报告时如何给出教育质量的一致总体评价与持续质量工作计划和测量的概览；使用质量工作结果来提高学习质量

续表

国别	质量保障机制与程序	质量保障的参与	评价与信息管理	目标	学习机会	复核与后续
加拿大	质量保障机制的有效性	质量保障机制的实施	学生成就评估	战略性规划;成功的规划	专业	保证质量保障机制有效性的机制的复核与更新
英国	院校质量强化的路径	院校对研究生的安排	公开的信息	院校对学业标准的管理	院校对学习机会的管理	合作方面的安排

目前,围绕审核评估的关键或重点问题的基本提法,包括突出内涵建设,突出特色发展,强化办学定位,强化人才培养中心定位,强化内部质量保障体系建设,以及所谓的"四个度""五个度"等。这些无疑均是我国高等教育内涵建设和质量提升过程中的最基本的问题。但是,无论是从国际的普遍实践来看,还是从我国强化内部质量保障以支撑现代学校制度完善的紧迫任务来看,院校内部质量保障机制应该是审核评估的核心问题。

鉴于某一项评估总有其适用范围及局限性,唯有专注于相对集中的范围而非面面俱到,才能在相关领域有切实的、更多的收获。当然,任何评估在其所涉及的目标之外都会有更多的副产品,但这些产品只是副产品,往往是不刻意而为就会自然产生的,往往是聚焦核心问题之后"无心插柳柳成荫"的结果。审核评估作为本身关注内部质量保障的院校质量评审,无疑将有利于强化办学定位和人才培养中心地位,并促进学校内涵建设和特色发展。所以,审核评估的关注点应始终聚焦院校内部质量保障机制这一核心问题。参与内外部质量保障的各方利害相关人应就此达成共识。其实,教育部相关文件也已明确,"审核评估核心是对学校人才培养目标与培养效果的实现状况进行评价",也就是对内部质量保障的有效性进行评价。从广义上说,现有审核评估的范围本身就是对内部质量保障机制进行考查的基本维度,而其中的"质量保障"审核项目,就是对狭义的内部质量保障机制专门进行考查的特定维度。

三、角色定位:发挥多元主体的作用

在角色定位方面,如何发挥多元主体的作用,让各方利害相关人参与到评估工作中来,是评估工作得以平稳开展的关键。其实,教育部相关文件已经对多元参与和多元评价提出了明确的要求。麦克贝斯和麦克格林(John MacBeath and Archie McGlynn,2002)提出的评估使用者的重要性排序调查

表,可以为我们理解如何发挥各方利害相关人的作用提供参照工具,如表 2 所示。

表 2 评估对评估使用者(服务对象)的重要性程度排序①

使用者(服务对象)	根据重要程度从 1 排到 7
为了家长	
为了主管部门	
为了学校督导人员	
为了学生	
为了教师	
为了当地社区	
为了学校领导	

注:为了适应中文的使用习惯,对原文进行了个别非本质性的调整。

当然,利害相关人在评估中的利益和权利大小本身是各不相同的。相关研究认为,如图 3 所示,评估对于作为参与者的评估对象来说是高利益、低权利的;对于作为玩家的评估者来说是高利益、高权利的;对于作为背景设置者的政府或立法者等来说是低利益、高权利的;而对于作为旁观群体的公众和社会媒体等来说是低利益、低权利的。一项精心设计的有效的评估应该在各方利害相关人之间建立良好的平衡。目前的天平是从作为参与者的学校、师生、社区、家长向作为背景设置者的政府主管部门及作为玩家的评估人员过度倾斜的。

高利益　低权利 参与者	高利益　高权利 玩家
旁观群体 低利益　低权利	背景设置者 低利益　高权利

图 3 利害相关人的利益与权利关系比较

根据帕顿(Michael Quinn Patton,2009)的研究,如图 4 所示,系统的复杂性与技术的确定性和社会的一致性之间成反比的关系。由于教育系统的繁杂性,对于教育质量的技术方面的确定性和达成社会共识的难度均是比较

① John M. & Archie M. Self-evaluation. Routledge Falmer,2002.

大的，因此在项目实施中，院校、评估机构、社会、政府的互动关系就显得极为重要。一方面，我们要确保作为质量主体的参评学校与作为评估专业服务提供者的评估人员之间的良性互动关系的建立，充分发挥院校自身的质量主体作用及评估机构的专业服务的功能；另一方面，我们最终要落实多元主体的作用。

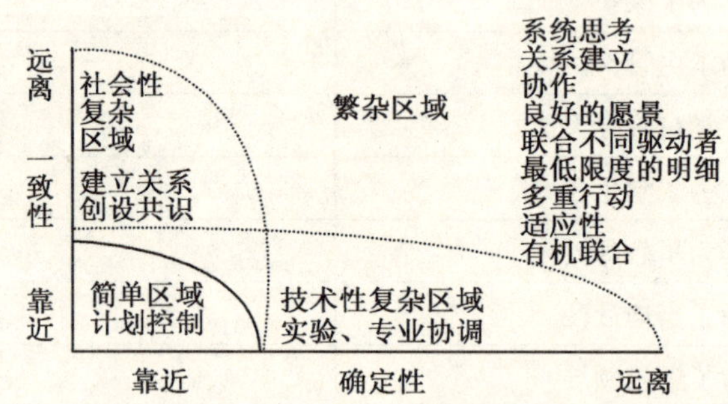

图4　系统复杂程度对于社会一致性及技术确定性的影响

"约哈里窗"(The Johari Window)给我们的启示是：只有院校的主动告知及公开与同行的询问及反馈结合起来，我们才能对学校教育的质量状况有更多的了解，如图5所示。院校层面的质量问题太繁杂、太微妙了，院校走进"顺从模式"从而扣留、扭曲或者无法提供证据的机会太大了。我们需要进一步完善现代学校制度，落实现代学校教育的管理分工，明确政府、学校和社会的铁三角关系。政府主要管好教育公平，学校作为办学主体办出质量，社会负责相关保障(包括法律保障、舆论监督和社会服务等)，实施"管办评分离"，进一步强化评估工作的独立性、专业性和权威性，评估工作本身应围绕以学校为主体、以质量为核心、以服务为导向的宗旨进行改革，着力提高教育评估的专业服务水平，为咨询政府决策和支撑学校自主发展做出贡献。①

我们需要调动各相关方面的积极性和创造性，以更好地达到我们所设定的评估目标。不仅要充分发挥广大师生在参与质量保障过程中的主体作用，而且要发挥省级行政部门的统筹作用和评估机构的专业服务功能，还要特别注意发挥同行专家、行业专家及用人单位等多方面的作用。审核评估应关注利害相关人的能力建设，通过参与评估来提升其介入质量保障的自

① 袁益民：《教育评估改革：以学校为主体，以质量为核心，以服务为导向》，《常州大学学报(社会科学版)》，2014年第1期。

觉性和能力水平，使其成为质量的守护者和变革的使者。

	自己知道		自己不知
他人知道	开放区	询问 → 反馈	视盲区
	告知 ↓ 公开		
他人不知	隐藏区		未知区

图5 “约哈里窗”

四、价值导向：强化赋权增能的功能

对于内部质量保障而言，机制建立是起点，体系完善是归属，能力建设是核心。作为关注内部质量保障的院校评审模式，审核评估应特别关注学校内部的质量保障方面的能力建设问题。

首先，在我们的学校具备基本合格的条件以后，学校需要的是在更少外部干扰的情况下找到自我定位，其办学自主权和质量的拥有权得到尊重，能够自主错位发展、特色创新发展，而政府和社会应该通过服务为其赋权增能。

其次，内部质量保障的过程也是院校内部知识管理的过程。根据德尔菲集团（Delphi Group）的调查，法人团体中的知识有42%存在于职员大脑，其余分别存在于电子知识库（12%）、电子文档（20%）和纸质文档（26%）（如图6所示）。作为知识分子集聚的高等学校，广大师生及管理者的大脑是相关知识的主要“存放处”。对于这样的知识的管理不能靠简单的信息获取手段来进行，而是要通过人的自觉意愿并连接人的能力才能实现。

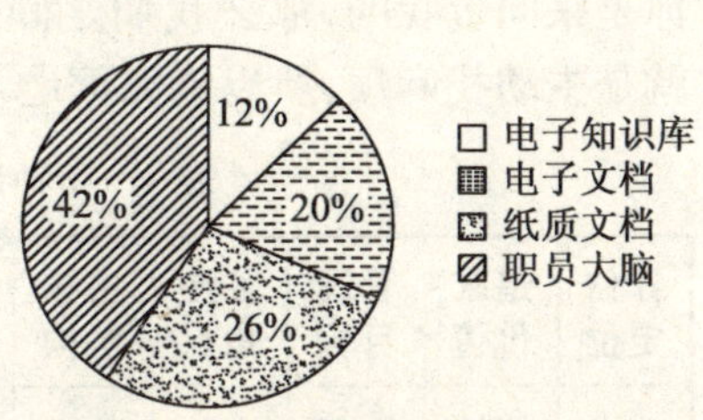

图6 法人团体中显性知识和隐性知识的比例

同时，对于麦克贝斯和麦克格林（John MacBeath and Archie McGlynn，2002）提出的评估具有问责、知识和发展三个视角的理论（如表3所示），笔者认为后两者本质上均属于学习的视角，都与知识的积累及组织性学习有关。

表 3　评估的三个视角①

	问责视角	知识视角	发展视角
评估目的	提供绩效效果表现、有效性和是否物有所值的数据	生成领导力、风气、学与教等方面哪些相关的新见解	强化学校的自我改进能力
服务对象	公众和家长	学校管理者和教师	教师、学生、家长和领导
参与人员	学校管理者	教师、学生、学校管理者	教师、学生、家长、后援人员、学校管理者
内外关系	由自评数据支撑的终结性外部评估	主要通过自评的诊断性质的评估	主要通过外部有判断力朋友支持的自评的形成性评估

注：为了适应中文使用习惯，对原文进行了个别非本质性的调整。

因此，最本质的评估定位其实就是问责和学习两种。这两种定位在不同价值追求、管理目标、关注焦点和主导机构下，对评估内容、方式和动力来源等都存在完全不同的路径依赖，也将产生完全不同的评建效应，如表 4 所示。当然，不能把问责的定位与学习的定位完全对立起来，问责和学习都是为了带来改进。不过，前者是促发改进，而后者是诱发改进；前者带有更多的压力和强制性，而后者更加偏爱同行之间的平等交流和坦诚对话。既然你是来问责我的，那么我们之间就有一种天然的冲突关系，"我自觉找问题就是主动找麻烦，所以暴露问题不仅不是我的职责，而且是我的忌讳"。

表 4　两种评估定位的不同路径依赖

评估定位	追求价值	管理目标	关注焦点	主导机构	重点内容	背景条件	工作方针	路径选择	使用方式	动力来源	效果影响
问责定位	服从管理	执行政策	当前任务	政府部门	外在条件	不用考虑	以评促建	施加压力	逼你就范	外部压力	恐惧失败
学习定位	自主发展	提升能力	长远发展	评估双方	内涵建设	作为前提	以评助建	提供支持	赋权增能	自身意愿	渴望学习

在教育这样一个繁杂的系统中，针对质量工作这样一个极其复杂的评估对象，封闭和隐瞒自然显得更为简单和安全。问责和改进的压力往往会带来被评者的消极应对，而指出结果的缺陷常常也并不能带来过程的变革，

① John M. & Archie M. Self-evaluation. Routledge Falmer, 2002.

甚至一些短期的、好的结果反倒会掩盖许多长期的、不可持续的问题。因此,如何通过强化学习功能为质量的主体赋权增能才是问题的核心。对于教师这样一个依靠自觉性开展工作的群体,让其知道改进的需要就已经足够了,让其知道如何改进则是更高的要求,要考虑其资源条件及能力和意愿。因为,改进总会涉及教育的某种变革,涉及关于人、为了人的变革,而对教育变革实践者的评价是个十分复杂的问题,如图7所示。教育质量的提升需要耐心,更需要尊重。学校需要检查,更需要信任,缺少检查容易助长自以为是,缺少信任则会造成自欺欺人。问责比学习的定位更加容易带来抵制和欺骗的行为或者顺从和应付的文化,更加容易造成犬儒主义的愤世嫉俗或玩世不恭。总之,学习之路并不会比问责之路更为漫长,却可以带来质量主体更为积极主动的、更有意义的实质性的改进。说到底,内部质量保障的自我完善本身总是能够比对于这一机制的评估带来更多的关于改进的信息,只不过前者更加关注实质性的改进建议和实际的改进效果,而后者更多地聚焦院校内部的改进意愿和改进措施。

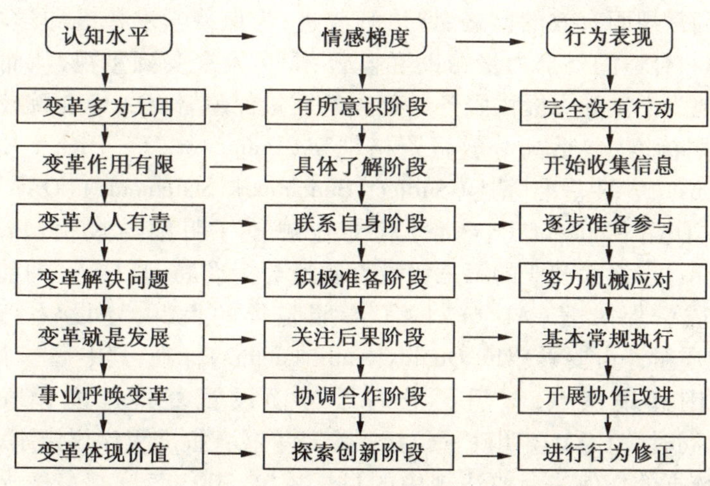

图7 教育变革实践者的评估模型

审核评估以学习定位支持院校的能力建设,它"基于标准、基于计划、基于证据",为参评院校诊断把脉、赋权增能,是一个同行驱动、背景参照、基于证据的复核过程。目前学界普遍认同的"基于目标、基于自评、基于事实"的特点并非审核评估的自有特点,而是对于其他评估也同样适用的对所有评估的基本要求。审核评估的基本特点倒是应包括"基于标准、基于计划、基于证据"。对于内外部的质量标准、院校自身的质量活动计划安排的强调,以及学校对于质量工作的自我搜证和举证、利害相关者的佐证和旁证、外部同行专家的取证和查证等,是审核评估的诸多亮点。

审核评估不设标准的说法是不符合实情的,现在的审核范围就是一种标准。各国对院校评审的标准有多种表述,如"criteria""standards""auditing targets""areas""aspects""factors"等。2005 欧洲质量保障网络 ENQA 的质量保障标准及准则中明确规定:"作为外部质量保障活动的结果所做出的任何正式决定,应当基于明确的、公开发表的、连续引用的标准。"各国的院校质量评审均依据各种各样的内外部评审标准,如英国、澳大利亚便依据多种标准。英国高等教育质量准则(The UK Quality Code for Higher Education,在2012—2013 年前被称为 Academic Infrastructure),规定了英国高等教育必须达到的"预期"(Expectations),其关注的核心问题包括:每个学生得到公正、平等的对待;学生有机会参与设计自己的学习体验;与学生学习相关的事,要及时主动告知学生;与学生学习相关的所有政策和流程要明确、透明;对学术标准和质量的战略监管位于教育机构学术管理的最高层次;所有政策和过程得到常规而有效的监督、评估和改进;为保持学术标准和学习条件,要有足够的、合适的外部力量帮助和监督;职员发展受到重视,从而使他们能够更好地为学生学习提供服务。英国的质量保障署(QAA)在院校评审中使用的参照标准,包括高等教育资格框架(Framework for Higher Education Qualifications)、学科基准陈述(Subject Benchmark Statements)、QAA 的行为守则(The QAA Code of Practice)和专业规范(明细与规格,Programme Specifications)。澳大利亚的第三级教育质量与标准局(TEQSA)的前身澳大利亚大学质量保障署(AUQA)除了参照院校的目标,还设置了简称为"QAFs"的质量评审要素(The Quality Audit Factors)标准,其中每一个要素下面包含范围和聚焦点,然后再分若干方面设置复核标准(Criteria for Review)。同时,AUQA 还明确了包括国家高等教育批准程序议定书、院校得以认可所依据的任何法令或法规中的目标规定、2003 年联邦高教支持法和相关法规及包括其他相关的立法在内的各种外部参照点(External Reference Points)。

"基于计划、基于证据"也是审核评估的显著特点。其实,教育部相关文件中的主体性、目标性、多样性、发展性和实证性五项基本原则,就是在传达两个非常清晰的指导思想:一是审核评估对于作为质量主体的学校的已经计划好的质量目标,应特别关注、特别尊重,使其成为评估的出发点、基本的导向和最终的依归,这样才能体现不同学校的多样性的定位,确保学校的自主、多元、特色、创新发展；二是评估者应与评估对象结成学校发展中的伙伴关系，通过学校自身的举证和外部评估者的查证，帮助学校共同收集关于质量工作的证据，为学校提供专业性的服务，支持学校强化内部质量保障的机制。所以，主体性应该解读为学校自身可以自我制订自己的自主发展的质量计划；目标性就是把学校自己已经计划好的质量目标作为评估的起点和基本导向；多样性就是只有尊重了学校自身的自主发展的质量计划，坚持了学校自己已经计划好的质量目标，学校才能有体现多样性定位的自主、多元、特色、创新发展；发展性就是评估者与评估对象把质量问题搬上桌面来一起讨论，为学校的质量计划及质量目标服务；实证性就是指出评估工作是基于证据的事实描述、价值判断和同行交流，是专业性的、规范性的工作，应遵循“有多少证据说多少话”的原则。

五、方法使用：突出综合系统的方法

在方法使用方面，要解决如何评的问题，除了问卷调查、访谈、文档复核、观察、专题组和个案研究等常见技术工具的使用外，审核评估应采取分校立项、分类参照、分项评审、分层举证的实施办法，特别重视三角定鉴和痕迹追踪等方法的使用。对于教育质量这样的繁杂问题，我们需要从多维度认识质量的实际状况，以多方面证据认定同一事实，包括使用多种评估方法得出一幅完整的学校图景，如图 8 所示。

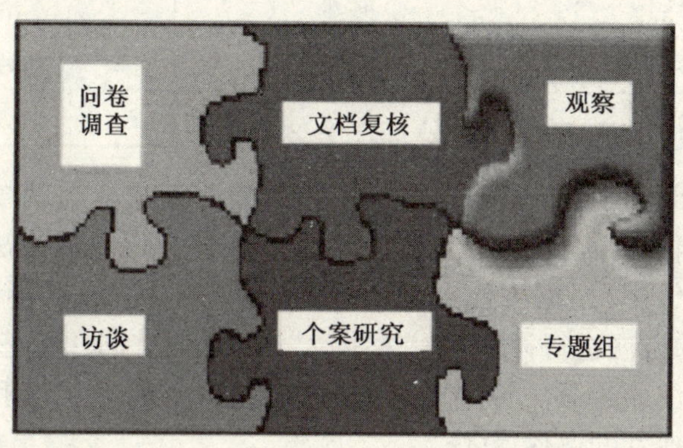

图 8　使用多种方法拼出一幅完整的学校图景

各种评估方法具有各自不同的优势和劣势，均有一定的诊断功能，也有其固有的局限性。审核评估中的有些方法就类似于医疗诊断，适用于特定的诊断用途，如表 5 所示。

表5 审核评估的"望、闻、问、切"

评估手段	粗略地近似的诊断手段
状态数据分析报告	称体重
自评报告审问报告	胸透
问题单、问卷调查	把脉
学校相关文档复核	问病史
校园氛围课堂观察	察言观色
一定范围的深度访谈	B超
抽查试卷(论文)	抽验血
专题小组研究讨论	会诊

在方法使用方面,审核评估要特别注意通过不同参照系的使用体现先进的多元评估理念,全面做好主体目标导向、通用标准参照、院校背景分析、同行伙伴比对的工作,如表6所示。其中,参照相同层次和类型学校进行的基准比对工作不应被忽略。

表6 审核评估工作的多元价值追求

价值取向	解决问题	追求目标
常模参照	已然	水浅水深
标准参照	必然	水落石出
背景参照	偶然	水到渠成
目标参照	应然	水涨船高

根据教育部和学界普遍认同的定义,分类评估是指在院校分类的基础上,"用不同评估标准,对不同类型的评估对象进行评估的方法。如在高等学校的教学评估中,根据不同层次、不同类型的学校,设置不同的体系、标准,运用不同的方法进行评估"。① 根据大家的这一共同认知基础,审核评估不属于分类评估或者分类评估中的一种,而是针对所有层次和类型的学校所使用的一种独立的评估模式。

然而,审核评估不搞分类评估,并非因为评估不需要分层次和分类型进行常模参照。相反,同层次、同类型院校之间的基准比对与院校内部的基准

① 教育部高等教育教学评估中心:《中国高等教育评估词汇》,高等教育出版社,2010年,第66页。

比对一样,是十分重要的,如表7所示。外部基准比对可以帮助院校识别自身差距和同行中的最佳实践案例。基准是改进工具,也可以用于展示基于外部参照的适当标准的达成。当这种确立分析基准的做法被用来改进院校的过程和系统以更好地完成其教育使命时,院校还能够更好地抵御那些对其具有扰乱性甚至破坏性的外部目标和标准。基准可以分为部门基准(整体或某项)、通用基准(跨行业)和最佳实践基准等。基准比对包括内部比对、竞争性比对、功能性比对、通用性或同类最佳式比对。有的专家认为,基准比对包括战略性、绩效或竞争性、程序性、功能或通用性、外部性、内部性、国际性、常识性基准比对(Wyld,2010)等。国外院校质量评审中广泛开展同类院校之间的基准比对,广泛使用各类院校及分项评价结果,除了资质框架、各种准则(指南)、绩效表现指标外,还普遍使用其他的外部参照点。

表7 基准比对的定义

定义人和定义时间	基准比对的定义
Kempner,1993	通过外部关注内部活动、功能和运作,测量和比较一个机构与另一个机构工作程序的连续的系统过程
Dervitsiotis,2000	与竞争者和其他某一特定功能上的最佳者就关键绩效表现指标进行的系统研究与比较
Epper,1999	相互学习,改变你所做的和模仿成功行为的一种系统方式
Rizk & Al-alusi,2011	通过审视其他学校的程序和模式并调适使用他们的技术和方法,改进院校的行政程序和教学模式;测量和比较一个机构与另一个机构的工作程序;对内部活动、功能和运作引入一种外部的关注
Woodhouse,2000	内部基准比对出现在一个组织内部与另一个部门做比较的时候
Southard & Parente,2007	当一些环境中缺少外部基准比对努力的某种复杂性时,提供一种开始仔细、严谨地识别基准比对执行障碍的受控制的基础
Meade,1998	基准比对是搜寻导致卓越表现的最佳实践的正式的、结构化的过程,是关于它们的信息的观察和交流,满足其自身组织需要的调整及修补性实践的执行
Jackson & Lund,2000	一结构化的学习过程,以使那些参与此过程者比较他们的服务/活动/产品,识别它们的比较优势和弱点,作为自我改进和/或自我管理的基础
Benc,2003	基准比对是一种寻找、调整和执行出色实践以取得优越表现的经营卓越工具

具体的基准比对工具包括课程与教学评估、出口(毕业)调查、课程档案报告、学业咨询调查、校友调查、雇主调查、培训评估和毕业设计。在学业领域,可以对学生学习、教员教学、课程、研究与培训、社区服务和资源等方面进行基准比对。可以使用学生学习的关键绩效表现指标,譬如:新录取学生数(国别,性别)、巩固率、录取80%以上学业水平的比例、学生的满意率、学生的培训与研究情况、学生的学业与社交表现情况等。也可以使用教员教学的关键绩效表现指标,譬如:教员专业发展活动、教员离职率、预期的学生课程选择率等。在我国本科教学工作审核评估中,应该尤其关注教授为本科生上课和教学投入等情况。

为了整体把握院校内部质量保障的基本状况,审核评估还应针对教学工作建立学业风险评价的框架。澳大利亚的第三级教育质量标准署(TEQSA)就建立了风险评价框架,其主要构件包括对于学业和财务状况的总体风险评价及四个关键风险领域(监管历史及身份;学生负担、体验和结果;教员概况;财务可行性和可持续性)。风险指标包括完成学业人数、学生负担、未完成学业比率、升学率、完成学业比率、学生满意率、毕业去向、高层次教员带头人、生师比、临时教员、财务可行性、财务可持续性、识别的其他风险等。TEQSA的前身AUQA发现的学业风险包括:课程不是及时更新的;评价不测量相关的学习;不同校区和地点的质量和学术标准水准不一致;给海外师生提供的支持和服务水准不够;新的课程提议由机会而非战略指向驱动;学年制教职员缺乏专业发展;研究型学生缺乏学术交流的空间;对行政和设施的关注大于教学能力;等等。

综合系统的方法特别需要充分地体现在审核评估的结论标识上。审核评估不给出结论的说法是不符合实情的,现有方案中也是包含了评估结论和结果的。境外院校质量评审的结论意见还有多种等级标识;有的作为专家内部讨论和评价的尺度,有的直接对外公布;有的是表达各项评估标准的达成度,有的是显示整体的绩效表现水平;有的反映质量保障机制的成熟度,有的代表对质量工作(质量管理可行度和可靠性)的信心水平(如表8所示)。

我国的写实性评估结论使用“值得肯定”“需要改进”“必须整改”进行标识,与澳大利亚实际使用的院校评审报告的提法(“赞扬推荐”“证实肯定”“劝告提议”)比较相近,同时吸收了英国院校评审报告中建议部分的分等的意涵。为了在借鉴的过程中不至于丢失国外相关设计的精髓,建议在引进时保留国外院校质量评审报告的相关结构要素,如表9所示。

表 8　境外院校质量评审结论意见的多种等级标识

国别或地区	第一等级	第二等级	第三等级	第四等级
芬兰	Advanced 高级阶段	Developing 正在发展	Emerging 开始出现	Absent 仍然空缺
瑞典	Developed 达标度:发达阶段 Full Confidence 满意度:充分信心	Under Development 达标度:在发展之中 Confidence 满意度:有信心	Initiated 达标度:业已启动 Limited Confidence 满意度:有限信心	
英国	Broad Confidence 满意度:广泛信心 Desirable 建议:理想层次	Limited Confidence 满意度:有限信心 Advisable 建议:劝告层次	No Confidence 满意度:没有信心 Essential 建议:必要层次	
澳大利亚	Commendations 赞扬推荐	Affirmations 证实肯定	Recommendations 劝告提议	
加拿大	Ensure 保障	Generally Ensure 总体保障	Partly Ensure 部分保障	Not Ensure 不能保障
中国香港	Matured Effort 成熟的努力	Organized Effort 有组织的努力	Informal Effort 非正式努力	No Effort 无努力

表 9　引进院校质量评审结论分等意见标识的适当转换

既定标识	澳洲标识方法	在既定分等结论标识下拟包含的写实性评估意见内容
值得肯定	赞扬推荐	值得赞扬的方面、堪称业内最佳的实践、可向同行推介的做法
需要改进	证实肯定	对自身不足之改进路径的认可,并就需强化方面提出补充意见
必须整改	劝告提议	指出学校需进一步改进的方面,提出进一步改进的意见和建议

此外,如果评估结论中能够参照国外的普遍做法,指出各项标准的达成情况甚至是对于内部质量保障机制的整体信心水平,并在报告中具体写出已做好的、能做好的、还需做更好的方面,就能更好地体现评估支持不断改进的顶层设计思路。如果在自评和他评报告中过多地强调改进和整改,且在现场反馈时又主要讲问题与不足,缺少对于院校现有做法的必要的"称赞与推荐",特别是缺乏对于院校已经发现的问题及其解决思路和方案的"肯定、证实和断言",将不利于院校自身对内部质量保障机制的自我定位和自主完善。

为了制订具体的评判尺度,这里试图用综合评价卡的形式来写实性地报告各项评估标准的达标情况，如表 10 所示。综合评价卡分 10 个质量维度，对应于审核评估范围的 24 个相关联的审核要素，每个质量维度又分成 5 个达标程度。10 个质量维度与 24 个审核要素的对应性是比较强的，除了按照质量管理的自身逻辑将原来放在教学资源条件保障度中的“专业设置与培养方案”放到了计划符合度中，将原来放在质量保障的组织完善度中的“质量监控”放到了管理成熟度中，绝大部分是完全对应的。综合评价卡的形式只是代表了一种系统诊断方式，它不属于“开处方”（Prescription，规定用药）。一方面，“开处方”这个词从境外专业评估实践的角度来看基本上是个贬义词；另一方面，鼓励学校在较小压力下自主选择才是专业评估服务之道，过于强势的整改要求只会造成学校对失败的恐惧，而不能激发学校对学习的渴望。

表 10 审核范围与质量评审细则的对应关系①

质量的维度	相对应的审核要素	达标度一	达标度二	达标度三	达标度四	达标度五
发展适应度	办学定位、培养目标	完全适应	比较适应	初步适应	不很适应	很不适应
计划符合度	人才培养中心地位、专业设置与培养方案	非常符合	较好符合	基本符合	不够符合	很不符合
条件保障度	数量与结构、教育教学水平、教师教学投入、教师发展与服务、教学经费、教学设施	充分保障	较有保障	基本保障	保障不力	没有保障
安排有效度	课程资源、社会资源	切实可行	操作性强	具可行性	可行性弱	无可行性
活动整合度	教学改革、课堂教学、实践教学、第二课堂	有机融合	有效整合	初步磨合	勉强凑合	机缘巧合
管理成熟度	招生及生源情况、学生指导与服务、质量监控	成熟期	智慧期	启蒙期	觉醒期	不成熟期
目标达成度	学风与学习效果、就业与发展	达成目标	基本达标	部分达标	尚未达标	远离目标

① 袁益民：《审核评估：如何有效使用专业的评审方法及技术》，《高教发展与评估》，2014 年第 1 期。

续表

质量的维度	相对应的审核要素	达标度一	达标度二	达标度三	达标度四	达标度五
组织完善度	教学质量保障体系	信心充分	较有信心	尚有信心	信心有限	缺乏信心
用户满意度	质量信息及利用	十分满意	比较满意	还算满意	不太满意	很不满意
学业风险度	质量改进	未有风险	风险较小	有些风险	风险较大	风险很大

其实,教育部的相关文件已经规定了评估报告的内容,明确要求评估报告"应在全面深入考察和准确把握所有审核内容的基础上,对各审核项目及其要素的审核情况进行描述,并围绕审核重点对学校本科人才培养的总体情况做出判断和评价,同时明确学校教学工作值得肯定、需要改进和必须整改的方面"。切实贯彻好这一规定,不仅能够使我们的审核评估与国外的院校质量评审真正做到实质等效,而且对新一轮评估的成功实施至关重要。

(《高教发展与评估》2015 年第 1 期、人大复印资料《高等教育》2015 年第 5 期,国务院发展研究中心信息网、中国社会科学网收录)

综合评价卡:审核评估的新探索

【摘　要】根据国家的评估改革方案,地方院校的审核评估下放至省级组织实施。J省在审核评估中试用了综合评价卡,将其作为写实性评估结论意见的一种标识和呈现方式。通过对院校内部质量保障状态的10个维度和各维度5个达标程度的定性描述,并以坐标和曲线的形式直观表达院校在内部质量保障方面所处的位置。这一创新实践既避免了以往教学水平评估的"优良中差"分等评估的弊端,也规避了新一轮教学工作审核评估结论出现过于大而化之、无法全面客观反映院校的整体实情的风险,受到专家的普遍肯定。未来拟帮助院校更加深入地理解和使用好综合评价卡,为其强化内部质量保障机制打造一个切实可行的专业工具。

【关键词】审核评估;综合评价卡;内部质量保障

根据国家本科教学工作评估新一轮改革方案,地方院校的审核评估(Institutional Quality Audit)将由省级教育行政部门负责,相关工作由具备条件的教育评估机构实施。J省在厚实的中外比较研究的基础上,基于在国家整体方案架构下率先发展和创新发展的考虑,在若干方面进行了有益的探索,如增加了材料复核及反馈的程序,在现场考察中强化了师生问卷调查的作用,评后设定了改进工作进展报告和改进回访的制度等。特别是在两所院校的评估中试用了综合评价卡的综合鉴定与定性描述方法,不仅极大地方便了专家的内部分析、相互讨论和整体判断,使评估报告的写实性、概括性和实效性得到更好的体现,而且可以较好地规避新一轮评估可能出现的标准把握失之过宽、状态描述失之过偏、评估结论过虚过软的潜在和现实风险。

一、质量原理如何支持综合评价卡?

正如质量是个十分模糊的概念一样,人们对质量管理这个很少得到实证研究的课题也存在各种不同的理解。维斯特福等(Westphal, Gulati, and Shortel,1997)将顾客聚焦、持续改进、结构化的问题解决程序和雇员赋权增能作为关键质量维度;哈克曼和维琦曼(Hackman and Wageman,1995)则将顾客聚焦、团队合作、供应者合作伙伴关系、过程管理和统计及科学工具的使用作为核心维度;加文(Garvin,1988)和特波尔(Teboul,1991)识别了质量作为竞争优先、顾客聚焦、质量的执行、质量主动性、组织范围的承诺、最高管理层的领导力和进步主义的劳动力方面的实践7个维度;波奖(The Malcolm Baldrige National Quality Award)则使用领导力,战略规划,顾客聚焦,测量、分析与知识管理,人力聚焦,过程管理及结果7个维度;格林(Greene,1993)更提出了24个全面质量管理维度。[①] 乌波路和欧本(Isaiah O. Ugboro, Kofi Obeng,2000)将最高管理层的领导力、雇员赋权增能、工作满意度和顾客满意度作为组织全面质量管理最关键的要素。相关文献的作者还包括博文、希尔和希内德等(Bowen, Siehl & Schneider, 1989; Brower, 1994; Deming, 1982; Roberts, 1994; Camp, 1989; Senge, 1994; Mendelowitz, 1991)。[②] 至于院校质量管理和质量保障的标准则更加多元,不仅各个国家会有不同的标准,而且许多学校也会有自己的标准。

但是,各种研究成果也为我们认识质量及其保障提供了重要的阶梯。无论是全面质量管理的PDCA循环,还是欧洲高校内部质量保障的标准与准则、波奖卓越绩效模式、澳大利亚持续质量改进环路OADRI模型、IPO投入过程产出模型、六西格玛DMAIC环路、BSC平衡计分卡、逻辑框架方法(LFA)和ISO 9004-2中的服务业通用质量环路等,都为我们探索先进的质量模型起到了借鉴作用。在审核评估中,我国应根据自身国情确立符合自身特点的院校质素评审模型的方式,既可以借鉴国外质量模型,也可以与国内标准保持较好的匹配性(见表1)。

---

① Cameron, Kim, and Wesley Sine. A Framework for Organizational Quality Culture. Quality Management Journal,1999(4):7-25.

② Isaiah O. Ugboro, Kofi Obeng. Top Management Leadership, Employee Empowerment, Job Satisfaction, and Customer Satisfaction in TQM Organizations: An Empirical Study. Journal of Quality Management,2000(5):247-272.

表 1　综合评价卡与质量原理及审核项目的匹配情况

<table>
<tr><th>综合评价卡</th><th>审核项目</th><th>PDCA</th><th>OADRI</th><th>IPO</th><th>DMAIC</th><th>Baldrige</th><th>BSC</th><th>ISO 9004</th></tr>
<tr><td>发展适应度</td><td rowspan="2">定位与目标</td><td rowspan="2">计划</td><td>目标</td><td rowspan="4">投入</td><td rowspan="5">定义</td><td>领导力</td><td rowspan="2">使命愿景战略</td><td>服务需求</td></tr>
<tr><td>计划符合度</td><td>路径</td><td>战略规划</td><td>开发纲领</td></tr>
<tr><td>条件保障度</td><td rowspan="2">队伍建设教学资源</td><td rowspan="4">实施</td><td rowspan="4">执行</td><td>人力聚集</td><td>财务层</td><td rowspan="2">服务设计</td></tr>
<tr><td>安排有效度</td><td rowspan="3">过程管理</td><td rowspan="4">内部流程层面</td></tr>
<tr><td>活动整合度</td><td>培养过程</td><td rowspan="2">过程</td><td rowspan="2">服务提供</td></tr>
<tr><td>管理成熟度</td><td rowspan="2">学生发展</td><td>控制</td></tr>
<tr><td>目标达成度</td><td rowspan="3">检查</td><td rowspan="3">结果</td><td rowspan="4">产出</td><td>测量</td><td rowspan="2">结果</td><td rowspan="2">服务结果</td></tr>
<tr><td>组织完善度</td><td rowspan="3">质量保障</td><td rowspan="2">分析</td><td></td></tr>
<tr><td>用户满意度</td><td>顾客聚焦</td><td>客户层</td><td>供客评价</td></tr>
<tr><td>学业风险度</td><td>行动</td><td>改进</td><td>改进</td><td>知识管理</td><td>学习层</td><td>分析改进</td></tr>
</table>

金·卡梅隆和韦斯利·塞恩(Kim Cameron, Wesley Sine, 1999)对组织性质量文化做过深入的研究,提出由低到高的4种质量文化:不重质量的文化、差错检测文化、差错预防文化、创造性质量文化。① 在后面两种较为先进的文化中,创造性质量文化重视顾客偏好的内化和顾客需要的预测,更加关注持续性、规律性、恒久性、突破性、超越性和引领性,它比差错预防文化更为可靠。综合评价卡的设计思路符合创造性质量文化的要求。

二、综合评价卡何以评价院校质量?

综合评价卡作为审核评估中的一项评估工具,通过对院校内部质量保障状态的10个维度和各维度的5个达标程度的定性描述,试图刻画出院校在质量保障体系建设方面所处的位置,并以坐标和曲线的形式直观表达(见图1)。综合评价卡采用绿、蓝、黄、橙、红5种颜色分别代表5个达标程度,反映不同的质量管理风险等级,但无表达刻度的数字。

① Cameron, Kim, and Wesley Sine. A Framework for Organizational Quality Culture. Quality Management Journal, 1999, 6(4): 7 – 25.

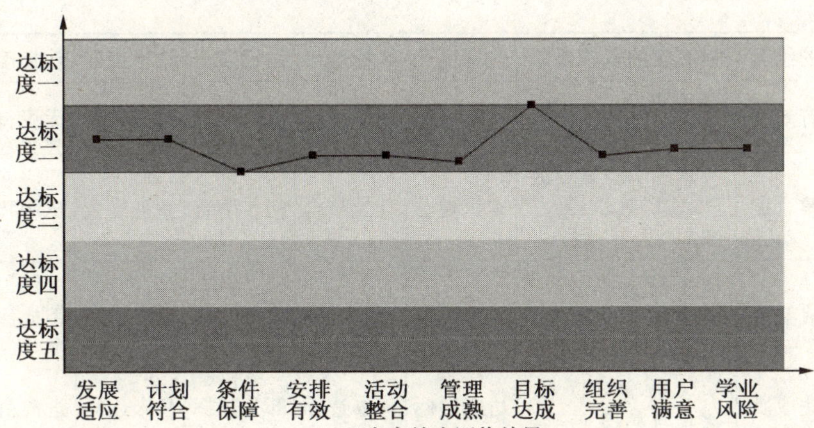

图1　高校 A 的综合评价卡

其中,10 个质量维度是根据审核评估的审核要素并结合国外院校质素评审标准转化而来的,而 5 个达标度是参照"零缺陷之父"Philip Crosby 的管理成熟度方格、能力成熟度 CMMI 模型和组织性学习的成熟水平等相关理论及诸多国家的院校质素评审实践而设置的。综合评价卡与审核要素的对应关系及达成度定性描述见表 2。

表2　综合评价卡与审核要素的对应关系及达成度定性描述 ①

质量的维度	相对应的审核要素	达标度一	达标度二	达标度三	达标度四	达标度五
发展适应度	办学定位、培养目标	完全适应	比较适应	初步适应	不很适应	很不适应
计划符合度	人才培养中心地位、专业设置与培养方案	非常符合	较好符合	基本符合	不够符合	很不符合
条件保障度	数量与结构、教育教学水平、教师教学投入、教师发展与服务、教学经费、教学设施	充分保障	较有保障	基本保障	保障不力	没有保障

① 袁益民:《审核评估:如何真正做到正确认识,确保平稳开展》,《高教发展与评估》,2015 年第 1 期。

续表

质量的维度	相对应的审核要素	达标度一	达标度二	达标度三	达标度四	达标度五
安排有效度	课程资源、社会资源	切实可行	操作性强	具可行性	可行性弱	无可行性
活动整合度	教学改革、课堂教学、实践教学、第二课堂	有机融合	有效整合	初步磨合	勉强凑合	机缘巧合
管理成熟度	招生及生源情况、学生指导与服务、质量监控	成熟时期	智慧时期	启蒙时期	觉醒时期	不成熟期
目标达成度	学风与学习效果、就业与发展	达成目标	基本达标	部分达标	尚未达标	远离目标
组织完善度	教学质量保障体系	信心充分	较有信心	尚有信心	信心有限	缺乏信心
用户满意度	质量信息及利用	十分满意	比较满意	还算满意	不太满意	很不满意
学业风险度	质量改进	未有风险	风险较小	有些风险	风险较大	风险很大

综合评价卡的具体评价结论是根据专家的原始评价,通过将专家的定性描述等级转换成百分制而得出的。如图 1 中某高校 A 的综合评价卡曲线就是由 11 位专家根据质量的 10 个维度的达成度独立打分,然后去掉打分最高和最低的各一位,最后再将剩下的 9 位专家打分取平均数得出的。另一所高校 B 的专家组原始评价结果见表 3。高校 B 的综合评价卡则尝试了另一种等级转换成曲线的方式:使用德菲尔专家法,通过专家组成员的多轮调查交流,在形成最大程度的共识的基础上建立的。从高校 B 的专家组原始评价结果中可以看出,专家在“安排有效度”上有较大的分歧,在“用户满意度”上也有一定的分歧,因此采用后一种方法能够做出具有更大共识、也更为合理的判断。

表 3　高校 B 的专家组原始评价结果

质量的维度	专家 1	专家 2	专家 3	专家 4	专家 5	专家 6	专家 7	专家 8	专家 9	专家 10	专家 11
发展适应度	比较适应	完全适应	比较适应	比较适应	比较适应	比较适应	比较适应	比较适应	比较适应	比较适应	初步适应
计划符合度	较好符合	较好符合	较好符合	较好符合	非常符合	较好符合	较好符合	较好符合	较好符合	较好符合	基本符合
条件保障度	较有保障	基本保障	较有保障	较有保障	基本保障	基本保障	较有保障	较有保障	较有保障	基本保障	基本保障

续表

质量的维度	专家1	专家2	专家3	专家4	专家5	专家6	专家7	专家8	专家9	专家10	专家11
安排有效度	操作性强	切实可行	切实可行	具可行性	操作性强	具可行性	切实可行	具可行性	操作性强	具可行性	具可行性
活动整合度	有效整合	有效整合	有效整合	有效整合	有机融合	初步磨合	有效整合	有效整合	初步磨合	有效整合	初步磨合
管理成熟度	智慧时期	智慧时期	智慧时期	智慧时期	智慧时期	启蒙时期	智慧时期	智慧时期	智慧时期	启蒙时期	启蒙时期
目标达成度	达成目标	基本达标	达成目标	基本达标	基本达标	基本达标	达成目标	达成目标	达成目标	基本达标	基本达标
组织完善度	尚有信心	较有信心	较有信心	较有信心	较有信心	较有信心	较有信心	较有信心	较有信心	较有信心	尚有信心
用户满意度	比较满意	比较满意	十分满意	比较满意	还算满意	比较满意	比较满意	比较满意	十分满意	比较满意	还算满意
学业风险度	风险较小	风险较小	风险较小	风险较小	风险较小	风险较小	风险较小	风险较小	风险较小	风险较小	有些风险

三、审核评估为何需要综合评价卡?

首先,审核评估中采用综合评价卡是为了更好地落实该项评估的功能定位作用。作为我国首次系统引进的一项院校评估模式,审核评估的根本性的定位是对院校的内部质量保障机制及整个质量工作进行评审。审核重点是学校人才培养目标与培养效果的实现状况(实际上就是内部质量保障有效性这一核心)以及适应度、保障度、满意度等。综合评价卡便是根据质量保障本身的不同维度加上每个维度的若干达标程度编制而成的,它既反映了质量建设内在的规律性,又与审核评估的审核范围具有很高的匹配度,是帮助评估者全面认识和深度理解审核范围的一种解码器,也是内部质量保障机制及院校质量工作评价的一个很好的参照系。

根据教育部的实施方案,审核评估的结论不搞通过不通过或者评出优良中差,而是在评估结束后提供写实性报告。那么,这个写实性报告怎么去写实呢?它能否做到严实相济、实而不硬,虚实相间、松紧得当,点面结合、主次呼应,前后照应、动静搭配呢?

笔者认为写实性评估报告要真正写实,不只是要通过实证手法呈现评估发现的事实,而且要结合实际的成绩和问题给出实质性的评估结论并就评后改进做出建设性安排。具体来说,一是要依据实际证据。写实性报告首先要严格按照所获取的证据来写,“有七分证据不说八分话”。二是认可改进实绩。对于学校按照上一轮评估中专家针对问题提出的建议加以改进所取得进展的实际情形,要做出是否已改进或已改进到何种程度的判断和描述。三是要具体判断实情。根据评估实情给出具体的结论,不仅要指出已经做得很好因而值得赞扬的方面和做得还不够因而需要改进的方面,而且还要特别强调针对学校在自评中发现的问题及已经在自评报告中提出的解决路径,提出同行认可性的意见及建议继续强化的意见。四是突出实际问题。围绕参评院校的突出问题或者学校自己选定的特定课题,做出专题性的深度剖析,提出相应的建设性意见。五是给出实质结论。使用内外部基准比对、三角定鉴及痕迹追踪等方法,发现并指出实际存在的学业及学术风险,以此作为做出总体性判断的依据,以明确指出学校在内部质量保障及绩效表现方面实际所处的位置或阶段。六是关注后续实效。针对评估后如何处理评估发现和评估结论,提出适当处置意见,使评估工作真正服务于评后的改进。

在这些写实性的报告环节中,做出总体性的判断并给出实质性的结论是至关重要的。教高〔2013〕10 号文明确要求,审核评估首先要“在全面深入考察和准确把握所有审核内容的基础上,对各审核项目及其要素的审核情况进行描述,并围绕审核重点对学校本科人才培养总体状况做出判断和评价”。这实际上是对评估内容的全面性、评估发现的深入性、评估聚焦的选择性、事实描述的总体性和价值判断的终结性提出了实质性的要求。那么在评估报告中怎么才能体现这些要求呢? 笔者认为,综合评价卡便是可以较平衡地体现这些要求的评估结论的一种直观呈现方式。它既能涵盖证据收集的所有范围,给数据的深入挖掘提供指引,又为确立评估重点理清了思路,为得出整体性结论搭建了框架。可以说,离开了这种综合性的评价工具,审核范围难免显得面面俱到,数据整合难免会支离破碎,讨论分析难免偏离问题焦点,而评估结论难免陷入观点失衡。综合评价卡贵在综合,它顾及从投入到教学过程和学习产出的质量生成的所有基本环节,关照从规划、实施到检测、行动的质量管理的整个过程,贯穿从目标、路径到执行、结果和改进的质量评价主线,为专家做出更加全面深入的思考、评估机构做出更加平衡准确的决定、参评院校进行更有针对性的自我剖析和后续改进,提供了一项有效工具。

其次,审核评估中采用综合评价卡是为了能更好地帮助专家开展评估。审核评估采用专家进校前分头准备、在校时“全面考察、各有侧重、深入交流、独立判断”的方式介入评估工作。尽管有统一的审核范围及基本的评估程序，但专家的评估活动大多是单独分散进行的。因此，集中的讨论和同一的评审尺度就显得尤为重要，而综合评价卡就为专家进行这样的内部分析、相互讨论和整体判断提供了一个基本的尺度。它既可以方便专家们在同一个平台上分析证据、交流各自的观点，还为他们寻求共识、做出判断提供了一个便捷的工具。如果使用得当，它可以帮助专家去伪存真、克服片面性，高效地形成专家个人及专家组集体的总体评价意见。由于专家组是在现场考察后半段即将形成评估结论前使用这一工具，所以使用过程并无任何障碍，网上填写综合评价卡更是只需要短短的半分钟之内的简单点击就可以轻松完成。综合评价卡的使用不仅不会增加专家的工作负担，而且是使他们的工作更加条理化、简便化的一个有用的辅助性手段。

再次，审核评估中采用综合评价卡是为了能够规避该项评估的主要风险。审核评估的顺利实施仍然面临诸多困难和挑战。中国本身的院校评估的专业化之路还十分漫长。一方面，在教育的“管办评分离”尚未落实的条件下，评估机构远非是独立专业的权威部门，其独立性、专业性和权威性明显不足，评估运作过程受到种种制约和干扰；另一方面，评估者的专业素质和业务水平无法满足发展需要，对评估工作原则、目标功能定位、评估程序及方法与技术的认识明显不足，甚至对于作为后启外发的评估这一专业行当的许多基本概念还没有很好地消化吸收。同时，由于涉及审核评估的本体性研究严重不足，学界及组织实施部门对于该评估模式的基本概念、关注焦点、相关程序、核心价值和技术路径等的认识容易出现偏差，既有该评估模式的核心要件在设计上出现缺胳膊少腿的现象，又有具体实施过程中遭遇“穿新鞋走老路”问题的风险。有的院校甚至已经出现了完全背离审核评估初衷、督促院系购买档案柜集中整理、“完善”档案的情况。

审核评估作为我国首次引进的一种评估模式和已经实施的一个独立评估项目，在本土化改造后能否整合一致地服务于院校的内部质量保障与持续改进，目前来看仍然存在适切性、可行性和有效性方面的管理风险，包括评估标准与院校质量目标匹配性不够的风险、评估方法与评估目的匹配性不够的风险及评估证据与评估结论匹配性不够的风险等。审核评估实施过程中最重要的风险和挑战是，由于矫枉过正，容易从上一轮本科教学评估具有极其划一性和高利害性走上本轮评估具有随意性和无利害性的另一个极端，造成参评院校简单应付和轻松过关的思想泛滥，使作为质量主体的学校师生的参与大打折扣，使完善内部质量保障机制的评估目标最终落空。从目前的审核评估实际运作机制、专家培训内容、具体评估环节、院校自评过程和审核评估报告来看,这些困难和挑战是现实的风险。

就拿审核评估报告来说,目前过于淡化整体性结论、排斥等级性描述,所谓的写实性报告不做通过或不通过的判断、不给等第。似乎只有这样才能克服上一轮评估的弊端,而事实是除了利害度的降低和随意性的提高,传统评估的许多做法仍然是可以一切照旧的。我们一直习惯于在肯定主流的同时指出问题,而指出的问题往往在很长的历史阶段仍然继续存在,有些还变得更为严重。如果我们这轮评估最终采用没有多少约束性的轻描淡写和不痛不痒的文字进行所谓写实,那么最后的结果就会与上轮评估高压低效下的"虎头蛇尾"和最终皆大欢喜的高优秀率没有什么实质的不同,只不过是一些人的弄虚作假变成了更多人的只虚不假,看似有利于全面总结和诚实反思,实际却缺少了问题聚焦和评估实效。不少参评院校将审核评估看成可以不讲标准、不分高低、不看结论的"简略版"甚至"休闲版"评估,在自评中师生的参与少之又少,在评估后实质性的改进更加难以推动。恐怕有的学校连审核评估究竟是评什么都没有搞清就已经皆大欢喜地完成评估任务了;有的学校连"PDCA"都没有翻译对就在一片赞扬声中接受评估的圆满成功了;有的学校在用纯粹的传统评估手段应对完这么轻松的评估后就已经迫不及待地开始到处去介绍这种"新式"评估的参评经验了;有的学校只是匆匆地推销完自己的从未实际运作过的质量保障体系后就已经率先通过这类评估了;而有的学校从别的学校那里随意克隆一个质量环路也就顺利过关了;更不用说有的学校依靠传统的购置档案柜和整材料的方式将之对付过去便无疑显得十分安全和轻松了。

其实,境外的审核评估(院校质素评审)报告一般均要求给出整体性结论,对是否通过评估或在何种程度上通过评估普遍要求做出明确判断,不仅在评估过程中要根据所获证据做出相应的判断,而且也要在审核评估报告中以差别化的等第描述来反映评估结论。芬兰甚至把评估结论设为通过或不通过,2005 年开始的首轮院校质量评审中就有较高比例的院校没有通过而得到了需要"重新评审"的结论;有的国家不仅给出不同等级的结论,而且确定不同的评估周期。所以,评估报告不能一味地强调低利害,只要能够少一些人为的压力、多一些专业的建议,学校就会对评估结果多一分理解和支持。其实,学校对那些没有实质内容的评估报告才是最反感的。

审核评估中采用综合评价卡可以帮助我们较好地规避掉评估项目具有的上述这些主要风险,无论是对弥补我们教育评估专业化水平的不足和对审核评估认识的欠缺，还是对推动评估顺利启动和平稳开展，都是有益的。特别是综合评价卡能够在通过定性评价手段保持较低利害度的前提下，通过写实性呈现方式坚守评估的有用性。每个参评学校拿到这样一张评价卡后，都不用担心有与别人比高低的压力，而是可以看到与众不同的、个性化的、独一无二的、真实的自己。审核评估中采用综合评价卡可以帮助院校更好地认识自身的优势与不足，特别是发现内部质量保障的实际现状，看出目前的薄弱环节和未来的努力方向，为院校评后的持续改进提供支持。作为一项新近提出的还需要不断完善的评估工具，综合评价卡还需要进一步细化评审准则，为专家及参评学校更好地使用编写出一个简要的指导与培训材料。同时，还可以进一步开发和完善相关的配套工具，以便更好地对院校质量建设的相关趋势和因果关系等进行分析、描述和呈现。

（《常州大学学报（社会科学版）》2015 年第 6 期）

院校教学评估的创新与实践:专业抽检制度

独立学院建设作为一种制度创新的实践,是我国高等教育在大众化进程中实现跨越式发展的重要途径。它以其独特的运行机制和办学模式,成为高教改革的一面鲜亮的旗帜,为扩大优质教育资源、满足人民群众接受优质教育的需求、吸引社会的教育投入、培养社会急需的应用型人才等做出了独特的贡献。但是独立学院在专业布局、师资队伍和教学经费投入等方面还存在不容忽视的问题。为了引领独立学院未来的健康、协调和可持续的发展,江苏省教育厅从2010年起面向省内26所独立学院启动专业建设抽检工作,以期通过强化专业建设层面的工作,促进教学条件和环境的改善,进而带动教学质量和水平的提升。这一专业建设抽检项目从制度及方案的设计、指标及标准的设定、工作思路及策略的设想到特色项目及对评估的设限等,体现出了诸多亮点和创新之处,代表了江苏院校教学评估实践的一种新探索。

一、专业抽检制度及方案的设计与特点

江苏省建立独立学院专业抽检制度,是为了帮助独立学院进一步明确办学目标定位、人才培养规格和教学质量标准,遵循教育教学规律,加强基本条件建设,自觉规范办学行为,逐步形成自我约束、自我完善、自我发展的机制,提高专业建设水平和教学质量,增强独立学院的办学实力和竞争力,为经济社会发展培养更多的高素质专门人才。独立学院专业抽检是由省级教育行政部门建立的对独立学院专业建设及教学改革工作的一项常规性检查,也是其委托教育评估机构为学校提供的一种专业服务。它作为一项常态化的管理和专业活动,可以克服突击评估、多头评估、单项评估、重复评估的诸多弊端,同时由于其从专业层面切入教学质量管理及内部质量保障,可以使评估重心下移,一方面更加贴近教与学的质量,便于帮助学校更好地落实自身教育质量改进的工作,另一方面使外部压力有效分解和加速内化,有利于避免院校层面进行综合性评估的高利害和高风险。

江苏省独立学院专业建设抽检工作的对象为依法举办的独立学院内已有一届以上毕业生的所有本科专业。每年度抽检的专业数量控制在总数的

10%以内，通过分层随机抽样（电脑摇号）方式，重点抽检布点多、招生培养量大的专业。上一年度已经被抽检并通过的专业不再列入备抽名单，5年为一个周期。对于抽检结果为“不通过”的专业，下一年度继续跟踪抽检。由于随机抽样产生的普遍推动与分层抽样关注的重点建设相互结合，专业抽检本身又定位在合格评估（不分优良中差，评估结论为“通过”“暂缓通过”或“不通过”），同时指标和标准还体现较大的兼容性，因此这不仅不会给各校带来过大的思想压力和迎评负担，反而为学校根据现实条件来各取所需地确定参评目标和重点提供了较大的自由空间。学校还可以选择性利用专业抽检达到“以评助建”的目的，或努力达标，或力争上游，或追求卓越，以实现各不相同的专业建设目标，提高各自的教学质量。

专业建设抽检制度及方案具有以下几个特点。

第一，专业建设抽检工作从方案设计之初就体现了以校为本、同行评估和多元参与的理念。评估机构在政府和学校之间积极发挥中介、过渡、缓冲、减压和平衡的作用，政府行政力量、社会中介力量和学校专业力量相互结合、多元参与，在方案制定、指标确定和标准诠释等方面密切配合、共同协商，为确保抽检工作的针对性、可行性和有效性提供了强有力的支撑，为评估过程中的积极互动营造了良好的氛围。教育主管部门和评估机构曾通过座谈、信函和委托起草文本等方式多次邀请学校对抽检方案和评估标准等提出意见，并充分地吸收了这些意见。

第二，抽检程序突出学院（专业）自评。各独立学院在全面总结和分析专业建设情况的基础上，以被抽检专业为单位，网上填报“专业建设抽检状态数据”，并形成《自评报告》，由专业评估机构组织相关同行对《自评报告》《状态数据统计报表》和有关支撑材料进行网上审核，并在为期一两天的实地访问中对自评发现和结论进行再次复核。这样一来，自评不仅作为专业抽检中整个评估工作的起点和核心环节，而且也成为实施其他评估程序的基本参照和主要依据。

第三，现场评估程序坚持学校主体参与。作为教育同行的外部评估人员在集中听取学院专业建设情况介绍后，将主要从学校的专业规划与定位、人才培养方案与领导的办学理念和思路出发，围绕专业建设与教学改革情况进行观摩、走访、交流和讨论，最后通过与学校协商形成评估小组整体对于现场评估发现和评估结论的初步意见。不仅评估小组组长将专业地反馈这些正式的集体意见，而且外部小组成员也逐一提出个人的诊断意见和对未来专业建设的建议。这些意见的反馈将不是一种简单的对评估结果的宣布，而是学校访问结束时的一种小结和继续探讨。

年度抽检结束后，评估机构除了给学校提供评估报告以外，还将依据专业建设抽检情况和所获取的数据，每年围绕一个主题对全省独立学院专业建设及教学质量状况进行科学分析，形成年度《独立学院专业建设质量分析报告》，提交教育主管部门供其决策时参考，并以适当形式在一定范围内公布。

江苏省独立学院专业建设抽检工作的基本时序安排是：每年的5月底前公布年度专业抽检名单；8月31日前独立学院有关专业完成网上数据填报工作并报送《自评报告》；11月30日前，完成材料评审和现场考察工作；12月31日前，公布抽检结果。

二、专业抽检指标及标准的设定

江苏省独立学院专业建设抽检的指标体系吸收了教育部、兄弟省市和国外相关评估指标与标准的内容，具有几个显著特点。

首先，把专业建设合格标准确定为基本的评估标准，同时对被抽检专业达成合格标准的不同程度又设定了“A、B、C”三个等级描述，最后按照获得反映合格标准达成情况的等级的数量，再参考是否具备一定的特色，确定“通过”“暂缓通过”和“不通过”三种评估结论，并将部分对于专业建设至关重要的指标设为核心指标，作为决定评估结论的更为重要的条件。指标体系这样的设定，为条件不同的各个学校、各种专业和专业建设的各方面工作得到更加实事求是的评价提供了可能，使合格评估和选优性评估的优点均得到了保留，而其缺陷与风险都得到了较好的规避和控制。

其次，在设定一级和二级指标时体现了一些专门的或者比较独特的考虑。一是增加了“专业建设规划”“教师专业发展”和“师生满意度”三个二级指标，强化了以专业建设为重点、教师为主体和学生为中心的理念；二是在把“专业定位与规划”作为一级指标的基础上，将“专业建设与教学管理”放到一起，也作为一级指标，来进一步落实专业建设在抽检中的核心地位；三是将“人才培养方案”“实践教学”和“就业与社会声誉”等设为核心指标，体现了重视应用型人才培养等理念；四是课程与教材连接起来，设置了“课程与教材建设”二级指标并作为核心指标，体现了课程与教材在专业建设及人才培养中的重要地位；五是在一级指标中将经费与设施设备等作为“专业‘基础’条件”，与作为教学“基本”条件的“师资队伍”做了概念区分；六是设立“质量管理”重点指标，突出内部质量保障，用比较中性的“管理”一词来强化制度化的测评，弱化监控手段中的控制成分。

再次，合格标准增加或突出了对专业建设中许多方面的新要求。如，根据经济社会发展需求和产业升级等要求来设置、调整和优化专业；注重学生知识、能力、态度、价值观等方面素养的协调发展；鼓励有企业、行业背景的专家加入教学团队；有教学研究项目及成果，有明确的科研目标及经常性的科研活动；能及时把学科最新发展成果和教改教研成果引入教学；关注学业能力、职业能力和创业能力的全面提升；建立由行业企业、用人单位、教师、学生及家长多方参与的评价制度；动态地进行连续的综合性课程评价；学生心理咨询服务到位；等等。许多标准都体现了先进的教育及评价理念。

最后，严格限制量化标准，评估标准中尽量减少量化描述，为质性的分析留足了空间。即便是少量的量化标准也只是对专业建设来说不可或缺的、国家明确规定的底线要求。此外，在标准的诠释及评估细则中不仅给出了量化标准的政策依据和出处，还对如何认定量化标准的达标要求做出了实事求是的说明。

总之，建立江苏省独立学院专业建设抽检指标体系的一个根本出发点是，评估指标和标准的设定不仅要有利于专业建设及教学质量状况的水落石出，而且要允许条件各不相同的学校的专业建设及教学改革工作能够水到渠成，确保所有学校的专业建设及教学水平在整体上能够有所提高。这一指标体系有利于帮助学校与自己比发展，而不是与别人比高低；对学校提出了底线要求，但也鼓励学校的创优争先的努力，决不限制更大的发展和更高的追求；既有统一的基本要求，又允许学校在评估中各取所需，引导学校形成自己的特色。

独立学院专业建设抽检指标体系包括 5 个一级指标和 1 个“专业特色”项目，以及 20 个二级指标，其中核心指标有 8 个。贯穿整个指标及标准的有几条主线：一是面向社会实践的线索，包括社会需求、应用型人才培养、行业企业背景（参与）、双师素质、实践教学、设计性实验课程、实习实训、创新创业能力、职业技能考核鉴定、参加科研实践或社会实践活动、毕业设计（论文）、就业率和毕业生评价；二是以学生为中心的线索，包括人才培养的需求、人才培养方案结合学生的特点和需要、注重学生的协调发展、满足学生的专业学习需求、使学生充分了解课程计划、真正按照学生特点和需要因材施教并激发学生的学习兴趣和积极性、建立学生参与评价的制度、保证教师关爱学生、确保学生心理咨询服务到位、提升学生的满意度；三是连接各管理要素的线索，包括规划（目标、定位、方案）、条件、过程（建设、教学、制度、管理)和效果(素质、质量、就业、声誉、满意度)。

三、评估工作思路及策略的设想

根据教育主管部门认可的抽检方案和评估机构的工作计划,整个评估活动将遵循以下原则:第一,目标导向原则。通过专业抽检引导独立学院科学确定专业培养目标,建立与应用型人才培养相适应、具有独立学院特点的人才培养模式。第二,公开公正原则。专业抽检坚持公开透明,科学规范抽检的程序和环节,利用客观公正的抽检活动,使抽检工作结果能够真实反映江苏省独立学院的专业建设工作的实际状况。第三,"以评助建"原则。发挥同行交流和咨询服务作用,强化指导与服务,帮助独立学院加强专业建设,进一步明确办学目标定位、人才培养规格和教学质量标准。第四,主体参与原则。重视学校的主体参与,充分发挥自评程序在抽检中的关键作用,通过学校参与方案设计、抽检过程及结论协商,加强独立学院内部质量保障机制的建立和完善。

具体的做法和考虑是:充分依靠和尊重被评学校,不仅通过座谈、调研、书面征求意见和邀请学校参与标准的诠释等方式让学校参与评估前期的工作,而且把自评过程和自评报告作为外部评估的主要依据,重视评估过程中的同行交流和评估结论的共同协商;帮助学校发现自己的长处与优势、了解自身的不足与改进空间,一起分析专业发展的背景、环境条件和制约因素,以及机遇和有利因素,提出有关学校未来发展方向、目标、策略、措施等方面的专业意见、改进建议和同行劝告;借助评估过程使学校的知识得到增进、价值得到提升、目标得到建构、专业核心竞争能力和学校的自信力均得到增强;外部评估通过主体参与、同行复核、专业服务、价值碰撞和技术支持,为学校的内部质量保障机制及质量文化的建立提供有力的支撑。

除了专业抽检制度及方案的人文设计和指标及标准的合理设定以外,为了减轻学校的参评负担、缓解学校的评估焦虑和压力,评估过程中还需要处理好几个方面的关系:一是在数据采集的时间节点上,处理好年度数据、阶段数据与即时数据的关系,遵循"信息足够反映标准达成度即可"的原则;二是在数据来源和统计口径上,实事求是地处理好学院数据与专业数据、学院数据与母体学校数据、学科数据与系科数据的关系,尽量使用与专业建设相关的数据;三是在价值导向和目标定位上,处理好要求从母体学校逐步剥离和争取母体学校支持的关系,充分尊重独立学院的实际,允许阶段性的解释和过渡性的处理;四是在标准的把握上,处理好合格底线与顶线要求的关系，为学校的各取所需留出空间；五是在专业定位上，处理好本科专业要求和应用型本科专业要求的关系，充分考虑独立学院的生源层次和办学条件等特点；六是在自评程序和材料准备上，处理好事实性数据与理念性数据、现状性数据与规划性数据、过程性数据与结果性数据的关系，鼓励学校在现实与未来之间、外部条件与自身努力之间、理想与可能之间找到平衡点。

四、特色项目及对评估的设限

在江苏省独立学院专业建设抽检指标体系中，评估标准的兼容性、伸缩性和量化标准的基础性、有限性，为专业特色建设预留了回旋的余地。同时，特色项目作为决定合格标准是否达成的参考性指标，在评估过程中处于角色重要但量权有限的位置。一方面，只有在确定“通过”的评估结论时才提出“有一定特色”的最低要求，其目的主要是为学校的目标建构、自我规划和行动自定义提供引领。另一方面，为了落实“政府指导、社会参与、学校自主发展”的评估创新体制，在具体诠释和理解这一指标时体现了科学加人文的教育及评估理念，力求正确地理解专业特色，合理地安排对专业特色的评估。

专业特色与一个专业的“人无我有、人弱我强、人强我特”的相对优势、核心竞争力和创新成果密切相关，说明该专业在某方面或领域独辟蹊径或独树一帜，它应获得师资、设施设备和财力等方面的专门支持，转而对办学目标、培养目标和可持续发展起到明显的支撑作用。专业特色应渗透到学校工作的方方面面，并提升到学校文化的层面，成为学校引以为豪的标志性、象征化和符号式的特长与优势，而不是孤零零的一个单独的强项或一些比较强的项目的简单组合。特色有较大的师生参与面，且为全体学校成员所熟知，在外部同行间和社会上有一定的知晓度，或为同行学习之楷模，或曾见诸报端，或产生其他的社会影响。毫无疑问，特色不是供人躲在家里孤芳自赏的，半数以上师生不知情的、没有证据证明其有任何外部影响的，不成为其特色。

对于不同的对象来说，特色可以是不同事情的不同做法，也可以是同样事情的不同做法，但肯定不是同样事情的同样的做法。特色建设当然不是为了给别人做示范，但鲜明特色一经形成，往往都具有一定的示范辐射作用。专业特色是专业生存的立足之本，缺少特色和优势，难以满足学生的学习要求，更难以培养出高层次的、具有广泛适应性和较强社会竞争力的人才。因此，打造特色是专业的生存之道。专业抽检的特色项目中所列出的7个方面的内容是学校通过特色发展加强专业建设的重要领域。

特色是长期积淀而成的,真正的特色只有在没有外部干扰的、学校自主发展的土壤环境里才能生根发芽,一般都是长期地、历史地形成的。真实的特色总能找到其谋划、认可、发动、组织、协调、支持和总结的历史痕迹。所以,从评估角度来看,考察学校是否有特色不是看其今天所说或者昨天所写,评前发动教师拼凑出来的、领导“拍脑袋”一夜之间想出来的,或者请专家闭门造车“提炼”出来的,甚至是在外部干预下临时“促进”和诱导出来的,都不能将其算作特色。

专业特色建设重在自主规划、精心设计、细致呵护、长期坚持,对于独立学院来说,特别是鉴于其办学历史较短,评估时应实事求是地看待对于特色的鉴定。应牢记评估对于特色建设的作用十分有限:特色的形成主要靠建设,而不是靠评估。过度的评估行为不仅不利于特色建设,而且容易造成目标的扭曲,落入“种瓜得豆”的陷阱,带来新的“百校一面”的风险。

当然,就评估阶段学校自身如何正确看待特色建设而言,学校应该充分利用迎评之契机,盘点自己的办学成果,找出自己的工作亮点,梳理自己的办学思路,挖掘自己的文化底蕴,彰显自己的办学个性,弘扬自己的专业特长,把握自己的发展方向,并进一步转变观念、提升理念,准确定位、科学规划,有效地整合现有的内外部资源,寻找新的发展动力,诚心追求、精心打磨、潜心建设、耐心积淀起自己的特色专长。

参考文献:

[1] 江苏省教育厅:《省教育厅关于加强独立学院教学工作提高教学质量的若干意见》, http://www.jiangsu.gov.cn/shouye/wjgz/bmwj/201004/t20100412.441100.html,2010-04-09.

[2] 沈健:《在江苏省独立学院教学工作会议上的讲话》,2010年。

[3] 江苏省教育厅:《省教育厅关于实施独立学院专业建设抽检工作的通知·江苏省独立学院专业建设抽检工作实施方案》,http://www.jsjyt.gov.cn/html/zwgk/xzgw/77086.html,2010-06-01.

[4] 江苏省教育评估院:《江苏省独立学院专业建设抽检评估工作手册(标准诠释)》,2010年。

(《大学(学术版)》2010年第10期)

教育的和谐发展呼唤和谐的学校评估

——关于建立我国学校督导评估新机制的建议

【摘　要】 当前学校评估实践过程中存在一些突出问题:评估活动过多过频、评估指标重硬轻软、评估方式烦琐虚浮、评估过程高压低效、达标标准过宽过滥等。教育的和谐发展呼唤一个功能定位合理的、全新的、和谐的学校评估机制。建议整合评估项目与指标,设计灵活的评估周期,建立规范的专业评估程序,严格评估纪律,明确评估主体,慎用评估结果。

【关键词】 学校评估;新机制;和谐

当前,学校评估已成为一项充满挑战、高难度、高利害度、高风险的工作。如果说评估使用得当可以支持学校发展的话,那么滥用评估则会危害教育质量、毒化教育环境。笔者经常参与学校评估工作,对其中存在的诸多问题感受颇深。教育的和谐发展呼唤一个功能定位合理的、全新的、和谐的学校评估机制。

一、当前学校评估的基本情况

长期以来,我国教育部门针对学校的评估有重点(优质)学校评估、(实验性)示范性学校评估、合格评估、发展性学校评估、学校综合督导评估和各种专项督导评估等,各地还有名为等级评估、三 A 评估、星级评估等的学校评估。

我国的学校评估一般以政府的管理性评估为主,行业性和专业服务性评估较少;以终结性评估为主,形成性评估较少。制度化的学校评估的主体主要是政府部门和教育督导机构,评估、监测、研究机构也有少量的参与。评估目的主要是规范办学行为和改进办学条件,对于质量与内涵有要求,但在公平效益、自主发展、师生满意度等方面还不尽如人意。学校评估也还很少被用作市场准入、投入决策、学校规划的主要依据。

二、当前学校评估的突出问题

我国的学校评估从无到有,从单一到多元,在改善办学条件和督促学校规范办学等方面起到了一些积极的作用,但在实践过程中暴露出的一些突出问题也亟待引起人们重视。

一是评估活动过多过频。各部门直接针对学校的评估或者虽然是针对区域但实际上还是主要针对学校的评估项目名目繁多,其中不乏单项评估、突击评估、多头评估、交叉评估和重复评估等,各级层层加码,到了基层教育局和学校,其所要接受的评估项目数量就非常大。某省的一个县教育局在一天之内竟然接受9项评估检查验收。一次参评、多次迎评,耗费了学校大量的人力、物力、时间和精力。

二是评估指标重硬轻软。有些评估指标要么“假、大、空”(命题虚假、目标宏大、要求空泛),要么“细、全、高”(条目过细、内容过全、标准过高),要么“统、死、窄”(标准划一、量权死板、通用性差),在实际评估中又普遍存在重硬轻软的问题。硬件不合格就坚决不让通过,软件差一点却关系不大。这样下来,一个内涵丰富的学校很可能由于一项硬件指标不合格就遭遇评估不通过,而一所“绣花枕头型”的学校反倒容易通过评估。

三是评估方式烦琐虚浮。评估中普遍存在形式主义、烦琐哲学和以材料为中心的现象。绝大多数学校的评估过程以评估组核查材料为主,辅之以现场观察和学校汇报,并不重点关注学生的学习过程和就读经验。因此,各校都特别重视材料的准备,对于一些正规一点的评估,需要准备的材料少则几十盒,多则几百盒。有的同志调侃说:“搞一次评估,救活了一个造纸厂,毁掉了一片森林。”由于专家在校时间有限,难以通读所有材料,更无暇核实具体细节,加之不少学校在准备材料时采取真实数据简单写、虚假数据认真写、长处优势重点写、短处弱项模糊写的策略,所以专家大多难以在短时间内把握学校的真实情况。学校接受评估被异化成做材料,甚至让师生参与做假材料。

四是评估过程高压低效。当前学校评估的最根本性的矛盾是政府以“以评促建、以评促改、以评促发展”为名过多地干预学校职权范围内的事。校长处理问题有自己的优先顺序,现在又要将评估这样一个高利害度的活动塞进来,他们的内心是抵触的。从实际效果来说,大部分学校的评估活动违背了评估作为服务学校的专业活动的本意,用外部标准不适当地强行介入学校的发展,挤压学校自主发展的空间,鼓励学校追求短期的利益,忽视长期的内涵发展，很容易使学校因外部压力过大、主动参与过少而消极应对、弄虚作假，也给评价者的权力寻租留下了空间。

由于评估结果与各项利益挂钩，学校担心未通过评估会给学校发展带来负面影响，因而在追求利益和盲目攀比的心理驱动下就会对学校评估进行各种干扰。即使预先申明了评估纪律，对专家和学校提出了评估行为方面的规范要求，但各地各校都明里暗里搞公关，有的评估还没结束，举报信就蜂拥而至，使这些评估结果充满争议。

五是达标标准过宽过滥。许多评估的设计简单草率，忽视学校的内涵建设和实际效果，并普遍存在好大喜功、"好人主义"现象。有的评估一次评出几十个教育现代化县（市、区）、几百个教育现代化学校，难怪有基层人士诉之为"教育的大跃进"。

在某省的一次普通高中评估中，共有 25 条标准，某市的 13 所参评学校没有一所能全达标，其中 1 所学校有 2 条不达标，6 所学校有 3 条不达标，4 所学校有 5 条不达标，1 所学校有 6 条不达标，1 所学校有 7 条不达标，但这 13 所学校却全部通过了评估。在此后 5 年的评估周期中，再也没有人去过问这些学校是怎么改进不达标的方面的。

三、新机制的要求

造成上述矛盾的原因是多方面的。为了解决好这些问题，未来的学校督导评估应进行相应的改革，建立足以支撑教育和谐发展的新机制。"好"的评估应该具有三大特征——参与性、发展性、综合性，即重视主体参与、关注发展过程、探索综合系统方法。

（一）学校评估的定位

作为评估的两种最基本的功能，质量保障的主要目的是促进被评价对象的自主发展与能力建设；质量改进的主要目的是绩效问责与外部控制。学校利害相关人对于学校评估的期待是各不相同的。我国目前学校评估改革的方向应该是在保障学校基本办学条件的基础上，重点建立有质量的学校教育的内部保障机制，避免过多的外部干扰影响教育质量的真正改进。

（二）学校评估的主体

多年来，教育评估领域一直倡导社会中介力量参与评估。但实际上，目前我国教育行业协会和评估研究机构数量十分有限，自身发展也十分稚嫩，完全没有形成独立的社会人格，其专业性尚未获得教育同行的认可，规范性也不如行政及督导机构。同时，国家对社会中介力量的监管措施还很不完善。整体而言,社会中介力量直接组织并独立负责教育评估的条件尚未成熟。

因此,从全国范围来说,目前由具有相对独立地位并已形成比较完备的组织体系的督导机构及专业的教育质量保障机构来主要承担评估任务是比较合理和可行的。评估监测研究人员等外部专业力量可以作为合作伙伴,配合督导部门主导的学校评估工作,承担起以同行交流为主的专业性学校评估的任务。

作为评估主体,督导机构既要提高评估人员的专业水准,也必须强化学校主体参与和社会多元参与。学校应该肩负起学校质量改进的主体责任;作为问责部门的政府机构应当间接参与学校改进,不宜过多地干预学校发展和评估过程;督导机构要起到一种相对独立的专业服务的作用。但督导机构的进一步专业化不是在较短时间内就能完成的,因此在加快培育专业评估研究力量的同时,要鼓励督导机构与科研人员之间的合作。

在新的学校评估机制中,应当摒弃经验型的所谓专家评估,而大力推动经过专业培训的同行评估。一方面,建立明确的专业规范和诚信制度,提出可以具体监督落实的道德伦理要求;另一方面,要明确和强化学校评估中的学校访问是同行之间的交流的观念,并向他们表明,评估机构委托他们从事的是一项受人尊敬且有专业吸引力的志愿性工作,不收取任何来自学校或评估机构的报酬。

(三) 学校评估的方案

1. 整合评估项目与指标

要切实解决各个部门多头评估的问题,尽快整合评估项目,把各条线上需要评估的内容统一纳入一项综合的评估项目中来。必要时,可以通过"1 + X"(一套统一的标准加上某一个可能会新提出的管理指标)的方式来解决临时要求增添的问题;或参照国外经验,在保持相对稳定的基础上,必要时几年更新一个版本。对于划分等级和细项的学校评估,还需要有几套相融通和衔接的标准与指标。

一般来说,省级以上政府部门进行宏观指导,制定标准和行业规范,开展全面评估前的实验和推广工作;地县级政府教育督导机构作为对大部分中小学校进行评估的主体。各级教育行政主管部门负责审核和保障所辖学校的入门合格条件,不再直接组织管理性评估活动,把学校评估交给督导评估监测专门机构。

2. 设计灵活的评估周期

对不同学校应设计不同的评估周期，一般情况下可以设定每5年为一个周期。期间学校每年提交一份进展报告，最后一年提供一份总报告并提出下一周期的评估申请。在评估周期内，评估人员可以在学校的正式邀请下访校并给予真正的专业指导。对上一轮评估中发现有严重问题的学校，可以考虑缩短评估周期，但需要有其他制度化的安排和人性化的操作；对上一轮评估中表现特别好的学校，可以考虑延长评估周期。

3. 建立规范的专业评估程序

学校评估程序包括自评、外部预评、外部评估组访校进行实地评估、做出评估决定、出具结果报告、实施后续改进计划、准备新一轮评估。学校可以根据自己的条件和准备情况确定申请参评的时间。

4. 明确评估纪律

评估人员实地评估学校期间要与师生一起在校用餐，体验他们的学校生活，不接受吃请和馈赠，不接受任何与评估无关的特殊安排，要把这些作为起码的要求。政府部门要对评估收费加强监管。学校在交费和接受评估服务之前应与评估主体签订规范的合同，对评估方法的安排、双方的权利义务和费用开支范围做出正式约定，将合同作为建立评估关系的依据，也接受有关方面的监督。目前那种连霸王条款也不签，却十分霸道地将各种开支和负担转嫁到学校头上的做法需要尽快得到改变。

（四）学校评估的内容

在基本的办学条件正在逐步得到满足的情况下，学校评估的关注点应从以往的办学条件、生源、优秀教师、升学率等，转到教育内涵、质量、改革与服务等方面。它需要关注学校的办学哲学和规划目标，关注学生的成长和教学过程，重视学生的就读经验与学习环境；它必须在意家长是否满意、社会是否认同；它应该注重基于证据的决策和基于知识的管理；它应关注学校是否已建立了一个注重自我反思的内部机制和质量文化。

在学校教育中，有许多东西是重要但不可测的，也有许多东西是能测但并不那么重要的，越是重要的越是不易测量，越是易于测量的却越不太重要，这是一个有趣却不幸的悖论。因此在选定评估内容时，不可以能测的多测、难以测量的不测，以免带来价值偏差而扭曲评估目标。

（五）评估的实施方法

评估的方法是需要在对评估实践进行再评估后不断完善的。我们在评价某种方法是否是好方法时，应该更加具体地说出是对谁、从什么意义上讲、在何种条件下、在多大程度上属于好方法。要更多地强调科学论证、技术的先进性和操作的人文性。

要大力加强我国的元评估理论研究及实践工作。要建立固定的机制,不断地对整个学校评估项目的设计进行评价和修正,及时调整评估方案,革新评估方法,为优质评估提供保障。一方面更多地给学校赋权增效,另一方面努力实现评估成本与风险的最小化。目前,国内对元评估的研究还十分肤浅,需要大力加强。

(六)评估结果的使用

针对我国目前学校评估在结果使用上缺少整体实效性与全面激励性的特点,应确定一个比较合理的评估结论表述方法和评估结果使用办法。应该充分利用评估所发现的问题,但对于如何使用须慎重。对数据的公开和奖罚的措施要慎用,以免影响学校的自主权和办学积极性。评估结果可以在学校的内部质量改进、政府部门的决策咨询和特定的奖励计划中使用,但不宜更多地把评估结果和数据作为干部任用和招生计划安排的依据,在近期暂时不对社会公开评估结果和相关数据。

参考文献:

[1] 袁益民:《教育部基础教育质量监测中心"学校督导评估研究"课题咨询报告》,2008 年。

[2] 江苏省教育厅:《学习实践科学发展观活动教育评估专题调研报告》,2008 年。

(《中小学管理》2009 年第 3 期、人大复印资料《中小学管理》2009 年第 6 期、国务院发展研究中心信息网收录)

江苏省省属高校内涵建设绩效评估的初步探索

【摘　要】 我国教育已经走上了以质量提升为核心的内涵式发展之路。江苏近年来开展了省属高校内涵建设绩效评估的研究和试验,聚焦质量和内涵建设,对省属29所本科院校和36所高职院校进行了绩效评估的探索。绩效评估适用于高等教育系统的内涵建设主题,江苏的内涵建设绩效评估在设计理念、评估过程与方法上有自己的创意和创新之处。根据其指标体系开展的试点评估结论符合江苏的实际,并反映出一些值得注意的问题。今后还可以在诸多方面对高校内涵建设绩效评估工作做进一步完善。

【关键词】 省属高校;内涵建设;绩效评估;研究和试验

当前,我国教育已经走上了以质量提升为核心的内涵式发展之路。而内涵式发展的内涵包括:关注主体性,实现从外生性增长到内生性发展的转变;关注科学性,实现从行政管理导向到按教育基本规律办事的转变;关注人文性,实现从物到人的转变;关注协调性,实现从量到质、从快到好、从多到精、从点到面的转变;关注多样性,实现从简单划一的大一统管理到多元发展、错位发展和创新发展的转变;关注可持续性,实现从关注当前到关注长远的转变。① 未来的教育工作包括教育评估工作,都要围绕内涵建设这一主线进行。

江苏省教育厅、财政厅于2010年下发了《关于优化高校支出结构促进高等教育内涵发展的意见》,明确要求高校增强内涵式发展的紧迫感和责任感,提高高等教育财政支出中内涵建设的支出比例,建立绩效评价机制,促进高校优化内涵建设支出结构。为此,我们开展了省属高校内涵建设绩效评估的研究和试验,聚焦质量和内涵建设,对江苏省省属29所本科院校和36所高职院校进行了绩效评估的探索,对它们进行了分类排序,并对相关结果进行了初步的分析。本文试图对江苏省为何聚焦内涵建设、如何设置相

---

① 袁益民:《教育"质量":是质性特征,还是量化程度?》,《高教发展与评估》,2012年第5期。

应的绩效指标和进行分类排序、如何解读评估结果等进行了较为完整的介绍。

一、研究的相关背景:为何聚焦内涵建设?

(一)聚焦内涵:适应绩效评估模式

英文中"Performance"一词的原意包括"进行或实行某事的行为或过程""已完成或实行的事"和"执行的能力,取得预想结果的能力",经常被翻译成"作业、履行、操作、性能、功率、表现和演出"等。① 而在绩效管理和绩效评估中,"Performance"均是指工作业绩和成绩或成果方面的表现,具体定义为"对照预设已知的准确性、完整性、开支和速度标准来测量的某一给定任务的完成情况"。② OECD(经合组织)将其定义为"一项发展干预或一个发展伙伴依据特定标准、准则、大纲运作或按照订明的计划达致结果的程度"。③ 在述及绩效评估时,相关的概念及内涵众说纷纭。光是英文中的说法就有"Performance Evaluation"(绩效评估)、"Performance Audit"(绩效评审)、"Performance Monitoring"(绩效监测)、"Performance Assessment"(绩效评价)、"Performance Measurement"(绩效测量)和"Performance Indicator"(绩效指标)等,当然,这些提法的评估在实践中的差异其实并没有那么大,甚至常常被混用。此外,它还与"Outcome-based Evaluation"(基于成果的评估)、"Result-based Evaluation"(基于结果的评估)、"Performance Appraisal"(绩效估价)、"Performance Review"(绩效评核)和"Performance-based Evaluation"(基于绩效表现的评估或者表现性评估)等概念有一定的交叉。④

在这些概念中,绩效评估是最宽泛意义上的一个概念,可以涵盖其他概念,而绩效评审才是与近年来国内主张的绩效评估实质上最相似的一个概念。与财务审计和上述其他形式的绩效评估相比,绩效评审更加强调独立性、权威性;相对来说,在评估主题、对象、方法和观点的选择上更加灵活;没

---

① 王同亿主编译:《英汉辞海》,国防工业出版社,1988 年,第 3874 - 3875 页。

② http://www.businessdictionary.com/definition/performance.html.

③ OECD. Glossary of Key Terms in Evaluation and Results-Based Management. Paris: OECD, 2002:29[2014 - 08 - 16]. http://www.oced.org/development/peer-reviews/2754804.pdf.

④ 袁益民:《教育评估理论与实践:概念、构念和理念的中外比较(上)》,《高教发展与评估》,2011 年第 1 期。

有固定的周期性；调查和评估方法比较多元；不是问题单式的评审。① 考虑到国内约定俗成的提法和评估模式概念边界的相近性，本文使用的绩效评估概念实际上就是指绩效评审。这一评估是纳税人、投资者、立法者、行政管理者、普通公民和媒体等了解公共活动的运作及结果并实施控制的手段。在非营利性资金时常短缺、公共需求不断增长且快速变迁的不确定现实环境下，公共活动和项目的效果成为他们关注的焦点。因此，绩效评估应代表公众利益独立提供可靠信息，反映现实的问题，为投资决策、风险预警和未来改进提供咨询，服务于政府支出、公共服务、管理问责的改进。它试图回答的基本问题包括：我们是否获得了物有所值的服务？能否把钱花得更明智？现有做法是否正确？该做的事情是否已做？

绩效评估的范围涵盖投入、活动及过程、产出、成果和影响。尽管其归根结底属于成果（Outcome）或结果（Result）导向的评估，但是它还必须同时关注投入、活动及过程和影响。以往，我们经历了过于强调投入产出和片面强调结果的阶段，重视输入指标和输出指标的设置，而忽视了过程性的要素和后续影响；同时，片面强调被评对象之间的可比性，却忽略了它们的主体性和多样性；过于强调评估内容的整体性和综合性，而对绩效表现关键指标的研究比较缺乏；量化数据有余，质性分析不足，聚焦质量内涵建设的重要指标没有真正得到应有的重视，重数量与规模而轻质量与效益的情况普遍存在。总体而言，从现有的少量周期性或者临时性的相对比较制度化、专业化的项目来看，我国高水平的绩效评估工作还没有在各行各业普遍地开展起来。就高等教育而言，对综合性的院校评估和科研绩效的评估比较重视，而对关注质量内涵建设和社会效益的办学绩效评估则难得一见。

绩效评估与专业及院校认证、项目评估、监测、评核和评价等评估模式相比，更加关注目标的正当性、过程的质量和结果的效益。组织绩效的形成绝不像投入带来产出、产出带来成果那么简单。除了组织的外部条件和内部背景因素以外，它的目标定位、价值信条、优先领域、策略选择和质量文化等都会交互作用，对组织绩效产生影响。这些质量内涵性质的要素实际上在很大程度上决定了组织绩效形成的过程。因此，绩效评估必须关注质量和内涵。从表 1 可以看出，关注质量和内涵是其题中应有之义。

---

① INCOSAI. Implementation Guidelines for Performance Auditing. Vienna：INCOSAI，2004：12 [2014－08－11]. http://www.issai.org/media/13517/performance_audit_guidelines_e.pdf.

表1　绩效评估与其他评估模式的一般性比较

	绩效评估	其他评估模式
评估目的	从更宽的系统视角，审视根本性问题，立足于整体改进治理能力与水平，提高过程中的透明度，问责最终的绩效	从较窄的某一视角，审视特定的问题，立足于相关方面的知识生成与改进，关注具体事实与证据，促进组织性学习
评估要素	关注评估对象的现有条件和背景情况，识别目标与成果特性，使用测量进展的指标，重视数据的常态收集与报告	对于绩效表现和背景情况只收集比较宽泛的信息，只关注与评估项目及模式相匹配的内容，对数据收集有特定要求
评估范围	涉及投入、活动及过程、产出、成果和影响，关注目标、过程的质量和结果的效益	只涉及投入、活动及过程和结果的某一些方面，重点关注评估项目所能涉及的内容
评估方法	使用更加全面、系统、多样化的方法，需要从各种场所和各个方面收集信息	使用特定的方法和相关信息收集工具，只需要从相关的场所和方面收集信息
结果使用	通过跨时段的进展信息和同行之间的可比信息，理解目标的达成情况，为公众问责和治理的改进提供管理预警	通过更为深入地了解某些方面的问题，掌握事实性质与要素之间的因果关系，理解相关政策措施为何管用或为何不管用

从绩效评估的目的、要素和范围来看，它以系统性、整体性的角度，全面关注投入、活动及过程、产出、成果和影响。投入是指服务顾客的活动及过程所使用的资源，一般比较容易认定，而且许多同类型的公共组织的拨款多是一定的。活动及过程相对来说也是比较容易描述和考察的，甚至连可以用量化数据来标识的产出也比较显性，所以容易被识别和理解。但是，这些投入、活动及过程、产出对服务对象到底带来了何种及多少实际好处、影响和变化往往难以确认。这便是成果和影响的评估所要解决的问题，这两者是绩效评估的重点和难点。成果和影响与投入、过程及产出不具有确定的线性关系，有的是毫不相干的，还有的甚至是反相关的。特别是需要绩效评估的公营部门，比内部绩效考核比较普遍的私营部门更需要警惕这种反相关的关系。

绩效评估的对象除了个体员工以外，还可以是一家机构、一个项目、一个管理系统或者一项活动、功能、运作、程序和事业。一般认为，它能够及时发现相关经费支出中的虚假、浪费和滥用等现象，提高资源使用的正当性、适切性、经济性、效益性和效率性，其终极目标是强化问责、提高透明度和改进治理。对于绩效评估的内容及指标，有“3E”(Economy、Effectiveness、Efficiency)的提法，具体指经济性、效益性和效率性。其实，对于教育这样的民生事业，我们觉得还应该加上“2E”——“Efficacy”(效能性)与“Equity”(公平性)。前者是指带来效果和效益的能力，后者是指要在顾及社会平等的条件下追求效率。作为一种问责制度，如果绩效评估忽略了可持续发展的能力和社会平等的目标，便是重量轻质，就会走入“GDP 主义”的误区。特别是当它被用于教育这样一个负责塑造社会未来的系统或者是把它与拨款制度直接挂钩时，它的负面作用和风险会变得非常大。尽管人们已开始警惕评估结果与拨款挂钩可鼓励显性短期行为，但对绩效评估能力与教育系统的繁杂性不相匹配的矛盾尚未予以足够重视。

作为一所学校必须回答好两个方面的问题：(1) 是否正在迈向既定的教育目标？政策、措施和活动是否有效？学校是怎么知道的？(2) 还有什么需要改进的？能否做得更好？准备怎么去做？但是，我们不能过多地进行外部问责，不能过多地关注现实状况的“水落石出”和“水深水浅”，而是应该允许学校有一个“水到渠成”和“水涨船高”的质量内涵建设的过程。在学校教育的质量保障体系中，质量建设过程与质量评估过程是有交叉也有区隔的，质量评估主要只能就质量现状交流同行之间的看法，质量建设的过程才是解决质量内涵建设问题本身的根本途径。聚焦内涵建设的绩效评估，要切实把质量和内涵建设放在首位，真正突出对于质量和内涵建设方面的要求，克服传统评估中硬件过硬、软件过软的问题，避免对十分重要的质性标准进行弱化和虚化处理。

其实，绩效评估不只是能够强化问责、提高透明度、改进治理、咨询决策、改善投资效益，而且能够促进组织性学习，规避不确定性和风险，增进知识，提高价值，赋权增能，服务于组织的中长期发展，更好地满足服务对象的需要，并提高其满意程度。绩效评估的范围不只限于财务方面，而是涉及整个组织的运作过程。它并不依据死板的标准，而是根据具体目标来选择适用的方法。它帮助组织以最佳的方式做正确的事，并实现价值的最大化。在目标比较明确的系统中，它可以审视目标的实现情况；在目标尚不明确的系统中，它可以审视活动是否具有并遵循规则；在结果导向的管理上不够完善时，它可以审视问题导向的实践；在条件投入尚未到位时，它可以聚焦于促进投入；在条件投入基本到位时，它可以聚焦于质量内涵建设。

(二)聚焦内涵:回应教育系统特点

作为以公益事业和公营部门为主的教育系统,绩效评估首先要考虑一般公营部门的特点。从表2的比较中可以看出,私营部门在市场竞争法则下追求利润的最大化时,需要及时回应利害相关人的诉求,决策更为灵活、管理更为便捷、投资更为理性和可行,投资人与利害相关人信息畅通,公司活动与市场同步。而公营部门则通常在垄断的条件下和服务公民的旗帜下直接或间接地受到政客的驱动,相对比较僵化,有时资金不足,时常难以实现良好的信息公开,公民对政府持有怀疑态度。与私营部门投入比较明确、产出比较物化、容易以货币形式进行量化相比,公营部门的投入和产出比较难以量化和物化,如果考虑产出以外的成果和影响,则更加难以把握。因此,公营部门的绩效评估必然有其自身的特点。

表2　公营组织与私营组织的比较

公营组织	私营组织
通常是垄断性的	基于竞争性的市场进行运作
服务公民	投资利益最大化
直接或间接地受到应当反映公民利益的政客的驱动	公司领导对利害相关人、董事会负责;他们追求利润最大化
在决策与执行过程中,国家组织更为僵化	因由一位领导决策,管理更为灵活和便捷
分配、再分配和管理资源	产出和分配资源
有时多少有点资金不足	根据生产率提供资金,如投资则决策可行
公民时常信息缺乏,对政府怀疑	投资人与利害相关人信息畅通,公司活动与市场同步

资料来源:Mihaiu, Diana Marieta, et al. Efficiency, Effectiveness and Performance of the Public Sector. Romanian Journal of Economic Forecasting, 2010(4).

同时,教育系统作为一个特殊的公营部门,在开展绩效评估时,还必须充分反映教育这一繁杂系统的特点。教育系统有哪些最相关的特点呢?笔者觉得起码可以包括工作对象的复杂性、要素作用的交互性、因果关系的非线性、效果的滞后性、产出的非显性、成果的模糊性、影响的久远性。教育绩效比经济及其他一些社会领域的绩效更加难以定义、测量和评价。作为公益事业的教育,它必须更加注意学生学业成就以外的成果和社会效益等方面的影响。在人才培养上,除了学生在知识和技能方面的收获外,行为规范和态度、价值观等方面的培养效果也十分重要。科学研究、社会服务和文化传承与创新方面的考察也不能只看显性的产出,也要顾及非显性的、中长期的成果和影响。

除了教育中的投入、过程、产出、成果和影响之间的关系更为繁杂外,教育还具有另一特点,即对于其产品质量不能等到产品完成后才去检验是否合格,当学生毕业时再去关注质量往往为时过晚。同时,学校办学在关注经济效益的同时,更应当关注社会效益。办学效益中的社会效益是一种长期的效益,与经济效益更多地涉及短期行为不同,社会效益追求的是长期目标。多年来,在教育产业化的影响下,一些学校关注经济效益比较多,对社会效益和办真正有质量的教育重视不够。此外,从现实情况来看,我国现有的高教评估中对科学研究的评价过多、过热,甚至过烂;而对社会服务功能的评价又太虚,对文化传承与创新功能的评价又太早,还难以顾及;本科教学评估也是困难重重。回归大学的人才培养功能,在专业及院校评估中关注人才培养质量已是刻不容缓。

人才培养质量是对所有高校的一致要求,也是高等教育内涵建设最重要的方面。但是,对于人才培养质量的绩效评估,目前我们还没有完善的制度和良好的技术支撑。从理论研究和实践两个方面来看,我国教育系统的绩效表现评估的成熟度还不够高。无论是投入产出模式,还是综合性评估模式及所谓尊重学校主体目标和增值的发展性评估模式,均还处于初始阶段,最终的效果还难以预料。在这样的情况下,针对教育这一复杂现象和繁杂系统,从我们已经确定的人才培养质量这一重点领域出发,从内涵建设切入,明确把它作为评估的目标导向,不失为我国目前开展高校绩效评估的一种相对比较保险和合理的做法。同时,对受众的接受度也将有较好的预期,因为在内涵建设上增加投入是急需的,也是比较好理解的。

内涵建设绩效评估回应了教育系统的特点和高教评估的现状,避开了背景参照和因果分析的困难;避开了因教育标准不完备和学校自主发展目标不明确而造成的标准参照和目标参照的困难;避开了简单进行投入产出分析和常模参照比较的不足;避开了因学校历史背景和现实条件不同造成的纵横向比较的困难;避开了目前开展绩效评估时现有政策、技术和能力的不足。它抓住了当前教育改革与发展中一个无法回避、亟待解决的问题,即质量内涵建设问题。这是一个再怎么强调也不为过的问题,是一个通过评估只会添彩、不会添乱的领域。在我们难以"测量无法测量的事物"时,依然抓住我们应该关注的东西并尽量去做好工作,这是我们可以划出的底线。

我们必须保证我们的工作是能够给教育带来积极影响的，是能够给教育的服务对象带来好处的。

（三）聚焦内涵：顺应高教改革方向

绩效评估作为政府管理改革中的一个新的亮点，也正在成为教育管理工作中的一个新的热点。实际上，绩效评估将挑战传统的教育治理方式，变面向全过程的事无巨细的微观管理为面向重点环节和关键领域的宏观管理，可以构成落实现代学校制度的一种重要机遇。政府应利用绩效评估切实引导学校走上自主发展和内涵建设之路。

一方面，我们必须掌握教育的现状，了解以下内容：我们的教育工作是否已经进入正确的轨道？我们的素质教育是否得到落实？教育办得怎么样？特别是资源利用得怎么样？在穷国办大教育的条件下，如何兼顾公平和效率？我们的改革举措是否奏效？我们能否达到预计的成果？我们能否做得更好？我们不能在黑箱中管理，要让教育管理过程在阳光下运作，更好地掌握实际教育工作的有效性，同时，通过管理的透明化提高决策的科学性，从而提高管理的效能。另一方面，我们必须认识到学校在提高办学质量和教育水平中的主体地位，只有尊重学校的主体性、积极性和创造性，教育质量才能得到整体的保障和改进。把人作为评估对象时，更加需要少一些压力、多一些支持，强调主体参与可以提高评估活动的有效性，从而降低成本和风险，实现评估效益的最大化。同时，把教育这一复杂系统作为评估对象时，光有数字的描述往往难以胜任，只有充分发挥办学主体作用才能有效解决问题。

我国以往的本科办学水平和教学水平评估过于关注办学条件和办学投入，对院校内部管理细节详查细究，但对教育质量和内涵的重视却明显不够。如何做到既坚持管理要求，又减少对学校不必要的干预和干扰，改变人为压力过多、专业支持过少的状况，一直是评估工作中的一个难题。我们已经知道事无巨细、“管头管脚”的一切包办代替是不合时宜的，但是不干预又不放心。作为有限责任政府，其应该把更多的精力集中在资源的均衡配置和有效配置上。绩效评估为政府既落实管理责任，又进一步转变职能、向学校整体放权，提供了一种新的路径。这里的基本逻辑是“上帝的归上帝，恺撒的归恺撒”，除了政府所规定的学校的职责外，余下的就是学校的自由。对于已经尽了责的、绩效高的学校，就不应该再有外部高频度、高强度的干预。作为服务型的政府，其工作的重点其实应该转向力争成为、真正成为学校教育的帮手。

近年来，随着《国家中长期教育改革和发展规划纲要（2010—2020年）》的实施，教育部出台了一系列政策措施，明确学校的质量主体地位，大力加强质量内涵建设，推动学校自主、多元、特色、创新发展，为进一步完善现代大学制度营造了良好的外部条件。江苏省作为与教育部共建的国家高等教育综合改革试验区和与教育部合作共建的教育现代化试验区，逐步明确了教育评估以学校为主体、以质量为核心、以服务为导向的改革目标，提出开展以质量内涵建设为核心的绩效评估思路，这正是这一改革方向的具体体现。

学校的自主发展并不排斥政府对学校在建设方向上的引导。江苏省委、省政府始终把教育作为财政支出的重点领域予以优先保障，以优先投入保障优先发展，形成优先投入、稳定增长的教育增长机制。近年来，教育投入紧紧围绕教育改革发展战略目标，致力于促进教育公平、提高教育质量。目前，江苏省迫切需要在稳定招生规模、稳步提高大众化水平的同时，把促进内涵发展、提高办学水平、提高教学质量、提高服务经济社会发展能力作为核心任务，以建设高等教育强省为目标，加快实现从规模扩张、外延发展向内涵建设、质量提升的成功转型。与此相应，迫切需要牢固树立以提高教育质量为中心，支持内涵建设为重点的理念，切实改变目前高校经费支出中内涵建设支出所占比例普遍偏低的状况，通过优化支出结构、增加经费总量等方式，切实加大对人才队伍、重点学科、重点实验室、教学改革、科研创新、教学实验设备和图书购置等内涵建设方面的经费投入，提高内涵建设支出绩效，为提高教育质量、建设高等教育强省提供有力的支撑。

二、研究的基本情况：相关过程与评估方法

（一）设计的思路

该项研究的基本设计思路是：以研究项目及试评估的形式切入，形成江苏省省属高校内涵建设绩效评估研究报告和院校分类分项分析报告，为最终建立科学的高等学校绩效评估与绩效拨款制度提供基本依据；重点围绕高校的内涵建设、教学及人才培养质量的提升；引导高校加强内涵建设，促进高校优化支出结构，使内涵建设经费的使用更多地与人才培养质量挂钩，更好地服务经济社会发展；数据收集注重可操作性，尽量使用目前现存的数据，暂不通过现场考察的方式收集信息源作为评估学校的数据；相关院校共同参与该项研究及试评估，但评估结果暂不对社会公布，对评估报告感兴趣的学校可以了解与自己学校直接相关的结论意见。

（二）研究的过程

研究小组在初步研究的基础上，专门印发了《关于“江苏省省属高校内涵

建设绩效评估指标(征求意见稿)"征求意见的函》,向江苏66所省属高校中的45所高校征求了意见,有30所高校提供了书面反馈意见。同时,召开了多次由高校领导和相关评估专家参加的研讨会,对该项研究及试评估的方案及指标体系进行了讨论。在使用德尔菲法对评估指标进行筛选和调整后,又对指标进行了诠释,并对数据计算的方法做出了统一的规定和解读。随后,请有关部门和单位按照要求配合开展了数据的收集工作。完成数据收集后,研究小组对数据进行了整理、排序和分析,最终形成了绩效评估研究报告。

(三) 评估的方法

根据指标性质的不同,我们采用标准参照、常模参照和分类分项的方法进行排序呈现和评估分析。

1. 标准参照

对于生师比、教师中具有博士/硕士学位的比例、生均教学仪器设备值、生均图书资源等投入性指标,教育部已有明确的合格标准,对于这四项指标的计算方法采用的是标准参照,即如果高校的数据达到教育部规定的标准,学校该项指标的得分即为满分。

2. 常模参照

对于教学成果奖、重点建设专业、精品课程与教材、实验教学示范中心/实训基地、毕业生就业率、优秀毕业论文、高考录取平均分等7项产出性指标的计算,采用的是常模参照。常模参照是基于高校在这些指标上产出结果不同,以该项中某一个数据(一般以最大数或平均数)为标准,将其他数据和这个标准数据项进行比较,测得高校该项指标的得分在整体中的相对水平。

3. 分类分项

鉴于办学类型、办学层次及在招生政策方面的差异,根据学校建议和江苏省省属高校在历史发展过程中自然形成的层次,在部分评估指标的分值上,注意区分本科院校和高职院校的不同;在评估结果的呈现上,按照学校类型和层次的不同进行分类分项排序。

三、评估的指标体系:指标设置相关说明

研究小组对国内外与教育绩效表现评价相关的指标体系进行了收集和分析,并根据开展内涵建设的目的要求,在广泛征求意见和充分讨论、认真研究的基础上,提出了"江苏省省属高校内涵建设绩效评估关键指标"的初步设计方案(见表3)。

表3 江苏省省属高校内涵建设绩效评估指标及数据来源

一级指标			二级指标			数据来源
指标名称	分值		指标名称	分值		
	本科	高职		本科	高职	
1. 师资队伍	20	15	1.1 生师比	5	6	江苏省教育厅信息中心
			1.2 教师中具有博士/硕士学位的比例	5	3	
			1.3 教师中具有国(境)外学习经历的比例	4	3	相关学校
			1.4 具有高级职称的教师承担的教学平均课时数	6	3	
2. 教学资源	15	20	2.1 课程资源	5	7	江苏省教育厅信息中心
			2.2 生均教学仪器设备值	3	8	
			2.3 生均图书资源	7	5	
3. 经费保障	10	10	3.1 内涵经费投入占当年总经费的比例	3	3	江苏省教育厅财务处
			3.2 内涵经费投入增长幅度	3	3	
			3.3 债务控制	4	4	
4. 建设成果	25	25	4.1 教学成果奖	6	5	江苏省教育厅高教处
			4.2 重点建设(品牌、特色、示范)专业比率	6	5	
			4.3 精品课程与教材比率	6	5	
			4.4 实验教学示范中心/实训基地	4	7	
			4.5 师生满意度	3	3	相关学校
5. 培养质量	30	30	5.1 学生按时毕业率	4	4	江苏省教育厅学生处
			5.2 毕业生就业率	10	10	江苏省教育厅学生处
			5.3 升学出国率	4	4	
			5.4 优秀毕业论文/技能大赛获奖率	6	6	江苏省教育厅高教处
			5.5 高考录取平均分	6	6	江苏省教育考试院

续表

一级指标			二级指标			
指标名称	分值		指标名称	分值		数据来源
	本科	高职		本科	高职	
6. 特色与创新	10	10		10	10	相关学校

资料来源:江苏省教育厅财务处,江苏省教育评估院:《江苏省省属高校内涵建设绩效评估报告》,2011 年。

加强高校内涵建设、提高人才培养质量、提升资金的使用效益是我们开展此项评估的最主要的价值导向,因此我们在设置和筛选评估指标时应紧紧围绕这一定位。初设指标由"师资队伍""教学资源""经费保障""建设成果""培养质量"五个一级指标、20 个二级指标构成。为了认可各校在内涵建设方面的创新实践,另设置"特色与创新"指标,附加 10 分。

"师资队伍""教学资源"和"经费保障"三个一级指标是投入和过程性指标,而"建设成果"和"培养质量"两个一级指标作为产出指标,除了在指标权重和部分指标侧重点上有所不同外,无论是本科院校还是高职院校都使用基本相同或相通的指标进行评估。

这个指标体系的基本思路是,从影响人才培养质量的教师队伍这一主要条件出发,抓住与内涵建设直接相关的教学资源和经费投入情况,突出内涵建设成果,同时反映人才培养质量提升的实际效果,整个贯穿了人才培养质量和内涵建设这一主线。其中,二级指标中"内涵经费投入"这一概念使用《关于优化高校支出结构促进高等教育内涵发展的意见》中"对人才队伍、重点学科、重点实验室、教学改革、科研创新、教学实验设备和图书购置的投入"的内涵。

此次研究收集到数据的指标包括 1.1、1.2、2.2、2.3、3.1、3.2、3.3、4.1、4.2、4.3、4.4、5.2、5.3、5.4、5.5,共 15 项。在收集到的数据中,"4.2 重点建设(品牌、特色、示范)专业比率""4.3 精品课程与教材比率""4.4 实验教学示范中心/实训基地"等三项指标数据因部分学校的数据不全而无法计算每所高校的相对值,因此,此次评估采用绝对值计算方式。

四、对内涵建设绩效评估结果的初步分析

(一) 试评估结果概述

在 66 所省属高校(不含成人高校)中,参加此次绩效评估的有 65 所(江

苏省联合职业技术学院因性质特殊没有被列入)。在65所高校中,本科院校29所,其中"211"高校2所、有博士点高校12所、有硕士点高校20所、一般本科院校9所;高职院校36所,其中国家级示范性(骨干)高职院校14所、省级示范性高职院校8所、一般高职院校14所。根据江苏省省属高校内涵建设绩效评估指标体系和现有数据(没有收集到数据的指标得分按满分计算),我们对这65所高校进行了试评估,并按得分多少进行排序。评估结果以省属本科院校排序表、省属高职院校排序表的形式呈现。其中省属高职院校排序表按是否包含指标"3.2",分为两个表进行呈现。

从本科院校的排序情况来看,12所有博士点的学校中,有9所排在前12位,而无博士点的南通大学、徐州师范大学和常州大学挤进前12位,同时3所有博士点的学校则未进入前12位。两所"211"高校分别位居第3位和第8位,而有3所有硕士点的学校排在多所一般本科院校的后面。从高职院校的排序情况来看,苏州工艺美术职业技术学院、常州信息职业技术学院、南通纺织职业技术学院和无锡职业技术学院排在36所高职院校的前列;排在前14位的学校中,有5所非国家级示范性(骨干)高职院校,但都是省级示范性高职院校;常州工程职业技术学院、常州纺织服装职业技术学院和常州轻工职业技术学院排在部分国家级示范性(骨干)高职院校之前;在8所省级示范性高职院校中,有两所排位靠后,落在多所一般高职院校之后。

这样的结果说明,一方面内涵建设绩效评估的结果与以往的总体排位及人们的传统印象大致上是一致的,另一方面在突出内涵建设后,一部分学校出现了排位上的升降,这是在预期之中的,但是少量学校的变动比较大,这是完全没有估计到的。这从侧面表明了内涵建设绩效评估的价值所在,也说明一些高校要进一步加强内涵建设,在相关方面狠下功夫。

从总体情况来看,省属高校内涵建设绩效评估结果的区分度较好。本科层次高校内涵绩效得分最高的和最低的学校之间的分差为22分,高职院校之间的分差超过27分,如果再加上一些未收集到数据的指标上的可能分差,校际分差也许更大,这反映了高校之间在内涵建设上实际存在的不平衡。

(二)具体指标的得分

从生师比、教师中具有博士/硕士学位的比例、生均教学仪器设备值、生均图书资源等基础性的合格指标来看,学校之间的得分差异不大,特别是在生均教学仪器设备值方面,65所高校全部达标,均得满分。在产出性指标中毕业生就业率、高考录取平均分等指标的得分方面,学校之间的差异也不大,特别是本科院校更是如此。

从一些突出的个案来看,有1所大学超过两所“211”高校排第一,主要原因是该校在经费保障和优秀毕业论文等指标上明显优于其中一所“211”高校;有3所大学超过其中另一所“211”高校的原因是该“211”高校在生师比、教师中具有博士/硕士学位的比例上而未达到教育部标准而被扣分,且内涵经费投入增长幅度比这3所学校低。在高职院校中,一些国家级示范性(骨干)高职院校排在省级示范性高职院校之后的主要原因是这些学校在内涵建设经费保障的有关指标上失分较多。

总体而言,造成学校失分的最主要指标是内涵建设的经费保障和建设成果方面的指标,以及优秀毕业论文/技能大赛获奖率等产出性指标。在本科院校中,有2所高校的内涵经费投入增长幅度出现了负值,在此项指标上的得分为零分;在债务控制上,有3所高校出现了新债务,故三校在此项指标上的得分为零分。在高职院校中,有11所学校内涵经费投入增长幅度出现了负值,这些学校在此项指标上的得分为零分;在债务控制上,有7所学校债务出现了新的增长,故在此项指标上的得分为零分。除了经费因素外,建设成果和人才培养质量对学校排序的影响也较大。在两所“211”高校中,一所排名明显低于另一所的主要原因是在教学成果奖、精品课程与教材比率和毕业生就业率等指标上差距较大。有3所有博士点的学校排在最后3位,主要原因是教学成果奖、重点建设(品牌、特色、示范)专业比率、精品课程与教材比率、实验教学示范中心/实训基地、优秀毕业论文/技能大赛获奖率与同类高校相比得分较低。在高职院校中,因产出性指标得分低而排在后面的现象更为明显,有一些学校的教学成果奖、实验教学示范中心/实训基地、优秀毕业论文的数据为零,造成此项指标没有得分。

五、关于内涵建设绩效评估的思考与建议

(一)绩效评估应与其他评估相互补充

无论是以往的办学水平评估和教学水平评估,还是目前开展的新建院校合格评估和本科教学工作审核评估,均不能代替能够更好地满足公众需求和问责要求的绩效评估。但是,在“测量无法测量的事物”仍被怀疑的当下,它应该同其他评估手段(如院校质量评审和院校认证等同行复核手段)配合使用。其实,有些评估结论是可以共享的,无须非此即彼或者重复劳动。要特别关注绩效表现评估在整个教育质量保障中的具体作用及其对现实中的教育改革与发展所能产生的实际影响。

（二）要警惕实施绩效评估的现实风险

除了现有评估技术的稚嫩性和评估结果的高利害性（特别是与拨款挂钩时）外，在具体实施过程中还要注意规避诸多风险。如过于关注评估过程细节而忽略目标定位与政策框架方面的顶层设计；过于关注量化数据而忽略质性分析；过于关注标准和常模参照而忽略目标和背景参照；过于关注短期产出和物化成果而忽略非显性效果及长远影响；过于关注工作方面的标志性成果而忽略终极用户的实际收获、体验和变化；过于关注评估结果而忽略实际工作中的问题。

（三）充分认识绩效评估指标的局限性

绩效指标本身是具有先天缺陷的，它只是关键性指标或质量的某种模糊的替代物。无论是美国高等教育认证委员会（CHEA）的代表状态的“管理指标”还是联合国教科文组织（UNESCO）的代表程度的“统计特征”，都很难代表质量的操作性指标，更难以代表实际的质量。就如哈维（Harvey）所讲，实际上绩效指标通常是与任何意义上的质量没有任何关系的简单化了的便利性测度。约克（Yorke）也认为，改进统计尺度以使其成为真正有意义的绩效指标所产生的好处还不如其产生的费用多。在一定程度上用产出对应于效率、建设成果对应于有效性、总体满意度对应于用户体验到的质量、生均资源配置水平符合规定对应于合格、录取平均分对应于声誉和影响力，最多只是一些比较牵强的近似物。它们起码需要有其他的数据来做相互补充和交叉印证。

（四）明确绩效评估的目标定位是前提

设计好一项绩效评估工作，首先需要明确其目标定位：是问责性的、预防性的、发展性的、修补性的、咨询性的、学习性的还是专项性的。这样才能有针对性地制定评估方案、确定绩效指标、选用数据收集的方法和工具、确定评估结果使用的办法。目标定位的确定要坚持有限性原则，不要把目标定位和评估范围设得过宽，那样就难以有效实施。最好是先选择比较明确的短期绩效目标来开展评估并严格限定评估结果的使用范围。对于中长期绩效目标的评估，最好是有被评估者等利害相关方和相关领域评估专家的更多参与。

（五）更多关注内涵建设方面的绿色指标

目前内涵建设成果方面的有些指标还只是标志性成果，与真正的质量内涵建设要求还有距离，还不能很好地反映内涵建设的要求，也还不够“绿色”。在强调学校自主、错位、特色、创新发展的今天，需要探索质量内涵建设方面的更敏感和更有效的替代性指标。学校发展趋于多元化，学校管理变得越来越复杂，学校的内涵也越来越丰富，对内部质量保障和外部专业评估的要求也越来越高。在这样的情况下，外部的许多简单化的、高利害的问责手段都是不合时宜的，评估者必须以一种平等的甚至是谦卑的态度来开展工作。

（六）建立更为科学的绩效评估新模型

目前的研究及试评估还处于初步的探索阶段。今后拟在进一步研究总结的基础上，争取建立一种更科学的评估模型，使用经济学和管理学计算效益和效率的常用方法——数据包络分析（DEA）和结构方程等方法进行结果分析和验证。这一模型需要更好地整合各类绩效变量，更为清晰地反映实际的办学绩效，更加便于要素之间的因果分析和评估结果的分层、分类、分项呈现，使绩效变化的动态跟踪分析成为可能，使院校之间的比较分析更为可行，使问责和预警、奖励和改进更为合理，使评估的过程更为顺畅便捷。

（收入《中国教育政策评论2014》）

四、评论评价篇

Education

Quality

Assurance

and

Evaluation

《教育评估的体制创新》序言

张学忠

近几十年来,我国在普及基础教育和扫除文盲等方面取得了举世瞩目的成就,全民教育水平得到了极大的提高。这些进展不仅在我国历史上是空前的,而且在世界上也是罕见的。教育事业出现了可喜的局面,人们对它的可持续发展也充满了期待。只要坚持改革开放、开拓创新,未来完全可以打造出一个发展更加快速、全面、均衡、协调及和谐的教育。当务之急是要处理好教育发展中还面临的一些挑战,如优质教育资源相对不足与人民群众接受优质教育要求之间的矛盾,以及与此相关的教育机会不够均等和教育质量不够理想等问题。

随着教育规模的扩大和普及水平的提高,教育质量、效率和公平的问题越来越受到人们的关注。对于增加入学机会和满足基本的学习需求必须与有质量的教育齐头并进,各国已有较多的共识,对于教育是一项人权、教育公平是一项重要的质量指标的观点也有广泛认同。如果不能保证教育质量,并且是保证建立在平等基础上的教育质量,那么更大规模、更高水平的教育终将难以得到保障。而保障教育质量的一个关键措施就是强化教育评估,可以说,质量评估是保障教育质量、效率和公平的基石。所以,关注质量首先就要关注教育评估。

教育质量是个国际通用概念,教育质量保障也是世界各国共同面对的现实命题,而教育质量评估则被全球各地越来越多的教育同行看作是教育改革与发展的一个优先领域。然而,对于如何开展教育评估,又存在各种各样的理论、模式和方法上的不同。随着经济全球化和教育国际化程度的提高,国际性和地区性的教育评估活动越来越活跃,各国教育评估系统的相互借鉴、磨合和部分趋同的现象也越来越明显。在此情况下,借鉴基础上的自主创新显得尤为重要。

我国的现代教育评估起步较晚,理论研究和实践活动方面均相对比较

作者简介:张学忠,中华人民共和国常驻联合国教科文组织代表团大使。

滞后,与国外发达国家仍有实际差距。虽然我国也已经初步建立起教育评估的一些系统架构,有些评估系统的制度化程度也已经比较高,但是整体来说,教育评估体系仍然很不完善,亟待通过体制创新,构建与国际先进的理念、世界一流的模式、全球可比的方法相接轨的、具有中国特色的现代教育评估体系。

袁益民先生在教育评估体制创新方面所做的这一研究是一项有益的尝试。他从我国教育评估的历史经验和现实问题出发,以比较开阔的视野,分析描述了教育评估体制的一种新的愿景。他的论述中既有一般性的介绍,也有深入的分析;既有心得体会,也有理论反思;既有现实感言,也有真知灼见;既有问题的探讨,也有具体的建议。相信该项研究将能引发更多对于教育评估方面的思考。

袁益民先生长期从事教育对外交流方面的工作,也多年参与一线教育评估工作,对国内外教育有比较多的了解,对教育质量保障有较深刻的理解,对教育评估也有其独到的见解。他从20世纪80年代初开始就与我国教科文组织的工作有很多的联系,参与过不少APEID联系中心和UNESCO协会方面的活动,还为全民教育九国(E-9)第六次高层会议和APPEAL等值教育地区研讨会等起草了国家报告。这些联系加深了他对教育评估标准、政策与体制等的思考。

我的理解是,该书的出版只是他在教育评估体制研究领域的初步成果,期望他今后在这方面开展更加深入的研究。愿教育评估体制创新方面出现更多的理论与实践成果,愿我国的教育评估体制不断得到完善,为教育质量的提高、现代学校制度的完善、教育的现代化提供更加有效和有力的支撑。

(2007年5月28日)

教育评估变革的蓝图

——读《教育评估的体制创新》

丁　鹏

知道袁益民先生有意出版一本有关教育评估的书时，我眼前一亮，不仅是因为评估已经成为一个教育热点，而且也是因为国内有关这方面的研究本身还不是很多，而从体制层面和创新视角切入的更是少之又少。对于在这一少有人涉足的教育研究领域，开展一些开拓性的工作并能有所收获，确实令人充满期待。作为《教育评估的体制创新》的责任编辑，我很荣幸地能够一睹为快，颇有几分感想，便又有了一吐为快的冲动，想与读者分享读后的心得。

我的第一个感受是：作者一定是带着一种进行根本性的重新反思和基础性的重新构建的思考和雄心来写这本书的。他尝试对教育质量、质量保障和质量评估方面涉及的基本问题做了比较系统的探讨，为我们从整体上更好地认识教育评估体制的历史背景、现状和可能的前景搭建了一个新的概念框架。他把发生在各级各类教育中，包括教育测试在内的尽量多的系统内外各种形式的评估活动放入比较宽泛意义上的评估研究视野，作为评估体制问题的研究对象和构造新体制的"建筑材料"，展现出了一幅进行系统性变革的蓝图。

这一蓝图不是从教育评估的历史中演绎过来的，不是从对现实问题的"追赶型"研究中推论出来的，不是从国外"舶来"理论嫁接回来的，也不是从对本土文化的"反叛"中继承下来的，而是在加工了所有这些元素后重新整合而来的。这就让我们看到了"树木"组成的"森林"的全貌。作者在历史与现状陈述、实践问题反思、社会背景分析、新形势把握、国外情况介绍和观念梳理的基础上展望新的体制的设计构想，是独具匠心的。由于这些视角都指向新的体制，并非不相干的认知组合，这使相关论述更显整体性和系统

作者简介：丁鹏，男，江苏洪泽人，副编审，经济社会学硕士，江苏省科学出版社副社长，研究方向为出版管理。

性。同时,由于后面的前瞻性描述都是建立在前面多方面深入审视的基础之上的,这样就使这种前瞻的思想基础更为坚实。

该书内容充分体现了这一设计构想,同时凸现出了鲜明的体制研究特点、浓重的创新特色和丰富的思想内涵,具体反映在各章节中。第一,把研究定位在政策体制层面,立足政策反思、系统分析和制度建设。第二,对教育评估的历史背景进行了全新的概括,并提出了新的分析方法。第三,尝试了新的教育评估活动分类,并建立了现有体制模式和政策影响的新框架。第四,对教育实践中的认识误区和政策体制问题进行了独到的分析。第五,从社会文化与教育背景角度讨论评估问题,借用了一些现有的论点,也提出了不少新颖的观点。第六,以比较开阔的视野,对教育评估面临的新形势、新挑战进行了全面而深入的分析。第七,对国外教育评估体制的简介为进行国内的体制创新提供了有益的参照。第八,对现有的教育质量、价值、绩效和评估观进行了归纳,并提出了作者自己不少独特的观点。第九,在提出教育评估体制创新中需要处理的一些矛盾关系后,展望了教育创新体制的大致框架,并明确了新的评估体制应有的基本功能定位。第十,通过对创新体制下几项教育评估制度的新设想,比较全面地展现了教育评估体制创新的新图景。

全书中最精彩的部分是创新体制的概念框架及创新体制下评估制度的构想。“完善的”评估管理体制、“校本的”院校认证制度、“友好的”学生评估制度、“有效的”考试评价制度、“人文的”教师评估制度、“动态的”课程评估机制、“专业的”管理信息系统和“合理的”区域教育评估制度,这些既是创新体制的主要组成部分,反映了教育质量评估的最基本的活动领域,前面的修饰语又一针见血地指出了目前教育评估中最欠缺的、亟待加强的工作方面。这些方面能否加强将决定我国教育评估创新体制的成败。

除此以外,书中还有许多亮点,它们大多体现在对于以下诸多关系的论述中:规模与质量评估;政治影响、政策推动和政府主导与评估中介的社会人格和未来地位;评估作为控制手段和作为专业服务;评估作为管理抓手与质量主体责任的回归;专业服务、行政管理活动与督导视学;政府、社会与学校;监测、评估与认证;教育目标、评估目标与评估方案;角色、价值与方法;个体评估、项目评估与机构(系统、制度、区域)评估;内部评估、外部评估与校本评估;全球化、本土化与属地化;质量保障与质量改进;统一标准与多元发展;科学性与人文性;专家评估与同行交流;好面子与重证据……

还值得一提的是,该书所参考的信息和所依据的理论之新,所反映的发展动态和所收集的案例之近，给人印象深刻。如附录中甚至收录了该书出版前一个多月之内的文件。所以，该书首先是一本反映现在进行中的现实问题的书籍，我们可以从书中对于现状的剖析和实践的反思中看到作者对现实问题的敏锐的洞察力和强烈的社会责任感。同时，该书也是一本专业性比较强的具有思想深度的专著。作者袁益民先生取得英语专业的学位后，长期从事教育对外合作方面的工作，本书的国际视角和宽广的视野应该部分得益于他的这种资历。而他在取得教育学专业的第二学位后多年参与比较教育研究和近年来从事教育评估实践的经历，又使他在书中较好地体现出专业水准和理论高度成为可能。

该书的一项明显特征是附件比较多，不仅数量多、容量大，而且涉及面也比较宽。这些附件并不是孤立存在的，它们除了照应主要章节中的一些观点外，我还隐约地感觉到这些不同的附件本身也在试图传递着许多的理念和信息。特别想指出的是，有些附件有很大的参考价值。如第一个附件，它收录了改革开放以来所有的涉及各种类别的教育评估的文件，甚至将相关词句做了摘录，这是一件很有意义的工作，为那些关注教育评估科研与实务的专业人员和管理人员提供了颇有价值的基本参阅资料。

最后我要说，该书的呈现方式也别具一格。作者的一些核心理念均在书中以边注形式列出，增强了可读性，读后也能对视觉冲击后面的思想闪光点更有印象。这样的呈现方式也为读者提供了记录自己在阅读过程中产生的思想火花的空间。也许，这也可以被看作是读者友好型的某种创新吧！

（《高教发展与评估》2008 年第 3 期）

《高等学校审核评估的理论与实践》序言

王　湛

常州大学高等职业教育研究院院长史国栋教授和江苏省教育评估院副院长袁益民研究员主编的《高等学校审核评估的理论与实践》即将由高等教育出版社出版。我的第一感受是,这本书出得很及时。

当前,我国教育事业正处于一个重要的发展转型阶段。发展的重点正由提高教育的普及水平即满足人民群众“有学上”“学有所教”的需求,向提高教育质量即满足人民群众“上好学”“学有优教”的需求转变。提高教育质量成了新的发展阶段的工作重点。2010 年颁布的《国家中长期教育改革和发展规划纲要》提出了“把提高质量作为教育改革发展的核心任务”,要求“树立以提高质量为核心的教育发展观,注重教育内涵发展”。提高质量无疑是需要长期坚持的战略任务,是一项复杂的、涉及多方面的系统工程。教育质量的监测与评估则是这项系统工程的重要组成部分。长期以来,教育质量的监测与评估是我国教育管理中的薄弱环节。注重教育内涵发展,亟须加强教育质量监测与评估的理论建设、政策建设、队伍建设和制度建设。《高等学校审核评估的理论与实践》正是研究高等院校质量评估的一本专题著作。该书围绕高等教育质量评估进行理论探讨,总结交流实践探索的经验与心得,很好地体现了对注重教育内涵发展的坚持,是对促进教育发展转型的自觉响应,紧紧围绕着当下教育工作的主题。

说《高等学校审核评估的理论与实践》是一本很及时的书,还因为该书的内容与当前高等院校普遍关注的一项热点工作密切关联。为了贯彻国家中长期教育规划纲要,2011 年 10 月,教育部颁布了《关于普通高等学校本科教学评估工作的意见》(以下简称《意见》),这标志着全国新一轮普通高等学校本科教学评估工作的全面展开。《意见》在总结、反思我国高等学校本科教学评估工作的经验与得失的基础上,借鉴国际通行的院校评估方式,提

作者简介:王湛,国家教育咨询委员会委员、教育部原副部长。

出了以学校自评、常态数据监测、院校评估、专业认证和国际评估为主要内容的“五位一体”的工作方案。这一方案有不少改革创新之处,其中最具亮点的改革是引入了审核评估模式。审核评估以完善学校内部质量保障体系为核心,以加强教育质量和教学过程管理为重点,改变评估结论的呈现方式。评估结束后提供写实性报告,评估结论不分通过不通过,不搞等级。如果说以往的教学工作评估更多地关注办学定位、办学条件、管理规范等,重视硬件上的“以评促建”,那么,新一轮的审核评估将更多地强调自我评估和常态数据监测,通过为学校提供专业化的服务,帮助学校建立完善的内部质量保障机制,引导学校更好地聚焦人才培养质量,更加重视软件上的“以评助建”。审核评估让学校摆脱了过关的压力,使其以平常心、正常态来对待评估工作,尊重了学校的质量主体地位。教育主管部门和教育评估机构也能够以支持者和协助者的姿态,更好地服务学校自主、务实地朝着高水平、有特色的方向发展。对这样一种崭新的评估方式,如何清晰地认识、准确地把握、顺利地组织实施,这是广大院校和教育工作者面对的 个新的课题。审核评估的理论基础是什么?它的目标定位、实施原则、评审方法和结果标示有何特点?具有哪些创新之处?如何在实施中真正确立学校的质量主体地位?这些都是院校和教育工作者普遍关心的问题。《高等学校审核评估的理论与实践》对审核评估做了比较全面深入的剖析,人们从这本书里不难找到与审核评估有关问题的答案。

《高等学校审核评估的理论与实践》总结回顾了我国院校评估发展和改革的历程,对审核评估的概念及其蕴含的理念做了比较全面的阐释,对其如何与国际接轨并体现中国特色进行了比较深入的分析,对实践和操作层面如何利用专业的技术和方法进行了探讨。该书对于评估改革的方向及评估支撑院校质量内涵建设的要求的论证是比较深刻的。书中率先提出了质量证据分层理论,进而对质量保障体系的达标水平和具体维度提出了专业的评审细则,对于从技术和方法层面保证审核评估的质量,具有积极的意义。史国栋教授和袁益民研究员长期致力于高等教育管理和教育评估的理论研究,卓有成果;他们又是高等教育管理和教育评估一线的实践工作者,经验丰富。他们对实践评估的研究,正如汇集研究成果的书名所示,坚持了理论与实践的结合。因而,《高等学校审核评估的理论与实践》一书不仅更好地明确了开展审核评估的改革方向、厘清实施要领、把握专业要求具有一定的理论引领价值,而且对于帮助参评学校、评估专家及广大高教工作者理解评估内涵、熟悉评估方案、掌握评估方法,具有务实指引和参考工具的价值。

党的十八届三中全会对深化教育领域综合改革做出了全面而深入的部署。全面深化改革必须“加强顶层设计和摸着石头过河相结合”。顶层设计是宏观决策,摸着石头过河是基层实践。顶层设计的基础是基层摸着石头过河的不断实践;顶层设计的实施、丰富和发展,更离不开基层广大群众摸着石头过河,以及坚持不懈地实践。顶层设计和基层摸着石头过河的实践之间需要沟通的桥梁。而我们的理论工作者对基层富有生机的改革实践经验的总结和对重点工作、热点问题开展的富有针对性和操作性的课题研究,往往正起到了桥梁作用。我认为,史国栋教授和袁益民研究员主编的这本《高等学校审核评估的理论与实践》,在教育部的《关于普通高等学校本科教学评估工作的意见》和广大院校围绕提高人才培养质量而开展的教育评估实践之间架设了一道很有价值的桥梁。

为院校评估改革鼓与呼

——读《高等学校审核评估的理论与实践》

钟秉林

在教育和社会都在呼唤改革的新时期，看到一本讲述和谋划改革的书，当然是要认真一读的。《高等学校审核评估的理论与实践》正是这样的一本书。

自2010年《国家中长期教育改革和发展规划纲要》颁布以来，我国教育进一步走上以提高质量和优化结构为核心的内涵式发展道路。近年来，国家出台了一系列相关文件，以加强内涵发展和质量建设方面的工作。2011年《教育部关于普通高等学校本科教学评估工作的意见》拉开了新一轮本科教学评估工作的序幕，2012年《教育部关于全面提高高等教育质量的若干规定》勾勒出新时期如何加强高等教育质量内涵建设的蓝图，2013年《教育部关于开展普通高等学校本科教学工作审核评估的通知》提出了本科教学工作新的评估模式的具体实施方案。与此同时，党的十八届三中全会提出的全面深化改革的意见及推进教育综合改革的顶层设计，更是为教育系统的改革指明了方向。

高等教育质量保障体系建设是质量建设的重要组成部分，推进"管办评分离"并委托社会组织开展教育评估监测，是教育评估改革的崭新课题。推行"管办评分离"的根本目的是进一步落实高校办学自主权和质量建设与监控的主体地位，为完善现代大学制度创造有利的条件。目前，教育部已经明确要求建立与"管办评分离"相适应的评估工作组织体系，充分发挥第三方评估的作用，由具备条件的教育评估机构实施相关评估工作。同时，正式提出完善中央和省级政府两级分工明确、各负其责的本科教学评估工作制度，省级教育行政部门依据国家有关规定和要求，结合本地区高等教育发展需要，制定本地区所属高等学校教学评估规划，组织实施本地区所属高等学校

作者简介：钟秉林，中国教育学会会长，博士。

的审核评估工作,推动学校落实评估整改工作。

在这样的教育评估改革的大背景下,由常州大学党委书记史国栋教授和江苏省教育评估院袁益民研究员主编的《高等学校审核评估的理论与实践》一书应时出炉了。该书与国家的相关改革设计相呼应,准确地把握了国际院校评估发展的潮流和国内本科教学工作评估的脉络,较好地总结了我国近三十年来的院校评估工作,为各地和各高等学校正确理解和有效开展新一轮本科教学工作评估提供了理论指导和实务操作指南。正如王湛先生在该书序言中所说,它在国家的顶层设计和基层实践之间架设了沟通的桥梁。

该书鲜明地坚持以学校为主体、以质量为核心、以服务为导向的评估改革方向。一是在评估理念和评估程序等的论述上充分体现对学校的质量主体地位的尊重,提出审核评估的实施要领是以其所说、看其所做、评其所获,把学校自身的办学定位与目标的有效落实作为评估的出发点、聚焦点和归结点。二是在评估内容上把学校的内部质量保障体系作为基本的审核范围,在评估方法上根据证据层次理论将质量分解成不同的维度进行评审,使教育质量内涵建设可以具体测量。三是在评估指导思想和评估运作层面上一以贯之地把评估工作看作是一种专业服务,包括为学校提供专业支持与业务指导、为政府提供决策咨询与信息服务等。

该书针对目前教育评估的专业性还比较缺乏、教育评估的服务意识还不够强烈的情况,提出在坚持"以评促建"评估方针的基础上,评估机构和评估专业人员要树立"以评助建"的指导思想,当好院校评估的帮手、政府决策咨询的助手、社会了解教育的援手。专业机构及专业人员应明确院校评估的专业服务导向,发挥自身的专业服务职能,把工作的着眼点放在搭建政府和学校之间的桥梁上,强调为政府和学校提供专业服务,减少不必要的评估压力和干扰,这是充满新意和切合时宜的。

该书在内容安排上也充分体现了服务意识。书中对审核评估的理念和方法进行了系统的阐述;对审核评估范围进行了翔实的阐释,并列出了相应的支撑性数据和引导性问题:对于学校如何进行自评自建、如何填报教学基本状态数据、如何撰写相关报告,专家如何进行实地访问、如何履行评估职能等分别利用专门的章节进行介绍;对评估中需要使用的表格和相关的文件,也有比较完整的呈现。所有这些内容,无论是对于参评学校,还是对于评估机构和评估专家,均是很有价值的。此外,该书在许多理论概念和论述的方式、语气上也进行了认真推敲,实事求是、直抒己见,体现了专业服务的导向，以及对服务对象的尊重。

读完全书，我觉得该书在许多方面提出了新的设想，开拓了教育评估工作的视野。它将国际通行的审核评估的概念、特征和做法经过调适嫁接到我国本土实践中的论述方法，是独辟蹊径的；它把审核评估的实施方案和操作方法高度概括为“四分法”，是独具匠心的；它将国外的证据层次理论转化成国内易于理解和操作的质量维度和评判细则，是独具慧眼的；它把评估作为专业服务的理念具体地落实到指导思想、操作方法甚至话语系统中，是独树一帜的。对于目前学界普遍接受的审核评估不分类型、不设标准、不做结论等提法，也结合国际比较研究的成果，提出了自己的看法，这也是需要勇气的。当然，审核评估在国内还是处于改革过程中的新生事物，不可能通过一本书厘清所有的历史脉络、穷尽所有的理论探索、满足所有的实践需要，但光是呼唤院校评估改革这一点，就是值得称道的。

我真心地希望，今后能够看到更多这样的呼应改革并践行改革的好书。愿更多的人为院校评估改革及教育综合改革鼓与呼，为教育质量的保障与改进提供强大的动力。

（《大学(研究版)》2014 年第 4 期）

专业建设抽检推动独立学院又好又快发展

丁晓昌

专业建设是独立学院教育教学工作的基石，也是独立学院教学评估的有效切入点。为促进独立学院健康持续发展，江苏省教育厅从2010年起面向省内独立学院启动专业建设抽检工作。从专业层面切入教学质量管理及内部质量保障过程，可以使评估重心下移，一方面更加贴近教与学的质量，便于帮助学校更好地落实自身的教育质量改进工作，另一方面使外部压力有效分解、加速内化，有利于避免院校层面进行综合性评估的高利害和高风险。

专业抽检定位在合格评估，同时吸收选优性评估的合理内核，在二级指标的达成度上设置A、B、C三种等级描述。在避免了选优评估和等级评估的高利害的同时，增加了评估结果的区分度，为不同的学校各取所需、在各自基础上加快建设留出了空间。外部评估压力带来的焦虑感降低了，而对照抽检标准加强内部建设的动力则更足了。

抽检工作主张政府行政力量、学校专业力量和社会中介力量之间的联合，坚持非干扰性原则。抽检按照公开的、既定的方案和程序进行，并在其过程中重视与学校的沟通、协商和互动。在材料复核后和网络评审前增加了预访程序，把预访作为学校自评阶段的整改和延伸，对学校提交的自评报告质量进行初步沟通和反馈，强化了评估过程中的咨询服务功能，进一步缓解了参评学校的压力和焦虑。

从实际效果看，一方面，预访工作在确保数据的充分性与可靠性方面的作用凸显，上报材料的真实性、完整性、准确性均有明显提高。另一方面，各参评学校内部的自评、自建、自改成效明显增强，不少学校主动要求评估机构安排专家进校现场考察。在材料评审中，抽检项目主管人员就材料复核的情况（包括材料的完整性、一致性和准确性）与学校进行了沟通与交流。

作者简介：丁晓昌，江苏省教育厅副厅长。

在现场评估中，抽检专家在充分协商的基础上，就考察情况和专业建设中的问题向学校进行了详细的反馈，把专家发现的情况和问题作为双方讨论的重点，而不是判断性结论，力求取得共识。最后，评估机构给每一个被抽检专业提交评估报告书，学校根据评估报告书提出了各自的整改计划。

抽检工作尊重独立学院的办学特点，充分考虑独立学院发展的阶段性特征，突出学校的主体参与地位，注意发挥评估专家的同行交流和咨询服务作用。我们以专业抽检为教学质量保障的切入点，构建了专门的抽检制度、抽检标准、评估方案及实施办法，旨在通过专业抽检形成独立学院自我约束、自我完善、自我发展的良性机制。把抽检定义为常规性质量监测，强调通过对点上的抽检形成对面上的拉动；将主体参与和结果共商的核心价值追求作为评估的原则。这两方面是支撑这一教学评估新模式的两大支柱。

我们把专业建设抽检的功能定位在合格性评估上，不把利害度设得太高，以减少学校的压力，避免出现一些过度的迎评行为和形式主义的东西。抽检工作从方案设计之初就体现了学校主体参与的理念，通过座谈、信函和委托起草文本等方式多次邀请学校对抽检方案和评估标准等提出意见，并充分吸收他们的意见。同时，在抽检程序中突出学院（专业）自评，把自评作为专业抽检的起点和核心环节，作为实施其他评估程序的基本参照和主要依据，而其他程序只是起到同行复核的作用。此外，无论是在材料复核环节后与学校的沟通，还是现场考察时的同行交流，也都是出于对学校在专业建设中主体地位的尊重。

作为教育同行的外部评估人员在集中听取学院的专业建设情况介绍后，将主要从学校的专业规划与定位、人才培养方案、领导的办学理念和思路出发，围绕专业建设与教学改革情况进行观摩、走访、交流和讨论，最后通过与学校协商形成评估组整体对于现场评估发现和评估结论的初步意见。不仅评估组组长将专业地反馈这些正式的集体意见，而且评估组成员也会逐一提出个人的诊断意见和对未来专业建设的建议。这些意见的反馈不是一种简单的对评估结果的宣布，而是在对学校的访问结束时的一种小结和双方的继续探讨和协商。

这种做法所体现的价值追求，不仅是出于对学校在专业建设中的主体地位的尊重，而且也是体现用户至上和用户意愿决定使用效果的信念。缺少学校参与的评估过程，往往容易出现目标扭曲和价值偏差的现象，而缺少学校认同的评估结果，其价值总是有限的，甚至是有争议的。因此，专业抽检强调结果共商，没有达成共识，则宁可不采纳、不公布。

建立独立学院专业抽检制度,不仅有利于增强独立学院的办学实力和竞争力,而且可以守住独立学院人才培养质量的底线,在确保独立学院的专业建设和人才培养质量达到基本要求的基础上,实现又好又快的发展。

(《中国教育报》,2012 年 3 月 5 日)

独立学院专业建设抽检评估的价值与作用

朱 跃

【摘 要】 江苏省独立学院专业建设抽检评估是一项创新举措，为建立独立学院质量保障机制开辟了重要途径。本文从参评学校管理者的角度，对独立学院专业抽检评估的背景和人文价值进行了梳理分析，结合作者参与相关评估工作的经验，对抽检标准的特点及发挥被评学院的主体作用的做法进行了分析，并阐明了独立学院专业抽检评估的积极作用，同时提出了进一步改革的建议。

【关键词】 独立学院；专业建设；抽检评估；评估价值；评估作用

江苏省自 2010 年开展独立学院专业建设抽检评估以来，已有四年了。这次评估在高等学校乃至社会上产生了广泛的影响。作为参评学校的负责人，笔者全面参与了独立学院专业建设抽检评估的申报、迎评过程，之后还担任了专业建设抽检专家，对这次评估深有感触。笔者相信总结交流自己的参评体会和对该项评估项目的认识，对于相关部门巩固完善此项评估制度，以及同行学校有效利用这一制度更好地促进专业建设，是有积极意义的。

一、独立学院专业建设抽检评估的背景

独立学院是制度创新的产物。独立学院以一种全新的模式，促进了公办高校品牌与社会资源的有机结合，不仅有效扩大了高等教育资源，特别是优质资源的开发利用，进一步满足了人民群众接受高等教育的多样化需求，而且丰富发展了高等教育的办学模式和管理机制，拓展了教育经费来源，减轻了政府的财政负担，也为进一步推进高等教育大众化做出了积极贡献，为

作者简介：朱跃，苏州大学应用技术学院副院长，教授。

深入推进公办高校教学和管理的改革提供了重要借鉴。

独立学院自20世纪末出现以来，其发展沿革可以归纳为以下三个阶段：第一阶段为1999—2003年，是借助母体高校办学的“依附期”；第二阶段为2004—2008年，是增强办学自主权的“独立期”；第三阶段为2008年至今，是根据教育部26号令，规范设置为民办普通高校的“转设期”。① 历经三个阶段，独立学院日臻成熟。然而在我国高等教育发展进入到以全面提高质量为标志的内涵建设的新历史时期，坚持内涵发展、提高教学质量、形成办学特色，已经成为独立学院可持续发展的重要保证。独立学院在办学过程中需要进一步明确人才培养的目标、规格与要求，调整和优化学科专业设置与课程体系，改革教学方法和手段，注重学生创新实践能力培养，守住质量底线，确保人才培养质量。

为了促进独立学院内涵建设和保障教育质量的提高，江苏省于2010年3月出台了《关于加强独立学院教学工作提高教学质量的若干意见》（以下简称《意见》），决定在江苏省建立独立学院专业抽检评估制度，定期开展专项抽查，促进独立学院切实加强专业建设、规范办学行为、迅速提高教学质量，努力实现独立学院的平稳过渡。《意见》指出：“建立独立学院专业评估制度，是强化独立学院教学管理，保障其教育教学质量的需要。通过集中随机与常态数据监测相结合的专业评估机制，守住独立学院人才培养质量的底线，尽快促使独立学院的专业建设达到规定要求，从而推动独立学院又好又快地发展。”江苏省教育厅丁晓昌副厅长在谈到独立学院专业抽检的意义时强调：一是新形势下保障独立学院教学质量的战略性举措；二是独立学院实行过渡期的平稳健康发展的迫切需要；第三是独立学院快速和可持续发展的重大举措；四是帮助独立学院落实办人民满意教育的必然要求，也是建立独立学院质量保障机制的重要途径。② 自文件颁布后，抽检评估就开始实施了。

二、独立学院专业建设抽检评估的价值

建立独立学院专业抽检制度，是强化独立学院教学管理，建立独立学院教学质量保障机制的需要。③ 江苏省教育主管部门和教育评估机构选择从

---

① 樊哲，钟秉林，赵应生：《独立学院发展的现状研究与对策建议》，《中国高等教育》，2011年第3/4期。

② 丁晓昌：《专业建设抽检推动独立学院又好又快发展》，《中国教育报》，2012年3月5日。

③ 江苏省教育评估院：《江苏省独立学院专业建设抽检评估工作手册（标准诠释）》，2010年。

专业抽检评估的角度来考察独立学院，其切入点的好处就是更加接近独立学院教学实践的具体方面和过程，便于独立学院更多地参与，而且结果更真实，更容易为独立学院接受和使用，改进和提高的成效更为明显。[1]

江苏省独立学院专业建设抽检评估在全国是一项创新举措，也是江苏省在本科阶段教学评估的一次探索实践。开展一项新的评估活动可以说是一个系统工程，它涉及指标体系的设置、评估过程的设计、评估结果的应用等多个环节。江苏省教育评估院负责此次评估，在制定评估方案、编制评估手册、专家聘请、材料评审和现场考察等重要环节开展了深入的研究，注重顶层设计，广泛听取意见，充分发挥评估专家的同行交流和咨询服务作用，通过评估帮助独立学院加强专业建设，成为靠提升价值为学校赋权增能的真正专业的评估、靠事实和证据说话为学校诊断把脉的真实有效的评估、靠真心服务赢得学校信任和支持的真情操作的评估，努力将独立学院专业建设抽检评估发展成江苏省教育评估的品牌和精品。

（一）评估内容和方式紧扣独立学院的发展阶段与办学实际

独立学院专业建设抽检实施方案及指标体系的制定，既符合国家相关法律法规和省教育主管部门对本科教学人才的有关制度规定，又切合独立学院专业建设教学的实际，理念先进，针对性、可操作性强。尤其是独立学院专业建设抽检评估具体标准是为独立学院量身定做的专业建设标准，其中的核心指标与独立学院的办学重点紧密相扣，贴近独立学院教与学的实际情况，评估结论能真实反映独立学校的实际水平，因而受到独立学院的肯定和欢迎。专业抽检评估的评估工具、网上评估系统等设计使用简便，譬如学生满意度的调查设计，通过学生满意度调查，可以看出办学实际中一些深层次的问题，也为独立学院提供了了解自己、改正不足的新视角。

（二）突出学校的主体参与，注意发挥评估专家的同行交流和咨询服务作用

抽验评估突出学校主体参与，注意发挥专家的同行交流和咨询服务作用，在独立学院专业抽检过程中突出学院专业自评的作用。把自评作为专业抽检的起点和核心环节，作为实施其他评估程序的基本参照和主要依据，其他程序则起到对自评报告内容进行同行复核的作用。另外，在材料复核后和网络评审前增加了预访程序，把预访作为学校自评阶段的整改和延伸，将预访结果提交给学校，由此对自评报告质量进行初步沟通和反馈，这种沟

① 袁益民：《院校教学评估的创新与实践：专业抽检制度》，《大学》，2010 年第 10 期。

通强化了评估过程中的咨询服务功能，进一步缓解了参评学校的压力和焦虑，增强了将评估结论转化成实际行动的效能。

(三) 评估结果强调共商，重在诊断把脉和对未来专业建设的意见建议

江苏省教育主管部门和省教育评估院充分考虑独立学院发展的阶段性特征，突出学校的主体参与，注意发挥评估专家的同行交流和咨询服务作用。专业建设抽检的功能定位在合格性评估上，不把利害度设得太高，以减少对学校的压力，避免出现一些过度的迎评行为和形式主义的东西。江苏省教育评估院和评估专家充分尊重学校在专业建设中的主体地位：积极友善的提醒让被评学校感到温暖，从学院办学实际出发给予的理解让被评学校产生共鸣，而高屋建瓴的指导帮助让被评学校茅塞顿开、眼界拓宽。评价者积极的反馈与被评价者积极的认同，使得每次预访反馈都起到了积极的作用，使被评学校如沐春风，而融洽的关系又进一步提升了评估的作用。

三、独立学院专业建设抽检评估的积极作用

四年来的独立学院抽检评估对独立学院的学科建设和教育发展起到了积极的作用。

(一) 提高了对专业建设的认识

专业建设是高等学校教育教学和人才培养工作的基石。通过专业建设抽检评估，引导独立学院的办学合作双方，从单纯关注独立学院的规模发展，到进一步重视独立学院的内涵建设，从而加大对独立学院的教学条件、队伍建设和人才引进等方面的投入。促进独立学院进一步明确办学目标定位、明确人才培养规格、明确专业教学质量标准，促进独立学院领导班子和全体员工高度重视专业建设，遵循教育教学规律，加强基础条件建设，自觉规范办学行为，逐步形成自我约束、自我完善、自我发展的机制，为独立学院提高专业建设水平和教学质量、增强独立学院的办学实力和竞争力，为经济社会发展培养更多高素质专门人才奠定了坚实的基础。独立学院充分认识到专业建设抽检的重要意义，加深了对自身办学理念的认识，进一步端正办学指导思想，从而提高了办学水平。

(二) 提升了独立学院教学管理科学化、规范化建设水平

专业抽检评估是独立学院自开办以来第一次接受政府主管部门和专业机构的检查验收。通过专业抽检评估，各独立学院认真开展自评自建工作，摸清家底，在系统梳理自成立以来人才培养和专业建设等各方面工作的过程中，发现了过去工作中存在的许多问题，诸如办学定位不够准确，办学条

件仍有欠缺,教师队伍有待加强,教学管理不规范、不细致,等等。这就促使独立学院对照标准,总结得失,查漏补缺,消除短板,通过评估整改,对这些工作漏洞进行了很好的弥补,也促进独立学院的制度和管理规范向正规化建设方向上前进了一步。经过专业抽检评估的历练并在评估专家的指导帮助下,教学管理人员拓宽了视野,掌握了与国际接轨的专业建设与评估的理念、工具与方法,同时独立学院也培养起了一支专业化的教学与管理人员队伍。

(三)明确了专业建设的优势与特色

独立学院的专业建设不能完全复制母体,成为母体专业的缩略版(降格版),而是应该理清独立学院专业建设发展思路,积极探索与母体相同专业的差别化、错位化发展,理清独立学院专业建设的未来发展思路。通过专业建设抽检,大多数独立学院均形成了自己的专业建设特色,如明确了以就业为导向,以应用型人才培养为目标,逐步实现学院专业建设与地方产业发展的无缝对接,同时逐步形成校企深度合作融通、多模式培养适应地方经济社会需要的应用型人才的专业特色。这些目标与定位是通过专业抽检评估凝练出来的宝贵财富,也是独立学院今后专业建设的目标与方向。专业抽检评估促使独立学院逐步形成专业建设的特色意识,增强了与母体相同专业的差异化发展的信心和决心;独立学院明确了专业内涵建设的路径,专业建设的能力明显提高,专业建设和内涵发展的思路更加清晰;与母体人才培养差别化发展的课程体系,尤其是实践教学环节体系及环节得到基本确立,取消了一些理论性较强、不适合应用型人才培养的课程,编写了一批适合应用型人才培养的教材;内部质量保障体系初步建成;课外科技活动和师生科研能力有了长足的进步;学生就业率有了明显提高。

(四)推动了专业建设的扎实有效的开展

独立学院专业建设抽检是为独立学院量身定做的专业建设标准,也是独立学院专业建设的风向标和路线图,促使独立学院在加大专业建设投入的基础上,重构了人才培养的知识体系,拉开了独立学院扎实有效开展专业建设的序幕。有的独立学院以专业建设抽检评估标准为引领,系统衡量和全面评价学院现有专业的建设水平,认真开展自我检查与反思工作,努力加强专业建设,提升学院的人才培养工作水平;有的独立学院把加强专业建设看成是学院的第二次创业,启动了新一轮人才培养方案的修订工作;有的加强办学条件改善,图书资料和专业实验室的设备条件得到大幅度的改善。在"以评助建、以评助改"的指导思想下,各独立学院专业建设能充分依托母体学校学科专业优势等优质资源,积极争取地方政府支持,多方位服务于区域发展,紧密依托行业企业办学,努力形成自己的特色。独立学院专业抽检评估有力地推动了专业建设的开展,独立学院专业结构不断优化,专业人才培养方案不断完善,师资队伍建设力度不断加强,质量工程建设稳步推进,学生的专业素质和综合素质不断提升,人才培养模式改革初见成效,为独立学院人才培养质量的全面提高奠定了坚实的基础。

四、进一步推进独立学院专业建设抽检评估工作的建议

独立学院专业建设抽检工作开展四年来,尽管取得了一些显著的成绩,但是还需要进一步加强,以更好地提升独立学院的教学质量和人才培养水平,为办师生满意的独立学院做出更大的贡献。一是要进一步强化外部评估机制,切实帮助学校完善内部质量的保障机制;二是关注独立学院之间自身的差别化发展,加强分类指导,更好地引导独立学院特色、创新发展;三是加强对独立学院的研究和政策咨询工作,通过数据的挖掘和质量分析报告的撰写等,促使相关投资方和教育主管部门更多地关注独立学院的现有困难和现实需要,以从办学条件和政策保障等方面入手帮助其更好地发展。

首先,独立学院专业抽检评估要进一步克服传统外部评估与学校内部质量保障存在某种脱节现象的弊端,更好地帮助独立学院切实加强内部质量保障机制及质量文化的建设。虽然教育部对于独立学院的检查验收有过渡期,但是加强专业建设并没有过渡期。教育部的检查验收肯定会涉及一些办学的基本硬件条件,但是提高教学质量和人才培养水平还需要质量内涵建设方面的支撑。因此,江苏省已经计划在继续强化专业建设抽检的基础上,从明年开始启动院校层面的教学评估,其关注点主要就是学校内部质量保障机制的进一步完善。

同时,要加强分类指导,更好地引导独立学院实现特色、创新发展。独立学院仅有短短10余年的发展历史,总体上在专业布局、师资队伍和教学经费投入等方面还存在不少问题。专业建设水平的提高和特色的形成往往需要一个长期建设和积淀的过程。在发展的过程中,独立学院之间逐步形成了在办学体制、运作机制等方面的差别化发展的态势。因此,在今后的抽检评估和院校层面的教学评估中,要充分尊重各独立学院的特点,让学校能够各取所需,为差别化发展留出足够的自主空间,避免“种瓜得豆”。

此外,抽检评估要更好地发挥其咨询服务功能,为独立学院的教育教学改革和教育主管部门的决策提供更有效的服务。对于独立学院这一特殊的

高等教育组织形式，政府和社会需要给予更多的关注和扶持。在开展专业评估抽检的同时，还需要采取多种措施，加大政策支持力度，如设立独立学院发展专项资金，在质量工程建设和教改项目设置等方面给予独立学院同等机会，开展与独立学院相关的信息收集和咨询服务工作等。在规范管理的同时，积极引导独立学院研究社会需求变化，合理定位，明确人才培养目标、规格和要求，不断深化人才培养模式改革，稳步提高教育教学质量。

（《上海教育评估研究》2013 年第 4 期）

高等教育质量多元化与高教评估改革

——中国高教学会教育评估分会2006年学术年会综述

杜瑞军,周廷勇,李庆丰,夏仕武

2006年10月27日至30日,中国高等教育学会教育评估分会2006年学术年会在福建厦门召开,这次会议由中国高等教育学会教育评估分会和北京师范大学高等教育研究所共同主办,会议的主题是"高等教育质量多元化与高教评估改革"。出席会议的代表有60多位,多数是来自国内高校教务系统和评估一线及《高教发展与评估》杂志等单位的专家和学者。围绕会议主题,与会代表讨论了我国高等教育大众化阶段的高等教育质量多元化问题;分析了高等教育质量多元化对高教评估改革的影响;探讨了适合中国高等教育发展的高等教育质量观和多元化评价体系;交流了各级各类学校在高教评估方面的经验。

一、对高等教育大众化时期教育质量观的检视

自20世纪90年代末以来,我国高等教育进入了跨越式发展阶段,高等教育毛入学率不断攀升,高等教育的结构和特性也发生了根本性的改变,根据马丁·特罗高等教育发展的三阶段说,我国已经进入了高等教育大众化阶段。伴随着高等教育规模的极速扩大,高等教育质量及对质量的监控和评估等问题日益凸显,成为社会舆论、理论研究者及政府决策部门关注的焦点。本次会议讨论和分析了高等教育大众化背景下高等教育发展的现实走向,并进一步探讨了教育质量的基本内涵。与会代表达成的基本共识是,在我国迈向高等教育大众化的过程中,院校类型和教育质量标准必须从单一化向多元化方向发展,考量教育质量必须以国际视野加以评价,必须兼顾国家、社会、学校、学生等不同利益相关者的利益诉求,衡量教育质量时应在关注学校基础设施和条件保障等"硬指标"的同时,更重视学生经验及成长等

作者简介:杜瑞军、周廷勇、李庆丰、夏仕武2007年公开发表该文时,为北京师范大学教育管理学院高等教育学专业博士研究生。

方面的“软指标”，实现“质量主体”的回归。

围绕高等教育大众化时期的教育质量观及质量标准问题，大会进行了深入的探讨。华东师范大学陈玉琨教授在会议总结时指出，当前，我国高等教育发展呈现出新的趋势，主要体现在以下几个方面：(1) 价值取向的多元化。党的十六大对我国的教育方针做了新的表述，在强调教育为社会主义现代化建设服务的同时，特别强调了教育要为人民服务。这一表述方式的转变兼顾了社会的需要和个体发展的需要，使得学校的办学观念、目标定位日趋多元化。(2) 院校类型的多元化。高等院校的类型和层次呈现多元化发展趋势，高等教育的发展既需要存在面向少数的精英型高等院校，培养创新拔尖人才，也需要面向大众的高等院校，培养大量应用型和技术型人才。(3) 培养目标的多元化。高等院校的培养目标需要满足社会的需要，但也不能把社会需要作为唯一的指针。在市场经济条件下，完全以市场为导向进行人才培养存在着一定的风险，高等教育必须遵循自身发展的规律，不同类型高等院校（尤其是精英型院校）要选择性地与市场保持距离。在这样的背景下，高等院校的质量标准也需要多元化，在讲究学术标准的同时，不能把学术标准作为衡量所有院校质量的唯一标准。

有的学者认为高等教育大众化阶段要实行多元化的质量观，不同类型院校应当具有不同的质量标准，单一的质量评估指标体系将会导致不同类型院校之间的攀比和模仿，出现同质化趋向。陈玉琨教授指出，要从三个方面去理解教育质量：第一，质量是追求卓越，实现一流。第二，质量是对预设目标或标准的达成。第三，质量是对社会需要的满足。我国重点大学的质量标准就是对卓越的追求，普通本科的质量标准就是对预设标准的达成，高职高专院校的质量标准就是社会需要的满足。这样的质量标准的划分并不是绝对的，而是须综合考虑的，但应存在一定的倾向性。江苏省教育评估院副院长袁益民指出，质量问题的多元视角并不妨碍我们达成关于质量定义、质量管理、质量保障与改进途径的共识。他在全面介绍了国内外学者、联合国教科文组织、经济合作组织等对教育质量的界定之后指出，分析教育质量的内涵时，要把科学性和人文性统一起来，贯彻全面、协调、可持续的质量观和人本、人文、人性化的绩效观。院校类型和层次的多样化并没有否定一种共同质量标准的存在。这一质量标准是要求不同类型院校共同遵守的基本的质量准则。这些质量标准体现在诸如目标的适切性、资源的有效利用、满足消费者现实的和潜在的需要、教职员的满意度（Faculty Satisfaction）和学生友好型学习和学校环境（Student-friendly Learning and School Environment）等方面。这两种观点的共同之处在于都强调存在一种共同的、基本的质量标准。其差异在于,前者强调“某一类”院校的共同的、基本的质量标准,后者强调“所有类”院校的共同的、基本的质量标准。同济大学毕家驹教授根据国际经验比较研究认为,在当今世界上,高等教育的质量必须以国际视野进行评价,高等教育质量标准必须以全球尺度来度量。由于教育质量最终体现在培养对象的质量上,所以,要建立侧重于学生产出(Learning Outcomes)的质量准则。在美国和欧洲,在学位标准、专业培养计划和评估准则中规定学生学习产出要求的做法已经相当普遍。此外,高等院校还要特别重视质量管理和质量文化建设,要不断充实、丰富和发展大学文化和大学精神。高校应该态度鲜明地致力于发展一种追求卓越、质量第一的质量文化,形成良好的信念、价值观和氛围。北京师范大学周作宇教授指出,讨论教育质量问题,首先必须明确教育质量的主体。在高等院校的三大功能中,人才培养是最基本、也是最核心的功能。狭义的高等教育质量主要是指人才培养的质量,对于高等院校而言,大学生应该是教育质量的主体,离开学生这个主体的日常学习经验,就无法触及影响质量的核心要素。因此,把握高等教育的质量问题必须从学生的日常学习经验出发,立足学生经验的生成与发展。

在对教育质量的讨论中,大学精神、大学文化建设,学科和教师的发展,特别是学生的经验与发展,引起了与会专家和学者的强烈关注。他们把这些因素称为教育质量评价体系中的软指标,并指出在分析和评价教育质量时,仅仅从学校基础设施、保障条件等硬指标进行考量是远远不够的,还必须把握质量的关键因素,即把这些软指标纳入教育质量的评价中,把发展过程与发展的结果统筹考虑。与会代表充分肯定了厦门大学史秋衡教授《本科生学习过程规律与教学评估原则》和北京师范大学周作宇教授《大学生就读经验:评价高等教育质量的一个新视角》两个专题报告在这方面所做的尝试。除此之外,与会代表认为,在评价教育质量时还有一个关键因素,那就是用人单位的标准,目前还没有纳入视野,需要进一步研究和探讨。

二、对高等教育大众化时期教育评估的反思

在全面审视教育质量观的同时,会议还对当前我国正在进行的本科教学工作水平评估和教育质量保障体系进行了讨论和分析。与会代表一致认为,实行本科教学工作水平评估非常及时、必要,它是对高等教育大众化时期教育质量的全面审视。从2003年确立五年一轮的评估制度以来,本科教学工作水平评估很好地贯彻了“以评促建、以评促改、以评促管、评建结合、

重在建设”的指导思想。对于促进高等学校转变教育思想、树立现代教育观念、加强教学工作、落实教学工作中心地位、改善办学条件、规范教学管理、提高教育质量等方面，发挥了非常重要的作用。在充分认识教学水平评估的积极作用的同时，与会专家和学者也对教育评估的作用及当前高教评估中存在的问题进行了深入的反思。作为多次参与教学水平评估的专家，中山大学李延保教授指出，高等教育评估并不能做到尽善尽美，都会受到一定程度的批评。教育评估指标体系总是不断地经历着“批判—修订—批判”的过程。同时，本科教学水平评估并不能解决高校发展中的所有问题，特别是深层次问题。多数代表也认为，不能无限制地夸大评估的功用，教学质量保证和提高的关键在于学校。对于当前教育水平评估存在的问题，与会专家和学者从以下几个方面进行了分析和探讨。

（一）评估的目的——为什么评估

开展本科教学工作水平评估是政府转变职能和加强宏观管理的需要，是政府运用信息的、法律的、行政的手段实施宏观管理和日标管理的有效途径。通过评估把科学办学、规范管理、改革发展、提高质量转化为院校自觉的认识和行为，从而从根本上提高高等教育的质量。因此，教学水平评估是提高高等教育质量的关键举措，它本身只是一种手段和措施，而不是目的。对于评估的目的，在本次会议的小组讨论中也存在一定的分歧。有学者认为，政府评估的目的在于加强宏观指导，确保高等教育发展的基本质量。院校多元化的质量不是政府干预的结果，也并非通过评估引导就能达成，而是院校自身长期积累和发展的结果。从根本上来说，学校教育质量是学校直接的、基本的和日常的职责。但也有部分学者认为，政府可以运用评估手段，在给出评估指标最基本的一般性准则的基础上给出特性的准则，引导每一所学校更好地贴近现实，根据自身的实际和所在环境的实际及其服务的对象，更有效地选择自己独特的发展方向、办出自己的特色。虽然在观点上存在一定的争论，但是多数代表认为，在当前我国实施的教育评估中，政府和各高校对于评估的目的是属于“合格”的水平评估还是一种教育“质量”的评估尚未认识清楚，在评估的具体实践中过分重视评估结论，忽视评建过程，存在功利主义和形式主义的倾向。由于把评估当作指挥棒，院校之间盲目攀比，并没有把评建工作转化为自觉的行为。有些学者指出，一些学校为了迎接评估而编造数据、伪造材料，通过“拍脑袋”捏造学校发展特色。这不仅加重了学校的负担，影响了正常的教育教学秩序，还严重毒害了学生的心灵，败坏学风，扭曲和违背了实施教育评估的初衷。

（二）谁来评估——评估的主体

我国目前进行的教学水平评估是由政府主导的评估。李延保教授对此持支持态度，他认为，本科教学水平评估是教育主管部门对高校进行宏观管理的重要手段，应该是国家行为和政府行为，要由国家教育部统筹安排，只有这样才能确保评估的权威性、科学性和合理性，才能有效地保障我国高等教育的基本质量。

但是，就针对保障高等教育质量而进行的评估而言，与会专家和学者认为，评估高等教育质量的主体应该多元化，应使得不同的利益相关者参与到教育质量评估中去，形成政府、社会、院校和学生多元评估的格局。从目前来看，我国高等教育质量评估还是政府主导的模式，专业化、科学化、规范化的社会中介评估机构还远未成熟。尽管现在民间的评估机构纷纷开展各种各样的评价活动，但评估的指标颇受争议，评估的范围有限，社会影响也不是很大。学校作为主要利害相关人，没能有效地参与到评估的主要过程中，虽然许多学校也建立起了相应的内部质量保障制度，但尚未健全，且多数并不是院校自身的自觉之举，而是为了应付政府评估之急，还处于“要我评”而不是“我要评”的阶段。另外，代表们认为，现在的整个办学理念是以学生为主体，应该让学生的声音在评价中有所体现。学生评估是很重要的，但重视学生的意见时具有一些假象，有时候得不到一些实际的效果。我们该如何看待学生参与本科教学水平评价的问题？如何才能保证从学生那里获得的信息真实有效？如何才能避免学生在评价过程中的随意性和态度的不认真？这些都需要进一步研究和探讨。

（三）评估什么——评估的指标体系

评估的指标体系取决于评估的目的。指标体系的确立是开展教育评估活动最为困难、最为复杂，也是最受争议的地方。与会代表对目前教学评估的指标体系进行了讨论，关注点主要集中在哪些指标能够更有效地体现学校的办学水平和教育质量，这些争论主要体现在以下几个方面。

1. 评估的硬指标与软指标相互协调的问题

一些学者认为，目前的教学水平评估侧重于对学校设施、生师比、图书数量、教师学历水平等办学条件方面的硬指标的考察，对学生发展、校园文化建设等软指标方面的考察关注度不够，存在“重物轻人”的现象，缺少对人的价值、人的需要和人的发展的有效关照。评估指标没有有效地体现经过四年的学习，学生在哪些方面有所提高，提高的表现体现在哪。李延保教授指出，在我国迈入高等教育大众化过程中，院校的类型、规模和入学人数急剧扩张,为了规范学校办学行为、改善学校办学水平,从而确保高等教育大众化时期的教育质量,在第一轮的本科教学水平的评估中,偏重于硬指标的考察,在第二轮的评估中他预测将逐步侧重对院校软指标的评价。

2. 单一的评价指标和多元评价指标的分歧

选择单一的评价指标还是多元的评价指标取决于评价者对自身的定位及评价目的。上文对这一问题已略有论述。袁益民副院长认为,政府评估在评估指标的选择上应寻求不同类型院校存在共性的、基本的质量标准,以确保高等院校达到基本的办学水平。院校质量的多元化发展是院校自主的内在诉求,是由自身的办学定位和目标追求所决定的,政府不应涉足,也不应干预。也有学者提出,我国的教学水平评估应加强分类评估和指导,但在分类标准的认识上存在一定的差异,有的代表建议按照研究型大学、教学研究型大学、教学型大学分类或根据高校学科的专业特点,如艺术院校、工科院校和农业院校等建立不同的标准,也有代表建议按照部属院校和地方院校来进行分类评估。李延保教授根据自己多次参与教学评估的经验,以及在对已评估院校的问卷调查进行分析后指出,本科教学水平评估应是标准参照性评估,国家评估应把住合格线。学校"优秀""特色"的发展等应交给学校自身来建设,在长期办学历史中自然形成。但是学校层次不一,类型各异,拨款渠道和标准不同,用一个指标衡量所有学校的做法不甚合理。为了适应我国大学多样化的发展趋势,必须对本科教学评估进行分类指导,引导不同层次、不同科类、不同地域的大学办出特色。他还建议按照设有研究生院的本科院校、普通本科院校、新建本科院校,制定好不同层次大学的本科教学评估指标,分层进行评估。北京联合大学的贡文清老师探讨了高等教育评估普适性与特性化的关系,持有类似的观点。虽然对评估的指标体系和评估的目的一样存在争议,但是代表普遍认为,我国当前实施的教学水平评估在指标体系的选择上既没有按照院校共同的、基本的质量标准来确立,也没有按照分层、分类的标准来确定,而是存在一个"大一统"的、单一的评价指标。由此引发的更深层次的问题是,在教育质量保障方面,政府和学校的责任边界在哪里,各自应发挥的作用是什么。代表们普遍认为,政府应该明确自己的权力边界,而保障质量的责任关键在于学校。

3. 评估指标的国际可比性问题

毕家驹教授指出,从欧洲的经验来看,各国、各校普遍建立原则上彼此相同或相似的校内外质量保证体系,从而使得在国际上各自的教育质量都能够得到相互信赖。反观国内,我国高校外部质量保证与世界上教育发达国家相比是可比还是不可比？还有哪些差距？现在实施的外部质量保证究竟保证的是国际上哪个等级的教育质量？对于这些问题现在还未能给出满意的答复。

（四）如何评估——评估的实施

教育评估是一项专业性很强的工作，这不仅体现在评估主体的确定、目标的确立、指标体系的选择等方面，还体现在评估实施程序的科学化、规范化、合理化方面。从目前我国本科教学水平评估实施的实际情况来看，主要存在以下几个方面的问题。

1. 重视外部评价，轻视内部评估

政府是评估的主体，学校是被评的对象。评估还属于一种“自上而下”的行为，学校自身自觉的责任行为还没能被有效地调动起来。

2. 重视结果评价，轻视诊断性评价

片面强调评估结果，忽视评建过程，评估存在一定的功利主义色彩，忽视对存在问题的整改。有代表指出，在评估过程中存在着草率公布结果、不给院校整改时间的做法，对院校尤其是地方院校和新建院校产生了很大的压力。

3. 在教育评估的实施中存在一定的主观随意性

在评价指标的判断上存在一定的主观性，此外，也有一些评估专家主观臆断、自以为是，由此引发的另一个问题是评估人才培养体系与评估规范有待建立和完善。

4. 存在一定程度的暗箱操作

这主要体现在两个方面：一是学校为了在评估中取得好的结果，竭尽所能地讨好、迎合评估专家的喜好，使得部分专家与学校形成利益同谋；另一方面，学校为了达到评估指标，弄虚作假，伪造材料，欺骗专家，这些都要求进一步加强制度和规范建设，把学校自评和外部评估结论公开公布，接受社会舆论的监督。

5. 评估程序繁杂

评估的指标体系庞杂，整理材料消耗了大量的人力、物力和时间。因此，有代表建议，要简化评估程序，合并相类似的指标体系，以提高评估的效率和实效性。

6. 系统性的评估还存在不足

这主要体现在，纵向上数据的收集、材料的整理不具有连贯性，横向上评估的材料和数据不具有完整性，从而使得评估难以掌握复杂现象背后的本质，不利于了解真实的结果和真实的动因，阻滞了评估结果的有效性。

此外，代表还对评估结论模式进行了讨论。李延保教授指出，在其对已评院校的领导和教育评估专家的调查中，有些专家坚持评估结论用现行的四个等级（优秀、良好、合格、不合格），因为他们认为现行评估结论具有一定的导向、激励和警示作用。

但也有人认为，评估结论从某种意义上成为一部分学校迎评过程中的指挥棒，国家评估的目的是把住“合格”关。所以，为了使评估工作从“要我评”转变为“我要评”，新一轮评估应该以“通过”“缓通过”“不通过”分级比较合理。

三、中国高等教育评估未来的走向

我国高等教育评估研究从 1985 年“镜泊湖”会议后逐步走上正轨。1990 年，国家教委发布了《普通高等学校教育评估暂行规定》，启动了对高校的三类评估：合格评估、选优评估和随机评估。2003 年，教育部确立了五年一轮的评估制度，使得评估工作走向了制度化、专业化、科学化的道路。评估工作的开展，推动了教育评估理论的研究，同时也催生了各种各样的教育评估机构。官方的、半官方的评估机构和纯民间的教育评估机构纷纷成立，积极开展大学评价和大学排名等活动，中国高等教育进入了一个“评估的时代”。

对于目前我国正在实施的本科教学水平评估，与会专家和学者指出，为了更好地保障高等教育的质量，达成评估的目的，需要进一步厘清高等教育大众化时期的高等教育质量观，把科学性与人文性有机结合起来；进一步明确评估目的，把过程评价与结果评价有机地结合起来；进一步转变政府职能，开展多元化评估；进一步完善评估方案和评估指标体系，实现评估的科学化、规范化和专业化；进一步改进评估程序，实行“阳光评估”等。

对于中国高等教育评估未来的走向，与会专家和学者经过充分的讨论后认为，应着重向以下几个方面发展。

（一）鼓励和调动利害相关人多方参与，开展多元化评估

高等教育质量保障需要利害相关人的多方参与。教育评估的多元化主要体现在评估主体、评估目的和评估功能等的多元化方面。袁益民副院长认为，开展多元化评估的合理性在于可以使评价更具正当性、适切性；便于接受和获得支持；能够激发主动性，提高效率；使得质量问题的所有权、各方利害相关人的参与权和质量保障责任的归属得到落实；有利于院校的自我

规划、自主发展。高等教育质量的利害相关人主要包括政府、社会(如中介评价机构、一般公众及舆论、雇主等)、学校(学生的参与主要在学校内部质量保障层面)三个方面。从我国的实际来看,这三方也是主要的评估主体。在我国高等教育迈入大众化的过程中,由于院校规模和入学学生数量急剧扩张,相应的制度规范、诚信制度与文化尚未完善,中介评价机构的元评估与学校自我评价意识远未成熟,尚未能相对独立地保障学校的基本办学质量,①因此,政府的评估职能尚须维持一段时间。但政府评估应把好入门关,主要关注基本的办学标准,并从宏观层面切入学校质量问题,对学校进行绩效问责。随着政府职能的转变,以及我国教育评估向专业认证方向发展,政府应逐步把直接承担或介入的评估职能移交给社会中介性评估机构。

(二) 建立有效的校内外保障机制,建立国际可比拟的质量保障体系,开展院校认证

高等教育质量保障需要建立有效的校内外质量保障体系。外部质量保障体系建设主要包括认证机构、认证程序及对认证机构进行认可的准则和机构等方面。教育质量评估是一项专业化程度很高的工作。我国目前的教育质量评估正处于从刚刚兴起的阶段向逐步健全完善的阶段迈进的过程中,即正处于一个建立规范的评估机制和认证机制的阶段,这就需要学习、借鉴国外的评估经验和做法,需要深入地研究评估理论。随着教育国际化程度的进一步提高,教育交流的进一步开放,我国必须建立起中国的、与国际可比的教育质量保障机构准则,必须具有对教育质量保障机构进行认可的准则和机构。外部的质量保障体系虽然对提高高等教育的质量有促进作用,但是仅仅依靠外部的监督和约束并不能解决一切问题,高校教育质量的保证和提高主体在于学校。因此,必须建立有效的内部质量保障体系。今后,我国高等教育质量保障体系的建设要向院校认证方向发展。开展院校认证就需要重构我国政府与院校之间的关系,即明确政府与院校各自的职责与权力边界,转变政府职能,提高院校在自我发展上的自主性。同时,院校认证能够有效协调内外部的质量保障机制,把自我评价与外部的监督与约束、院校自主与绩效问责有机地结合起来,有效地保障和提高高等教育的质量。

---

① 上面已经提到,无论是强调某一类院校的共同的、基本的质量,还是强调所有类院校的共同的、基本的质量标准,与会代表对于教育的基本质量在认识上有所分歧,但他们都认为,政府评价的目的是确保学校的基本办学质量,把好办学准入关。

(三) 明确教育质量的主体,实行评估范式的转移

高等教育质量评估的内容涉及诸多方面,但由于目的不同,侧重点也有所不同。在欧洲各国,普遍建立侧重于学生产出的质量标准,如普遍采用以学士、硕士、博士三级学位为主线,以其他各级学历证书为辅,遍及终身教育的学术资格框架,以及根据国际惯例采用有明确计算办法的学分制等。对于国内的教育评价,周作宇教授归纳出三种教育评价范式:(1) 大学排行,主要由非官方和半官方机构实施;(2) 教学水平评估,主要是由官方组织的专家评议;(3) 学生评教,主要是学生评价教师。以上几种评价范式对于保障和提高教育质量的作用不容忽视。但是,他们侧重于对学校硬件的考察,侧重于终结性的评价(如对教学效果好坏、学习产出等的评价),关注的是教育质量的"外核"部分,忽视了教育质量的真正主体和质量的核心,即大学生及大学生的经验与发展,忽视了对学校与学生发展的诊断性评价。因此,今后的教育质量评价必须明确质量的主体,必须触及影响教育质量的核心因素。在评价范式上从侧重对办学条件等硬件的评价转向关注学生发展的评价,从侧重评价学生的产出转向侧重对学生的日常经验的评价,从关注终结性的评价转向关注诊断性的、发展性的评价。真正抓住教育质量的"内核",注重发展过程,实现"以评促建"的目的。

四、结语

在本次会议上,与会代表还就各自所在学校参与本科教学水平评估的经验进行了交流。南开大学制定的《南开大学院(系)级本科教学工作水平评估指标体系(试行稿)》,北京大学的学生评教活动及漳州职业技术学院在明确自己学校的类型和定位的基础上,强化本校办学实践特色的做法得到了大家的认可。此外,与会代表还就中国高等教育学会教育评估分会下一步的工作进行了讨论,提出要进一步加强理论研究,注重实践性,关注对高职高专院校的评估指导和服务等。本次会议实现了预期目标,取得了圆满成功。

(《高教发展与评估》2007 年第 1 期)

管办评分离何以从纸面走向现实

柯　进

今年早些时候，教育部下发了《关于深入推进教育管办评分离促进政府职能改变的若干意见》，这标志着深化教育督导体制改革、转变教育管理职能和部署构建“政府管教育、学校办教育、社会评教育”的新格局正式起步。但是如何构建政府、学校、社会的新型关系、如何将教育管办评分离从纸上蓝图变为现实措施等一系列问题还须进行深入探讨。日前，在由北京大学中国教育财政研究所主办的“管办评分离背景下的教育评价新视野”国际研讨会上，国内外的专家学者就对这些问题进行了讨论。

教育评价的落脚点仍是学生发展

多年来，评估就像飞机已经飞出去了，但一些部件还没有安装好，技师也没登上飞机，这很危险。我们拿什么来评价一个地区、一所学校的教育是好还是坏或者是差？评价的落脚点只能是以学生发展为本。

谈及教育评价，辽宁省大连市西岗区教育局局长李生滨从教育管理者和教育评价需求方的角度，讲了一个真实的故事。

有一次，李生滨去一所学校听一堂研究性学习的课。那堂课上，老师讲完海豹的故事后，问学生有没有不同意见。一个孩子举手了，老师问：“为什么图片上有的海豹长斑，有的海豹不长斑？”这个小孩回头看图片时，恰好看到长斑的那只海豹是小海豹，于是孩子很自信地回答：“海豹小的时候长斑，长大了就不长斑了。”孩子回答完毕，老师带着同学们一起鼓掌。老师说：“你看这位同学知识多渊博，研究得多透彻，我们大家应该向他学习。”

“实际上，海豹中确实有一种背部灰黑色且分布有不规则棕灰色或棕黑色斑点的斑海豹。这究竟是老师无知，还是老师无法应对当下的知识爆炸？这个问题怎么来解决？这样的事情在学校的课堂里经常出现。”李生滨疑惑

作者简介：柯进，《中国教育报》记者。

地发问,“不管怎样评价,我个人认为还是要把学校教育落实到课堂中去,对于课堂中的问题,我们怎么去解决？评估能否把这些问题反映出来,进而反馈回去找到解决的办法?”

日常教育管理中积累的大量鲜活案例,使得李生滨意识到:教育评价不是一把简单的“双刃剑”,而更像是一个“多棱锥”,既有导向的功能,又有激励的作用,既有避免伤害无辜、伤害自身的功能,又有促进实现课程标准现代化、课程内容科学化、评估标准和评价工具科学化等现实需求的功能。

有此困惑的,不只是李生滨。江苏省教育评估院副院长袁益民在与世界评估学科专家编写《评估的未来》时,给了一个形象比喻:多年来的评估,就像飞机已经飞出去了,但一些部件还没有安装好,技师也没登上飞机,这很危险。

“教育评价不论是为学生发展提供信息,还是为经费投入方提供各个项目的绩效信息,或者是为政府管理和决策提供教育质量水平、教育公平实现程度等信息,其最终的落脚点还是以学生发展为本。”北京大学中国教育财政研究所教育评价中心主任黄晓婷说,“现在的教育评价已不是原来的单一考学生,而是拓展到了考试成绩之外的道德品行、心理抗压能力、问题解决能力、批判思考能力等非认知领域,我们不希望我们的学生是草莓族,一压就扁。”

“其实,发展中国家所面临的最大挑战就是教育质量问题。如果没有教育质量,这些国家就没有办法进入到中等收入国家的行列,同时也更难成为高收入国家。”从事教育评估 40 年的世界银行东亚与太平洋地区教育部门前主管魏爱德认为,一个好的教育评价体系就可以识别出这些问题。

一些国家在教育评价领域的先行先试,对于中国这样的后发国家或许有一定的路标价值。就教育评价而言,目前世界大部分国家的教育评价测试都具有筛选功能,主要是把后进生淘汰出局,而新加坡的做法则与之相反。新加坡是借助教育评价工具精确找到“有问题的孩子”或者后进生,并投入人均 6 倍以上的经费,将后进生送入一些特殊学校,且特殊学校的校长都是精挑细选出来的最优秀的校长,以确保这些后进生能获得好的教育。

这或许是新加坡这样的一个连水资源都要从马来西亚进口的小国家,为什么始终能保障有充足的、技能超常的人才资源的秘密。因为新加坡利用教育评价工具尽量将人的潜力发挥到极致。

事实上,关注学生发展正成为国内一些机构开展教育评价的重要监测点。在应试教育环境下,传统的学校教育管理和评价往往很难“发现”学生分数之外的特长。

一次入校评估给成都市教科院副院长秦建平留下了深刻印象。在对成都市近郊的双流县的一所农民工子弟校进行教育测评时，秦建平发现，这所学校学生的行为习惯“很特别”：虽然教室、走廊都看不见垃圾桶，但整个学校非常整洁干净。原来，学生都是自己用一个小塑料袋将每天产生的垃圾装好，中午或下午放学时扔到学校指定位置的两只大垃圾桶里。结果，测评组对该校学生行为习惯给出的评价分在全县最高。

谁能成为可信赖的教育评价第三方？

评估说到底是一部分人到另一部分人家里去翻箱倒柜，并且离开后还不能阻止他们说什么。虽然有时我们评估的目的很正确，但往往是拿着勺子去刨地，拿着锄头去吃饭，拿的工具是错误的。

十多年前，袁益民就有这样一个梦想：中国能否建立一个类似于英国质量保障署一样的独立、专业、权威的教育评估部门，监管教育质量。它具有专业的不可替代性，既不是中介机构，也不是研究机构。

十多年过去，各类教育评估机构如雨后春笋般诞生。以上海浦东新区为例，2005 年教育类的社会组织、专业化组织仅 9 家，而今达到 47 家。即便教育评估机构发展较快，但在教育“管办评分离”的大背景下，与会的专家学者和教育管理者们心中都有一连串的问号：我们评估机构到底是谁？世界范围内的教育评估是怎么做的……

“教育评价是一个世界性难题，是一门专业性很强的科学，不是政府行政措施所能完成的。在中国之所以具有特殊性，就在于“教育评价在中国教育中实际上有指挥棒的作用。因此，教育怎么评价，在一定程度上是影响和决定如何办教育的，尤其是对基础教育影响更为明显。”国家教育咨询委员会委员谈松华说，“教育评价在中国整个教育制度建设中是一个薄弱环节，现在中国教育评价主要是通过考试测评，而考试测评又更多地侧重在学业知识的考评上，它很难去全面评价学生和学校，更难全面评价地方教育部门，所以需要建立一种能适应学校、教师、学生发展的科学评价制度。”

相对于内地刚刚起步的教育评价，香港在教育评价方面的探索已经先行一步。在香港，从一开始就不是由政府推动教育评价，而是委托考评局。在香港，考评局是具有法律意义的独立法人，独立于教育局之外，是一个社会公共机构，所以考评局从一开始就是第三方。

“第三方机构能不能是私立的？是不是一定要公立？第三方机构能不

能是一个赚钱机构?”香港考评局总监罗冠中先生连续发问,“我想恐怕还不行,我看了这么多国家和地区的第三方机构,大部分都是非营利机构。假如有一个大财团,通过风险投资,以第三方机构的身份出来做教育评价,行不行? 我表示怀疑。”

事实上,上海浦东十年的“管办评分离”改革对于“摸着石头过河”的其他地区,具有一定的借鉴意义。早在十年前,浦东根据自身地域特点启动了“管办评分离”改革。彼时的浦东新区有基础教育学生 46.7 万人、中小学幼儿园 632 所,若算上分校、分园,学校总数超过 1000 所,且校际差异较大,既有全国、全上海市顶尖的重点学校,又有典型的农村学校。这种现状使浦东的教育局长不可能像其他区县教育局长那样,经常逐个学校指导工作,甚至有的校长除了开大会外,三五年都难得见局长一面。

“客观的现实,倒逼我们浦东只能选择放弃精细化管理,选择‘小政府、大社会’的管理模式,试图构建一个政府宏观管理、学校自主办学和社会专业评价的教育‘管办评分离’之路。”浦东新区教育局基教处刘文杰介绍说,改革之初,浦东新区对“管办评”中各方的角色进行了简单梳理,把区域事业规划、资源配置、公共财政投入、政策设计、质量监控、服务平台建设等属于政府职能的,划归政府;把教职工聘任、课程开发、教育教学组织、自我评价等属于学校职能的,让给学校;把知情权、参与权、监督权及社会对教育的评估等属于社会职能的,还给社会;把可供多元选择的教育服务、多元多层次国际教育、民办教育等属于市场职能的,划转给市场。

在此基础上,政府以购买服务、持续提供项目等方式培育教育评估、教育培训服务等专业化的社会中介组织。截至目前,浦东新区额外投入财政专项经费 5850 万元,实施了 65 个委托管理项目。“在推进第三方教育评估方面,我们有一套完整的招投标制度,教育局和第三方委托机构之间是一种协议关系、契约关系,第三方评估机构依据协议对学校开展初态评估、中期评估、终结性评估,然后进行前后比较,通过观测被评估学校在同类学校中是否有明显进步,来反映我们额外的委托管理经费的实际效益。”刘文杰说。

然而,对于“管办评分离”背景下的第三方教育评价中的一些误区,一些学者有着清醒的认识。“评估说到底是一部分人到另一部分人的家里翻箱倒柜,然后离开后还不能阻止他们说什么。所以,我们评估的意愿和评估的结果有时相去甚远。我们有时目的很正确,但往往是拿着勺子去刨地,拿着锄头去吃饭,拿的工具是错误的。”袁益民说,“质量保障实际是一个连续体,更多的不是需要赞扬我们的被评者,也不是需要给出改进意见,更多的是要靠被评者自己回答我们:学校在哪里?它正往何处去?但是,我们的一些评估被扭曲了,学生的很多压力是地方政府给教育系统施加的,教育系统再把压力转给学校,学校再传递给老师,老师再传递给学生,最终可能使我们的评估失效、失范、失真甚至失信。”

合理的机制和明确的责任是培育可信赖的第三方教育评价的重要环节。袁益民对此做了一个类比:“南京古长城几百年后,甚至几千年后,人们都知道每块砖是谁负责的,这样质量就有保障。”

第三方评价怎么评?

第三方评价须先要了解为什么要做评估,并制定一个评估战略,同时还要了解谁要参与到这个评估中来,以及一项评估产生的信息交由谁来接收和使用。然后运用一套科学、及时、准确的评估体系,在恰当时间内给需求方提供足够透明且有用的评估结果。

谈到第三方教育评价,国内很多人对于欧美国家的做法大多有所耳闻,而对于香港的做法则了解不多。其实,香港自 1997 年回归后,就启动了以“终身学习、全能发展”为主旨的系列教育改革。其中,推动评核机制建设以辅助教与学,成了这一时期香港教育改革的一个亮点。其评核机制的基础功能是辅助教与学、提供学历证明及筛选。在评核形式上,分为校内自评和校外第三方评核两种,前者主要是通过评估帮助学校教师了解学生的学习进度,及早识别学生的学习需要,以便及早针对学生的学习问题提供适当的帮助。

与内地高考侧重升学的功能不同,香港的文凭考试成绩是要伴随学生终身的,学生申请公务员、私营机构职位,都必须填写文凭考试的成绩。

“要让第三方机构去评价管和办的质量,就必须确保第三方机构自身的质量。而第三方测评机构的质量保证来自其合理的组织架构、运转经验积累和评核的专业性、权威性。每一行都有其自身的专业性,不能说我从小学考试考到研究生,我百战沙场,我就是考试评核专家,就可以说三道四,就可以任意评说。”罗冠中坦言,香港的评核也面临不少挑战,比如每年考评结束后向社会发布很厚的评估结果报告,只向外公布合格率,更详细的结果则一般由学校“内部掌握”。但现实是,成绩好的学校都喜欢把自己的好成绩告诉他人,所以如何真正让学校保得住密,就是个不小的难题。

让香港考评局感到头疼的远不止于此。比如,在全港性系统评估中进行年度与年度之间的评核结果比较时,就面临一个两难选择:虽然对所有学生进行的普测比抽样评测的效果好，但是成本很高，可能会对学校正常的教育教学造成干扰，还有可能导致原意是促进教学最终却无意中变成了指挥教学的“指挥棒”。

对于世界各地现行的第三方教育评价，魏爱德总结了一条经验。魏爱德认为，第三方评价必须先要了解为什么要做评估，并制定一个评估战略方案，同时还要了解谁要参与到这个评估中来，以及一项评估产生的信息交由谁来接收和使用。然后运用一套科学、及时、准确的评估体系，在恰当时间内给需求方提供足够透明且有用的评估结果。同时，第三方机构离政治影响越远越好，每一次评测都要考虑用户的需求，评测结果能得到很好地推广和使用。此外，评估体系要能告知对象的现状是什么，并持续跟踪一系列指标的变化。魏爱德总结的经验，或许是“管办评分离”背景下第三方教育评价的发展路向。

事实上，近几年随着计算机技术的快速发展，大数据已被大量引入教育评估。6 年前，重庆市教育评估院建立了数据平台，并搜集了大量数据，既有学生发展、学校硬件、教师人数、学生人数等常态数据，又有学生综合素质评价的动态数据，而且从这些动态数据中能看到学生每一天的变化，既能看到学生的兴趣特长，又能看到他们对某种价值观的认同度，还能看到学生心理健康、学业负担指数、师德师风指数变化、学生家长的相关状况等。同时，通过一些模型评测不同学校、区县的教育质量发展现状。

“当你看到琳琅满目的数据时，也会看到我们在评价教育质量时不是使用一个简单的分数概念，其中既包括师生成长的数据，也包括教学设备对学习成绩影响等所有的数据。这个系统现在可以支撑到每个区县，甚至每所学校，我们可以给每所测评学校提供一份报告，帮助学校改进教育教学。”重庆市教育评估院院长龚春燕介绍说，“借助这个大数据平台，我们做了义务教育均衡发展等评估模型。今后，一所学校要办多大规模，不是哪个领导说了算，而是用这个模型去计算和统筹。”

英美等国家也正在通过引入大数据技术推进新类型教育评估的相关实验。据英国的培生集团教育专家格雷戈瑞博士介绍，欧美国家的许多教育评估机构目前正在使用数据技术跟踪学生实时的学业进展，并进行隐性评价，而且会去跟踪学生在一个学期或一年的进展，观察他们掌握技能的状况，同时对学生的学习规律、怎样进一步改进学习等方面展开隐性评估。这种隐性评估既不是把学习和评价分割开，也不是以考试为目的，而是自然而然地将考试整体纳入学习过程中。

“先把评价做起来，边做边探索。”评价正面临一系列悬而未决的难题——如何把好的教育和特色教育评价出来；如果政府职能不转变，评价是否会把学校绑得更紧、管得更死，进一步收窄学校自主发展的空间；如何尊重评价的独立性，支持学校开展自我评价，等等。但是，我们提倡先做起来，边做边探索。

“理想很丰满，现实很骨感。”这是不少与会学者的相似感受。研讨会上，教育部政策法规司司长孙霄兵说：“当前中国教育面临的最重要问题，就是质量评价问题。我们的学校都在办学，我们的教育行政部门都在管理，按照一个什么样的要求进行办学？按照什么样的要求进行管理？我们办学的标准是什么？管理标准是什么？好学生应该是什么样子的？核心问题还是没有解决质量评价问题。所以，我觉得今后教育研究的一个中心任务就是要聚焦于质量及其评价的问题。”

不只是孙霄兵有此困惑。国家教育发展研究中心教育体制改革研究室主任王烽认为，从宏观上来说，政府评价教育的初衷，主要是要保证我们的办学方向、提高财政资金的使用效率，以及保证公共教育的基本质量和公平。但是，在实际的评价中也会面临一系列悬而未决的难题——如何把好的教育和特色教育评价出来；如果政府职能不转变，假设成立一个评价机构，赋予其很多评价职能，那么评价是否会把学校绑得更紧、管得更死，进一步收窄学校自主发展的空间；如何尊重评价的独立性，支持学校开展自我评价……

“政府管理部门不是专业机构，但可以利用专业化评价检测结果，实施管理，调整政策。政府不宜自己出去搞评价，评价也不应进入政府的权力清单。”王烽提醒说，“我们的教育评价应当给学校预留足够的自主发展空间。一般而言，好的学校没有统一的标准，好的学校各具特色，好的学校需要个性发展。所以，政府出台的质量标准应是基本质量标准，不应是高的质量标准。如果是一个高的质量标准，大家都去追求的话，所有学校就很有可能都办成一个模样。”

面对这些问题，中国现阶段的教育评价究竟如何做才算科学合理呢？王烽就此建议，检测和评价要分开，检测以政策改进为目的，就是要对政府提供的教育服务进行检测，检测出弱项在哪里，以便政策改进；学校评价则要以学校改进为目的，将关注和支持的重点转向相对薄弱的学校。同时，要明确评价的结果是提供给政府和学校使用，而不是发布到社会上去，避免因大尺度的信息公开而影响学校正常的教育教学行为。

王烽的担忧不无道理。东南沿海某省教育评估院负责人透露:“目前委托我们做评估的,绝大多数都是教育行政部门,既有教育厅层面的,也有地方教育局,但没有学校。在这种情况下,我们开展的项目中有大部分是流于运动式的评估,评估的结果经常和县市区年度教育考核等绩效挂钩,所以在这些地方政府或地方教育行政部门的政绩思维和急功近利思想的引导下,往往就会出现一些和实际评估相左的评价结果,而且对于自上而下的外部评估,学校有时疲于应付,甚至烦不胜烦。”

“我们提倡先搞起来,自己先评价起来。因为教育规划纲要要求每个学校自己要提出自己的教学质量评价报告。2010 年以后,很多高校对各自的本科质量进行了自我评估,大多数高校的自评分都是 85 分以上,于是社会上有议论说“学校自己说自己好”。实际上,他们现在自评是 85 分,等所有学校都自己做起来了,都开展自评了,我们教育行政部门如果认为有必要再进行统一规范,就可以再制定相应的测评标准。目前最重要的是,先把评价做起来,边做边探索。”孙霄兵说。

(《中国教育报》,2015 年 10 月 13 日)

附录一　作者相关成果

《教育评估的体制创新》，江苏科学技术出版社，2007

《高等学校审核评估的理论与实践》，高等教育出版社，2013

《江苏省独立学院专业建设抽检评估手册》，江苏教育出版社，2011

《评估的未来》，英国 Palgrave Macmillan 出版社，2015

《促进儿童与青年创业能力的革新教育》，联合国教科文组织亚太地区总办事处，1990

《2007 中国全民教育省级监测报告》，中国联合国教科文组织全国委员会，2007

《全民教育监测与教育质量保障》，中国联合国教科文组织全国委员会，2010

《联合国教科文组织教育质量标准综述》，中国联合国教科文组织全国委员会，2010

《江苏省中长期教育改革和发展规划纲要监测报告（2011）》，江苏省教育评估院，2011

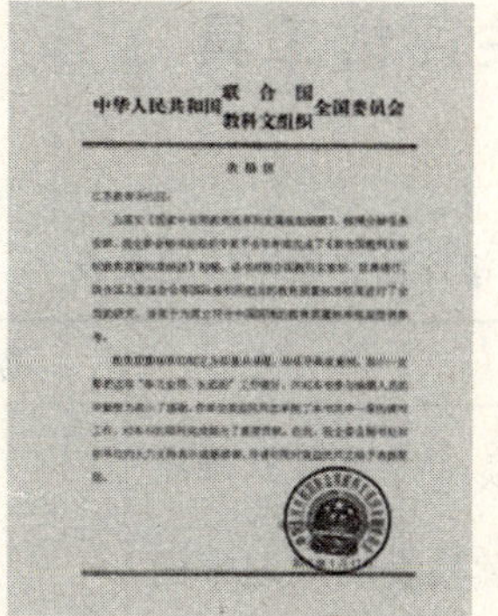
中华人民共和国联合国教科文组织全国委员会

中国联合国教科文组织
全国委员会的表扬信

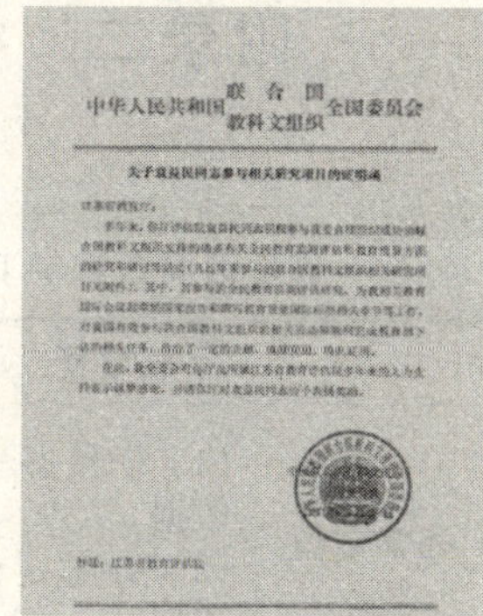
中华人民共和国联合国教科文组织全国委员会

中国联合国教科文组织
全国委员会的证明函

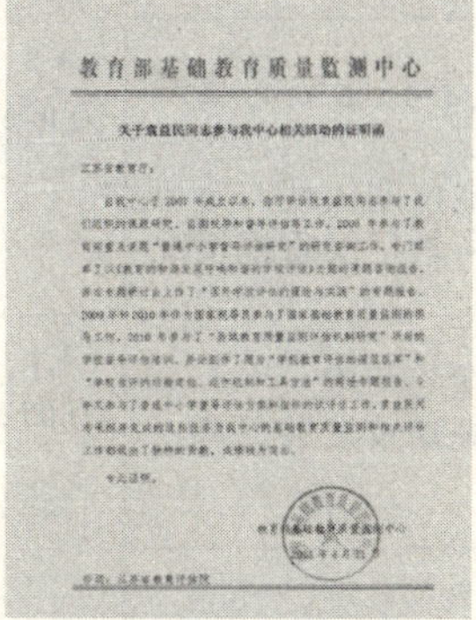
教育部基础教育质量监测中心

教育部基础教育质量监测
中心的证明函

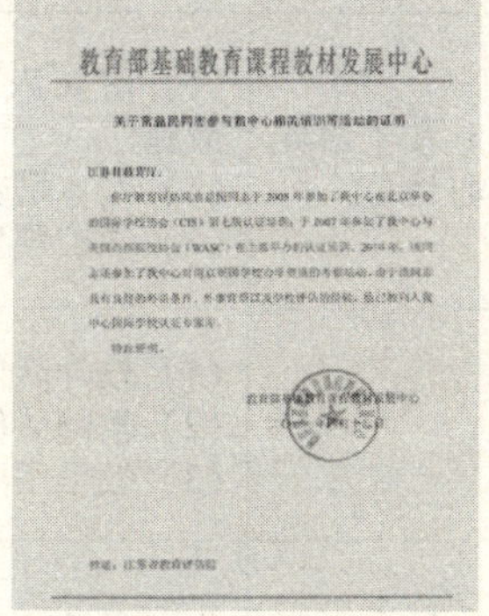
教育部基础教育课程教材发展中心

教育部基础教育课程教材
发展中心的证明函

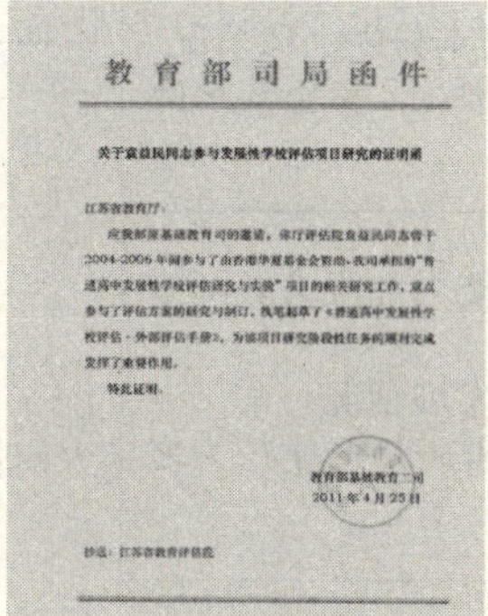
教育部司局函件

教育部基础教育
二司的证明函

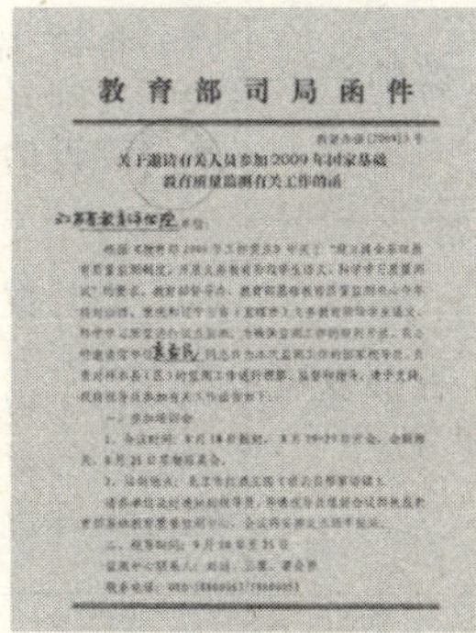
教育部司局函件

教育部教育督导团
办公室的邀请函

附录二　相关评估工具

××省普通高校教学工作审核评估专家审核记录表

<table>
<tr><th colspan="3">审核要素</th><th>结论及依据</th></tr>
<tr><td rowspan="3">1. 定位与目标</td><td>1.1 办学定位</td><td>(1) 学校办学方向、办学定位及确定依据
(2) 办学定位在学校发展规划中的体现</td><td rowspan="3">(1) 值得肯定的方面:
(2) 需要加强的方面:
(3) 必须整改的方面:</td></tr>
<tr><td>1.2 培养目标</td><td>(1) 学校人才培养总目标及确定依据
(2) 专业培养目标、标准及确定依据</td></tr>
<tr><td>1.3 人才培养中心地位</td><td>(1) 落实人才培养中心地位的政策措施
(2) 人才培养中心地位的体现与效果
(3) 学校领导对本科教学的重视情况</td></tr>
<tr><td rowspan="5">2. 师资队伍</td><td>2.1 数量与结构</td><td>(1) 教师队伍的数量与结构
(2) 教师队伍建设规划及发展态势
(3) 教学团队建设</td><td rowspan="5">(1) 值得肯定的方面:
(2) 需要加强的方面:
(3) 必须整改的方面:</td></tr>
<tr><td>2.2 教育教学水平</td><td>(1) 学校师德师风建设措施与效果
(2) 专任教师的专业水平与教学能力</td></tr>
<tr><td>2.3 教师教学投入</td><td>(1) 教授、副教授为本科生上课情况
(2) 教师开展教学研究、参与教学改革与建设情况</td></tr>
<tr><td>2.4 教师发展与服务</td><td>(1) 提升教师教学能力和服务教师专业发展的政策措施
(2) 青年教师培养发展情况
(3) 教师对自身专业发展与学校为之服务的评价</td></tr>
<tr><td>2.5 教师教学业绩成果考核</td><td>(1) 教师教学业绩成果考核办法
(2) 考核结果的运用(如教学工作在职称评审中的权重)</td></tr>
</table>

续表

<table>
<tr><th colspan="3">审核要素</th><th>结论及依据</th></tr>
<tr><td rowspan="5">3. 教学资源</td><td>3.1 教学经费</td><td>(1) 教学经费投入及保障机制
(2) 学校教学经费年度变化情况
(3) 教学经费分配方式、比例及使用效益</td><td rowspan="5">(1) 值得肯定的方面:
(2) 需要加强的方面:
(3) 必须整改的方面:</td></tr>
<tr><td>3.2 教学设施</td><td>(1) 教学设施满足教学需要情况
(2) 教学、科研设施的开放程度及利用情况
(3) 教学信息化条件及资源建设情况</td></tr>
<tr><td>3.3 专业设置与培养方案</td><td>(1) 专业建设规划执行与专业结构优化调整
(2) 新专业设置与优势专业建设
(3) 培养方案的制定、执行与调整</td></tr>
<tr><td>3.4 课程资源</td><td>(1) 课程建设规划与执行
(2) 课程的数量、结构及优质课程资源建设
(3) 教材建设与选用</td></tr>
<tr><td>3.5 社会资源</td><td>(1) 合作办学、合作育人的措施与效果
(2) 共建教学资源情况
(3) 社会捐赠情况</td></tr>
<tr><td rowspan="4">4. 培养过程</td><td>4.1 课堂教学</td><td>(1) 课程教学大纲的制订与执行情况
(2) 教学内容对人才培养目标的体现,科研促进教学的情况
(3) 教学方法与学习方式的多样化
(4) 考试考核的方式、方法与管理</td><td rowspan="4">(1) 值得肯定的方面:
(2) 需要加强的方面:
(3) 必须整改的方面:</td></tr>
<tr><td>4.2 实践教学</td><td>(1) 实践教学体系建设
(2) 实验教学与实验室开放情况
(3) 实习实训、社会实践、毕业设计(论文)的落实及效果</td></tr>
<tr><td>4.3 第二课堂</td><td>(1) 第二课堂育人体系建设与保障措施
(2) 社团建设与校团文化、科技活动及育人效果
(3) 学生国内外交流学习情况</td></tr>
<tr><td>4.4 教学改革</td><td>(1) 教学改革的总体思路及政策措施
(2) 人才培养模式改革,人才培养体制、机制改革
(3) 教学改革的成效与应用</td></tr>
</table>

续表

审核要素			结论及依据
5. 学生发展	5.1 招生及生源情况	(1) 学校总体生源状况 (2) 各专业生源数量及特征	(1) 值得肯定的方面: (2) 需要加强的方面: (3) 必须整改的方面:
	5.2 学生指导与服务	(1) 学生指导与服务的内容及效果 (2) 学生指导与服务的组织与条件保障 (3) 学生对指导与服务的评价	
	5.3 学风与学习效果	(1) 学风建设的措施与效果 (2) 学生学业成绩及综合素质表现 (3) 学生对自我学习与成长的满意度	
	5.4 就业与发展	(1) 毕业生就业率与职业发展情况 (2) 毕业生创业情况 (3) 社会、用人单位对毕业生的评价	
6. 质量保障	6.1 教学质量保障体系	(1) 质量标准建设 (2) 学校质量保障模式及体系结构 (3) 质量保障体系的组织、制度建设 (4) 教学质量管理队伍建设	(1) 值得肯定的方面: (2) 需要加强的方面: (3) 必须整改的方面:
	6.2 质量监测	(1) 自我评估及质量监测的内容与方式 (2) 自我评估及质量监测的实施效果	
	6.3 质量信息及利用	(1) 校内教学基本状态数据库建设情况 (2) 质量信息统计、分析、反馈机制 (3) 质量信息公开及年度质量报告	
	6.4 质量改进	(1) 质量改进的途径与方法 (2) 质量改进的效果与评价	
学校可自行选择有特色的补充项目			(1) 值得肯定的方面: (2) 需要加强的方面: (3) 必须整改的方面:

编号:__________

江苏省独立学院专业建设抽检

材料复核报告

学校名称:________________

专业名称:________________

江苏省教育评估院制

一、自评表复核情况

复核内容	复核意见(含对网上支撑材料的复核)
自评报告	
自评结论表	
1.1	
1.2	
1.3	
2.1	
2.2	
2.3	
2.4	
3.1	
3.2	
3.3	
3.4	
4.1	
4.2	
4.3	
4.4	
4.5	
5.1	
5.2	
5.3	
5.4	
专业特色	
发展规划	
培养方案	

二、状态数据报表复核情况

<table>
<tr><th colspan="2">复核内容</th><th>复核意见(含对网上支撑材料的复核)</th></tr>
<tr><td rowspan="3">教师数</td><td>自有Ⅰ</td><td></td></tr>
<tr><td>自有Ⅱ</td><td></td></tr>
<tr><td>长期外聘</td><td></td></tr>
<tr><td rowspan="5">专业办学条件</td><td>教学业务费</td><td></td></tr>
<tr><td>实验、实训面积</td><td></td></tr>
<tr><td>教学科研设备值</td><td></td></tr>
<tr><td>校内实习基地数</td><td></td></tr>
<tr><td>校外实习基地数</td><td></td></tr>
<tr><td colspan="2">专业负责人</td><td></td></tr>
<tr><td colspan="2">年级人数</td><td></td></tr>
<tr><td colspan="2">教研项目</td><td></td></tr>
<tr><td colspan="2">科研项目</td><td></td></tr>
<tr><td colspan="2">项目经费</td><td></td></tr>
<tr><td colspan="2">出版教材</td><td></td></tr>
<tr><td colspan="2">四项经费</td><td></td></tr>
<tr><td colspan="2">教学业务费使用情况</td><td></td></tr>
<tr><td colspan="2">专用实验室情况</td><td></td></tr>
<tr><td rowspan="2">课程结构</td><td>理论教学</td><td></td></tr>
<tr><td>实践教学</td><td></td></tr>
<tr><td colspan="2">教材选用</td><td></td></tr>
<tr><td colspan="2">课程表</td><td></td></tr>
<tr><td colspan="2">理论教学文件</td><td></td></tr>
<tr><td colspan="2">教学成果</td><td></td></tr>
<tr><td colspan="2">毕业生获得证书</td><td></td></tr>
<tr><td colspan="2">毕业生竞赛获奖情况</td><td></td></tr>
<tr><td colspan="2">毕业生发表成果等情况</td><td></td></tr>
</table>

三、材料复核结论意见

<table>
<tr><td>（一）总体印象</td></tr>
<tr><td>请从整体上简要说明以下情况：
（1）完整性；（2）适恰性；（3）真正性；（4）准确性；（5）其他。</td></tr>
<tr><td>（二）复核结论</td></tr>
<tr><td>请从以下方面具体说明问题所在：
（1）不完整；（2）不适恰；（3）不真实；（4）不准确；（5）其他。

1. 自评表中存在的主要问题：

2. 状态数据报表中存在的主要问题：</td></tr>
</table>

（三）给学校的建议
对学校进一步完善申报材料提出建议。

（四）给评估机构的建议
对评估机构如何指导学校完善材料等提出建议，特别是对后续评估活动（如预访、材料评审、现场考察和整改回访）中须重点关注和重点考察的内容和事项等提出意见。

（五）复核小组成员名单

姓　名	所在单位	职　务	通信地址

组长签字：__________
签字日期：__________

编号：__________

江苏省独立学院专业建设抽检

预访报告

学校名称：________________

专业名称：________________

联系电话：________________

通信地址：________________

江苏省教育评估院制

________学院________专业

抽检预访报告

<table>
<tr><th>预访概况</th></tr>
<tr><td>简要说明：
(1) 预访小组的人数；(2) 时间；(3) 活动内容；(4) 满意度调查情况；(5) 总体印象。</td></tr>
<tr><th>专业的基本情况</th></tr>
<tr><td>简要说明：
(1) 历史;(2) 相关背景;(3) 发展现状;(4) 生源条件;(5) 实际办学条件。</td></tr>
<tr><th>学校参评情况</th></tr>
<tr><td>简要说明：
(1) 学校的自评、自建、自改情况;(2) 学校迎接评估的准备情况。</td></tr>
</table>

<table>
<tr><td colspan="4">预访结论建议</td></tr>
<tr><td colspan="4">根据相关情况，就学校是否能进入材料评估程序等给出建议、意见。</td></tr>
<tr><td colspan="4">给学校的建议</td></tr>
<tr><td colspan="4">对学校开展自评、自建、自改和迎评提出建议。</td></tr>
<tr><td colspan="4">给评估机构的建议</td></tr>
<tr><td colspan="4">对评估机构如何指导学校开展自评、自建、自改和实施后续评估程序等提出建议，包括应进一步了解的情况、学校近期应该加强的工作和后续评估中应该考察的重点等。</td></tr>
<tr><td colspan="4">预访小组成员名单</td></tr>
<tr><td>姓　名</td><td>所在单位</td><td>职　务</td><td>通信地址</td></tr>
<tr><td></td><td></td><td></td><td></td></tr>
<tr><td></td><td></td><td></td><td></td></tr>
<tr><td></td><td></td><td></td><td></td></tr>
<tr><td colspan="4">组长签字：__________
签字日期：__________</td></tr>
</table>

江苏省独立学院专业建设抽检
现场考察专家组评估报告

独立学院名称：__________________ 抽检专业：__________________

<table>
<tr><th>一级指标(项目)</th><th>二级指标</th><th>评估等级</th></tr>
<tr><td rowspan="3">1. 专业定位
与规划</td><td>1.1 专业设置与定位</td><td rowspan="3"></td></tr>
<tr><td>1.2 专业建设规划</td></tr>
<tr><td>1.3 人才培养方案</td></tr>
<tr><td rowspan="4">2. 师资队伍</td><td>2.1 师资队伍数量与结构</td><td rowspan="4"></td></tr>
<tr><td>2.2 主讲教师</td></tr>
<tr><td>2.3 教师专业发展</td></tr>
<tr><td>2.4 教学研究与改革</td></tr>
<tr><td rowspan="4">3. 专业基础
条件及利用</td><td>3.1 教学经费</td><td rowspan="4"></td></tr>
<tr><td>3.2 专业图书与计算机网络资源</td></tr>
<tr><td>3.3 教学设施与设备</td></tr>
<tr><td>3.4 实践教学基地</td></tr>
<tr><td rowspan="5">4. 课程建设
与教学管理</td><td>4.1 课程与教材建设</td><td rowspan="5"></td></tr>
<tr><td>4.2 实践教学</td></tr>
<tr><td>4.3 教学方法与手段</td></tr>
<tr><td>4.4 教学组织</td></tr>
<tr><td>4.5 内部质量保障</td></tr>
<tr><td rowspan="4">5. 教学效果</td><td>5.1 专业素质与综合素质</td><td rowspan="4"></td></tr>
<tr><td>5.2 毕业设计(论文)</td></tr>
<tr><td>5.3 就业与社会声誉</td></tr>
<tr><td>5.4 师生满意度</td></tr>
</table>

<table>
<tr><td>专业特色</td><td colspan="2">A</td><td colspan="2"></td><td colspan="2">B</td><td colspan="2"></td><td colspan="2">C</td><td colspan="2"></td></tr>
<tr><td>评估等级汇总</td><td>A</td><td></td><td>B</td><td></td><td>C</td><td></td><td colspan="2">核心指标</td><td>A</td><td></td><td>C</td><td></td></tr>
<tr><td>评估结论</td><td colspan="12"></td></tr>
</table>

<table>
<tr><td rowspan="5">专业现场考察综合意见</td><td>现场考察概述：</td></tr>
<tr><td>专业基本情况：</td></tr>
<tr><td>专业自评情况：</td></tr>
<tr><td>成绩与问题：</td></tr>
<tr><td>评估结果建议：</td></tr>
</table>

备注：1. “评估等级”指专家组协商一致的等级（“A”“B”“C”）。

2. “评估等级汇总”指整个专业被专家评为“A”“B”“C”的二级指标的数量，包括被评为“A”“B”“C”的核心指标的数量。

3. “评估结论”指“通过”、“不通过”和“暂缓通过”。

4. “专业特色”请在选定等级栏打“✓”，“A”为特色鲜明，“B”为有一定特色，“C”为无特色。

5. “综合意见”一般在3000字左右，可附页。

评估组组长签名：________　　________年________月________日

××省普通高校教学工作审核评估
教师参与相关管理情况调查

尊敬的老师,您好!

××省教育评估院感谢您接受此问卷调查!调查的目的单纯是支持学校改进相关的管理工作,您的回答将帮助我们更好地了解贵校的具体情况,我们将合理使用您反映的情况。

请在您选定的□中打"√"。谢谢您!

	非常清楚	有所了解	偶有耳闻	不太清楚	毫不知情
1. 学校办学定位清晰、准确	□	□	□	□	□
2. 学校办学定位在发展规划中得到充分体现	□	□	□	□	□
3. 学校人才培养目标定位清晰、准确	□	□	□	□	□
4. 学校专业培养目标定位清晰、准确,标准明确	□	□	□	□	□
5. 学校落实教学中心地位的政策措施合理、得当	□	□	□	□	□
6. 学校教学中心地位得到充分体现,效果明显	□	□	□	□	□
7. 教师队伍数量与结构合理,能够满足教学需要	□	□	□	□	□
8. 师资队伍发展态势良好,教学团队建设有成效	□	□	□	□	□
9. 学校师德师风建设措施得力,效果良好	□	□	□	□	□
10. 专任教师具有较高的专业水平,教学能力强	□	□	□	□	□
11. 教授、副教授为本科生上课制度实施良好	□	□	□	□	□

	非常清楚	有所了解	偶有耳闻	不太清楚	毫不知情
12. 教师积极开展教学研究、参与教学改革与建设	□	□	□	□	□
13. 学校服务教师专业发展的政策措施合理、得当	□	□	□	□	□
14. 学校对教师的考核合情合理,结果得到积极使用	□	□	□	□	□
15. 学校教学经费投入及保障机制健全、运行良好	□	□	□	□	□
16. 学校教学经费比较充足,能够基本满足教学需要	□	□	□	□	□
17. 学校教学经费分配方式比较合理,使用效益较高	□	□	□	□	□
18. 学校教学设施能够满足教学需要	□	□	□	□	□
19. 学校教学、科研设施的开发度较高、利用率较高	□	□	□	□	□
20. 学校专业建设规范,执行力强	□	□	□	□	□
21. 学校专业设置与培养方案的制订合理	□	□	□	□	□
22. 学校优势专业建设和新专业建设成果显著	□	□	□	□	□
23. 学校课程建设规划得当,执行有力	□	□	□	□	□
24. 课程数量及结构基本满足需求,建设成果显著	□	□	□	□	□
25. 学校重视教材建设,教材选用的相关规章合理	□	□	□	□	□
26. 学校的合作办学、合作育人措施得当,效果显著	□	□	□	□	□

	非常清楚	有所了解	偶有耳闻	不太清楚	毫不知情
27. 学校与相关单位共建了一定数量的教学资源	□	□	□	□	□
28. 学校课程教学大纲制订合理、规范,执行有力	□	□	□	□	□
29. 教学内容体现人才培养目标,科研有效促进教学	□	□	□	□	□
30. 教师能够采用多样化教学方法,教学效果好	□	□	□	□	□
31. 考试(考核)管理规范,考试方法改革成效显著	□	□	□	□	□
32. 重视实践教学体系建设,实践教学改革效果显著	□	□	□	□	□
33. 学校实验教学与实验室开放度高	□	□	□	□	□
34. 实习实训、社会实践、毕业设计等工作效果显著	□	□	□	□	□
35. 学校重视第二课堂育人体系建设,保障措施得力	□	□	□	□	□
36. 社团建设、学校文化建设及科技活动育人效果显著	□	□	□	□	□
37. 学校为学生提供了较为充足的国外访学机会	□	□	□	□	□
38. 学校教学改革的总体思路清晰,保障措施得力	□	□	□	□	□
39. 学校教学改革示范性良好,有较强的应用性	□	□	□	□	□
40. 学校总体生源状况良好	□	□	□	□	□
41. 学校各专业生源质量较好,满足专业需求	□	□	□	□	□

	非常清楚	有所了解	偶有耳闻	不太清楚	毫不知情
42. 学校提高生源质量的措施得力,效果显著	□	□	□	□	□
43. 学校学生指导与服务的内容全面,效果显著	□	□	□	□	□
44. 学生学业成绩及综合素质表现评定合理、规范	□	□	□	□	□
45. 学生对自我学习与成长的满意度较高	□	□	□	□	□
46. 学校毕业生就业率较高,就业质量较好	□	□	□	□	□
47. 学校毕业生职业发展及创业情况良好	□	□	□	□	□
48. 社会、用人单位对毕业生的评价较高	□	□	□	□	□
49. 学校重视质量标准建设	□	□	□	□	□
50. 学校质量保障模式及体系结构完善	□	□	□	□	□
51. 学校质量保障体系的组织、制度建设完善	□	□	□	□	□
52. 学校重视教学质量管理队伍建设	□	□	□	□	□
53. 学校自我评价及质量监测内容全面	□	□	□	□	□
54. 学校自我评价及质量监测的实施效果良好	□	□	□	□	□
55. 学校重视校内教学状态数据库建设	□	□	□	□	□
56. 学校质量信息统计、分析、反馈机制完善	□	□	□	□	□

	非常清楚	有所了解	偶有耳闻	不太清楚	毫不知情
57. 学校重视质量信息公开及年度质量报告工作	□	□	□	□	□
58. 学校质量改进的途径与方法有效	□	□	□	□	□
59. 学校质量改进的效果显著	□	□	□	□	□
60. 学校在内部质量保障方面特色鲜明	□	□	□	□	□

“我为学校来建言”调查问卷

亲爱的同学：

请你花五分钟左右的时间告诉我们你对学习生活的真实感受，我们将使用此调查结果帮助学校更好地服务于学生的发展，你认真负责的回答有利于学校继续改进相关工作！请在□内打“√”。

你的性别：男 □　　女 □

你所在的年级：二年级 □　　三年级 □

	已经很好	已经较好	仍有空间	需要改进	亟待改善
1. 教师教学态度	□	□	□	□	□
2. 教学水平与效果	□	□	□	□	□
3. 课外辅导与作业	□	□	□	□	□
4. 教学手段与方法	□	□	□	□	□
5. 教材选用	□	□	□	□	□
6. 教师师德表现	□	□	□	□	□
7. 课程设置	□	□	□	□	□
8. 所学专业	□	□	□	□	□
9. 管理者服务态度与质量	□	□	□	□	□
10. 实验、实习、实践环节	□	□	□	□	□
11. 班主任（辅导员）工作	□	□	□	□	□
12. 校内的各类评优、评奖	□	□	□	□	□
13. 学风	□	□	□	□	□
14. 学生学业辅导	□	□	□	□	□
15. 心理咨询服务	□	□	□	□	□
16. 课外活动	□	□	□	□	□
17. 就业指导与服务	□	□	□	□	□
18. 学费与助学体系	□	□	□	□	□
19. 学校校园及周边环境	□	□	□	□	□

	已经很好	已经较好	仍有空间	需要改进	亟待改善
20. 校园文化	□	□	□	□	□
21. 运动与体育设施	□	□	□	□	□
22. 教室与自习场所	□	□	□	□	□
23. 图书馆及校园网	□	□	□	□	□
24. 实践教学条件	□	□	□	□	□
25. 住宿、饮食条件	□	□	□	□	□
26. 就业前景	□	□	□	□	□